les zoom's

Les Institutions publiques françaises et européennes

2e édition

À jour de la révision constitutionnelle du 23 juillet 2008

Dominique GRANDGUILLOT

bénéficie de plusieurs années d'expérience dans la formation supérieure et professionnelle. Il intervient en tant qu'enseignant, et membre de jury d'examens. Il est auteur de plusieurs ouvrages dans le domaine juridique.

Du même auteur chez le même éditeur

Collection Les Zoom's

- Le droit du travail et de la Sécurité sociale – 10e édition 2008

Collection En poche

- Social - édition annuelle en janvier
- L'Union européenne après le Traité de Lisbonne
- Les institutions de la Ve République après la loi constitutionnelle du 23 juillet 2008

Collection Carrés Rouge

- L'essentiel du Droit du travail – 8e édition 2008
- L'essentiel du Droit de la Sécurité sociale – 7e édition 2008
- L'essentiel des Institutions politiques et administratives de la France – 6e édition 2008

Collection Mémentos LMD

- Institutions politiques et administratives – 4e édition 2008

Collection Manuels d'expertise comptable

- Droit social – DCG 3 – 2e édition

Dominique GRANDGUILLOT

les zoom's

Les Institutions publiques françaises et européennes

2e édition

À jour de la révision constitutionnelle du 23 juillet 2008

Gualino
lextenso éditions

COLLECTION

LES ZOOM'S

Sous la direction de Béatrice et Francis Grandguillot

- Fiscalité française – (B. et F. Grandguillot) – édition annuelle en janvier
- Exercices de fiscalité avec corrigés détaillés – édition annuelle en janvier (B. et F. Grandguillot et Ch. Noël)
- Comptabilité générale – *Principes généraux, opérations courantes, opérations de fin d'exercice* – 12e édition – (B. et F. Grandguillot)
- Exercices de comptabilité générale avec corrigés détaillés – 6e édition (B. et F. Grandguillot)
- Analyse financière – 12e édition (B. et F. Grandguillot)
- Exercices d'analyse financière avec corrigés détaillés – 3e édition (B. et F. Grandguillot)
- Comptabilité des sociétés – 6e édition (B. et F. Grandguillot)
- Comptabilité de gestion – 9e édition (B. et F. Grandguillot)
- Introduction au droit – 1re édition (L. Lethielleux)
- Droit des sociétés – 1re édition (L. Lethielleux)
- Droit du travail et de la Sécurité sociale – 10e édition (D. Grandguillot)
- Droit des affaires – 1re édition (P. Oudot)
- Marketing et action commerciale – 5e édition (G. Audigier)
- Le Marketing – 1re édition (S. Soulez)
- Exercices de marketing avec corrigés détaillés – 1re édition (S. Soulez, S. Halla et T. Himber)
- Gestion des Ressources humaines – 1re édition (C. Guillot-Soulez)
- Organisation et Management de l'entreprise – 1re édition (S. Landrieux-Kartochian et S. Josien)
- Économie générale – 4e édition (P. Monier)

ISBN 978 - 2 - 297 - 01153-2

Présentation

L'ensemble des connaissances nécessaires à la compréhension des **institutions publiques françaises et européennes** *est présenté, dans cet ouvrage, de façon claire et structurée en deux grandes parties :*

- *la première partie sur les* **institutions publiques françaises** *traite :*
  - *des institutions politiques : le président de la République, le Gouvernement, le Parlement (l'Assemblée nationale et le Sénat), l'élaboration des lois, les institutions spécialisées (le Conseil constitutionnel, le Conseil supérieur de la magistrature, la Haute Cour, la Cour de justice de la République, le Conseil économique, social et environnemental, le Conseil d'État et la Cour des comptes) et les droits des citoyens et le Défenseur des droits ;*
  - *de l'organisation des collectivités territoriales : la décentralisation, la commune et la coopération intercommunale, le département et la région ;*
  - *de l'organisation du système judiciaire : l'organisation de la justice, les juridictions de l'ordre judiciaire et les juridictions de l'ordre administratif ;*
- *la deuxième partie sur les* **institutions publiques européennes** *traite :*
  - *des institutions politiques européennes et des organes consultatifs : le Conseil européen, le Conseil de l'Union européenne, la Commission européenne, le Parlement européen et la procédure législative, la Cour des comptes européenne, le Comité économique et social européen et le Comité des régions et le médiateur européen ;*
  - *de l'institution judiciaire européenne : la Cour de justice des Communautés européennes, le Tribunal de première instance des Communautés européennes et le Tribunal de la fonction publique de l'Union européenne ;*
  - *des institutions financières européennes : la Banque européenne d'investissement, le système européen des banques centrales et la Banque centrale européenne ;*
  - *du fonctionnement de l'Union européenne dans le cadre du Traité de Lisbonne.*

Cet ouvrage est **à jour de la révision constitutionnelle du 23 juillet 2008 et intègre le Traité de Lisbonne**. *Il s'adresse aux étudiants en Droit, Sciences économiques et AES ainsi qu'à tout candidat à un concours de la fonction publique. Il concerne aussi chaque citoyen qui désire mieux connaître et mieux comprendre le fonctionnement des institutions publiques françaises et européennes.*

Liste des abréviations utilisées

BCE : Banque centrale européenne
BEI : Banque européenne d'investissement
CdR : Comité des régions
CEE : Communauté économique européenne
CESE : Comité économique et social européen
CESR : Conseil économique et social régional
CIG : Conférence intergouvernementale
CJCE : Cour de justice des Communautés européennes
COREPER : Comité des représentants permanents
CSM : Conseil supérieur de la magistrature
DGE : Dotation globale d'équipement
DGF : Dotation globale de fonctionnement
DOM : Département d'outre-mer
EPCI : Établissement public de coopération intercommunale
JO : *Journal officiel*
JOCE : *Journal officiel des Communautés européennes*
MJD : Maison de justice et du droit
PESC : Politique étrangère et de sécurité commune
SEBC : Système européen des banques centrales
SIVOM : Syndicat intercommunal à vocation multiple
SIVU : Syndicat intercommunal à vocation unique
SUD : Suffrage universel direct
SUI : Suffrage universel indirect
TCE : Traité instituant la Communauté européenne
TGI : Tribunal de grande instance
TI : Tribunal administratif
TI : Tribunal d'instance
TPI : Tribunal de première instance
TUE : Traité sur l'Union européenne
UE : Union européenne
UEM : Union économique et monétaire

Sommaire

PARTIE 1

Les institutions publiques françaises

La France

Chapitre
1

1 Présentation

La République française comprend :

- la métropole (divisée en 22 régions et 96 départements) ;
- 4 départements d'outre-mer (DOM) : Guadeloupe, Martinique, Guyane, La Réunion ;
- 5 collectivités d'outre-mer : Clipperton, îles Wallis et Futuna, Mayotte, Polynésie française Saint-Barthélemy, Saint-Martin, Saint-Pierre-et-Miquelon, les Terres australes et antarctiques françaises. D'ici 2010, Mayotte doit devenir un DOM, devenant ainsi le 101e département français ;
- une collectivité *sui generis* : La Nouvelle-Calédonie.

2 La représentativité

La France est une République indivisible, laïque, démocratique et sociale. Elle assure l'égalité devant la loi de tous les citoyens sans distinction d'origine, de race ou de religion. Elle respecte toutes les croyances. Son organisation est décentralisée.

La souveraineté nationale appartient au peuple qui l'exerce par ses représentants et par la voie du référendum.

A – Les différents niveaux de représentativité

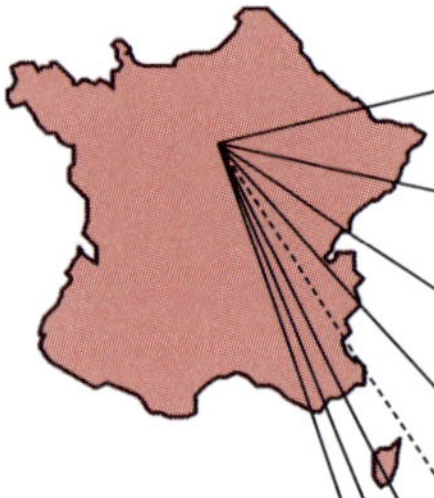

CONSEILLERS MUNICIPAUX	Ils forment le conseil municipal qui administre la commune.
CONSEILLERS GÉNÉRAUX	Ils forment le conseil général qui administre le département.
CONSEILLERS RÉGIONAUX	Ils forment le conseil régional qui administre la région.
DÉPUTÉS	Ils forment le Parlement qui vote les lois.
SÉNATEURS	
PRÉSIDENT DE LA RÉPUBLIQUE	Il administre l'État et promulgue les lois.
DÉPUTÉS EUROPÉENS	Ils font partie du Parlement européen qui participe au fonctionnement de l'Union européenne.
RÉFÉRENDUM	Il permet aux citoyens de décider par eux-mêmes de certaines questions.

—— suffrage universel direct
------ suffrage universel indirect

B – Les conditions d'exercice du droit de vote

Le droit de vote est universel. Il est attribué à tout citoyen remplissant les conditions d'exercice de ce droit. Pour être électeur, il faut :

- être de nationalité française (ou être citoyen de l'Union européenne résidant en France pour les élections municipales et européennes) ;
- avoir 18 ans ;
- jouir de ses droits civils et politiques ;
- avoir la capacité civile, c'est-à-dire ne pas être un majeur sous tutelle ;

– ne pas avoir été condamné pour un crime ou un délit ;

– être inscrit sur les listes électorales : toute personne ayant la qualité d'électeur et désirant exercer son droit de vote doit s'inscrire sur la liste électorale :

  • soit de la commune de la résidence principale,
  • soit de la commune où il verse une des contributions directes communales depuis au moins 5 ans.

On ne peut s'inscrire que sur une seule liste électorale.

Les listes électorales sont révisables chaque année – entre le 1er septembre et le 31 décembre – par une commission présidée par le maire. Les listes électorales sont publiques, mais ne doivent pas servir à un usage commercial.

Le vote est personnel. Chaque électeur vote lui-même, la loi admet le vote par procuration. Tout électeur dans l'impossibilité de se rendre lui-même au bureau de vote à cause d'une raison reconnue par la loi – être hors de France, en vacances, militaire, invalide... – a la possibilité de se faire représenter par un électeur de son choix : le mandataire. Ce dernier doit être inscrit dans la même commune que le mandant et ne peut disposer de plus de deux mandats. La procuration est établie par le juge du tribunal d'instance ou par l'autorité consulaire.

L'exercice du droit de vote n'est pas obligatoire. Dans le cadre des élections sénatoriales le vote est obligatoire (*cf.* chapitre 4).

C – Les différents modes de suffrage et de scrutin

1) Les deux modes de suffrage

a) Le suffrage universel direct (SUD)

Les citoyens élisent directement leurs représentants.

b) Le suffrage universel indirect (SUI)

Les citoyens n'élisent pas directement leurs représentants mais des grands électeurs qui élisent ensuite les représentants.

2) Les modes de scrutin

a) Le scrutin majoritaire

Le scrutin majoritaire peut être :

– ***uninominal*** : un seul siège à pourvoir par circonscription ;

– ***plurinominal*** : plusieurs sièges à pourvoir par circonscription mais les candidats se présentent individuellement. Les candidats élus sont ceux qui arrivent en tête dans la limite des sièges à attribuer ;

– ***de liste*** : plusieurs sièges à pourvoir par circonscription mais les candidats sont regroupés par listes.

Le scrutin majoritaire se déroule sur un ou plusieurs tours ; le plus fréquent est à 2 tours :

– ***au 1er tour*** : le candidat pour être élu doit obtenir la majorité absolue des suffrages exprimés, soit la moitié des suffrages plus un. Si aucun candidat ne réunit ces conditions, il y a ***ballottage*** ;

– ***au 2e tour*** : le candidat réunissant le plus grand nombre de suffrages est élu.

Selon l'élection et le scrutin utilisé, il existe des conditions particulières pour être élu au 1er tour ou pour rester présent au 2e tour.

b) Le scrutin proportionnel

Le scrutin proportionnel ne peut être utilisé que dans le cadre d'élections où il y a plusieurs sièges à pourvoir. Il implique un scrutin de liste à un tour. Son principe est la répartition des sièges en fonction du pourcentage de suffrages obtenu par chacune des listes.

Il peut être intégral (il existe une seule circonscription) ou approché (les sièges sont répartis entre plusieurs circonscriptions).

Toute liste doit dépasser un seuil de représentativité pour avoir accès à une représentation.

c) Le scrutin mixte

Le scrutin mixte combine à la fois les règles du scrutin majoritaire et du scrutin proportionnel. Il ne peut s'appliquer que s'il y a plusieurs sièges à pourvoir.

3 L'organisation de la République française

A – La séparation des pouvoirs

L'organisation de la République française est définie par la Constitution de 1958. La Constitution de la Ve République distingue 3 pouvoirs :

– le pouvoir législatif ;

– le pouvoir exécutif ;

– le pouvoir judiciaire.

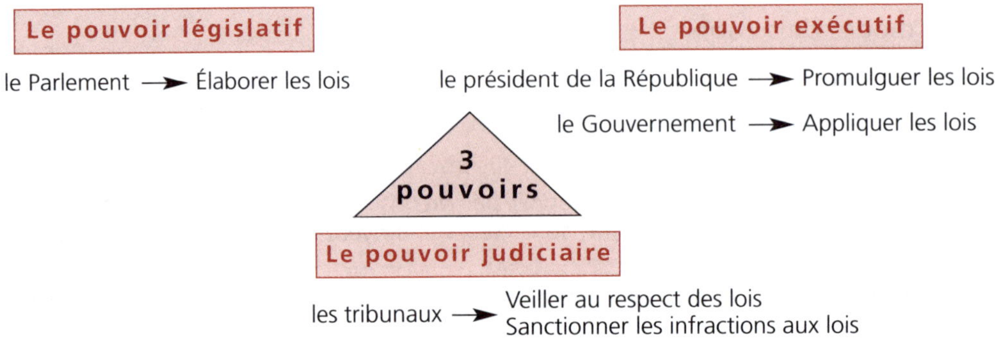

La Constitution fixe le principe de leur séparation et définit le rôle des institutions françaises.

Pour garantir la liberté des individus contre les abus de l'État, ces 3 pouvoirs ne doivent pas, en principe, empiéter les uns sur les autres.

B – La révision constitutionnelle

La Constitution précise qu'aucune révision ne peut porter atteinte à la forme républicaine du Gouvernement ni être engagée ou poursuivie lorsqu'il est porté atteinte à l'intégrité du territoire ou durant la vacance de la présidence.

Schéma de la procédure de révision constitutionnelle

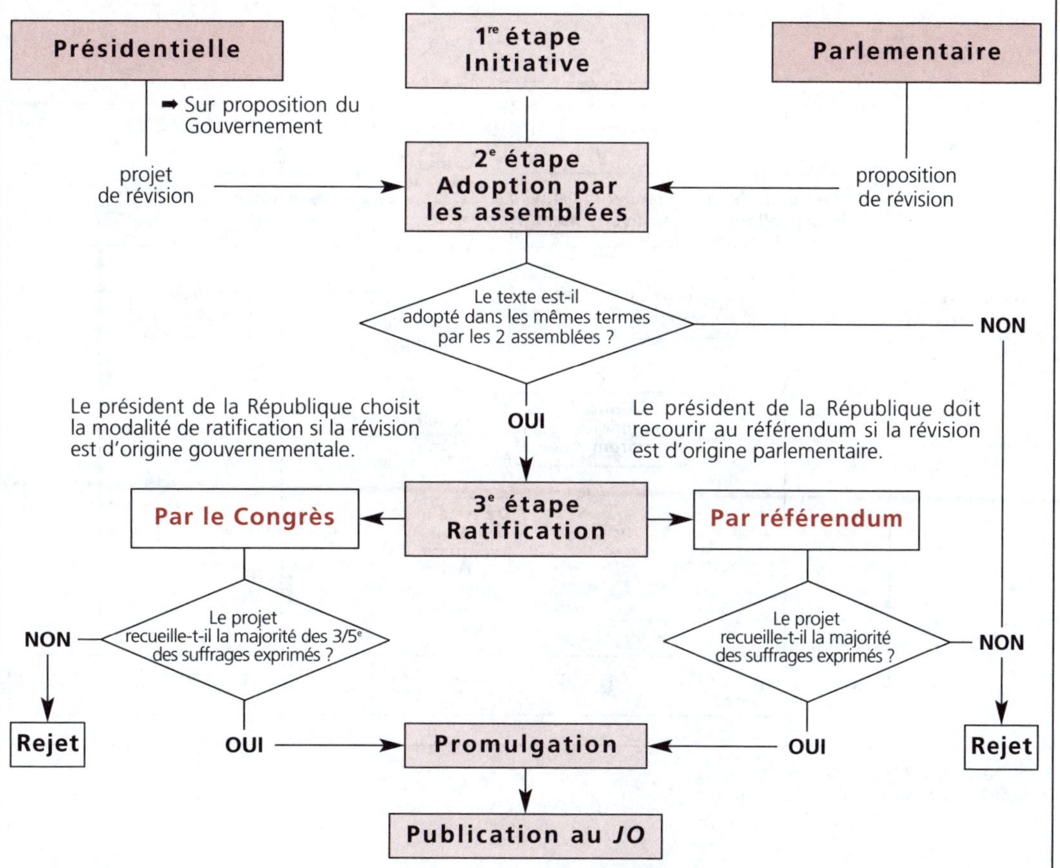

C – L' organigramme des institutions françaises

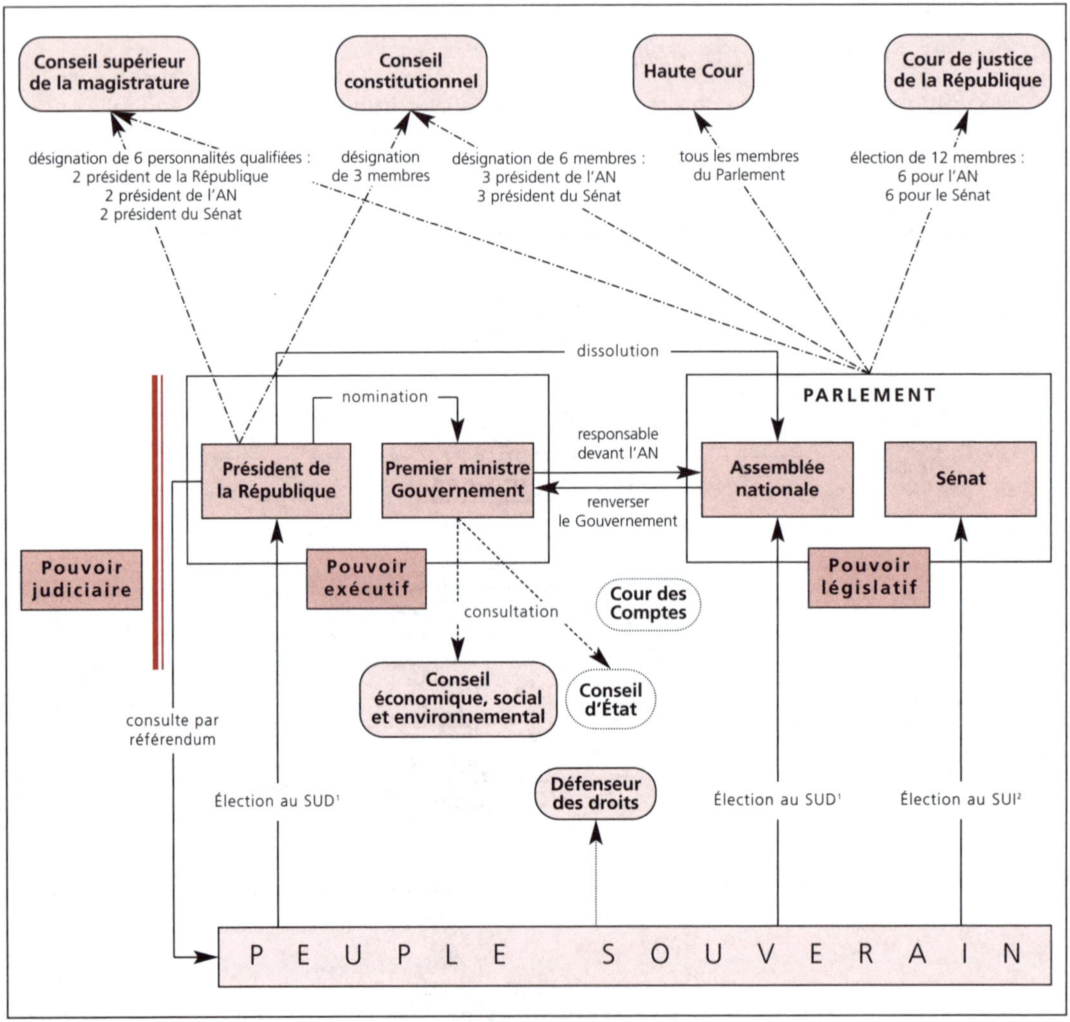

1. Suffrage universel direct.
2. Suffrage universel indirect

Le président de la République

Chapitre **2**

1 L'élection du président de la République

A - Les conditions d'éligibilité

Pour être candidat à l'élection présidentielle il faut :

– ***être de nationalité française*** ;

– ***avoir 23 ans révolus*** ;

– ***jouir de ses droits civils et politiques*** ;

– ***recueillir 500 signatures d'élus***. Un élu ne peut donner sa signature qu'à un candidat et un seul. Ces élus peuvent être :

- un membre du Parlement (Assemblée nationale et Sénat), des conseils régionaux, de l'Assemblée de Corse, des conseils généraux, du Conseil de Paris, de l'Assemblée des Français de l'étranger, des assemblées des collectivités d'outre-mer,
- un maire, un maire délégué de communes associées, un maire d'arrondissement de Lyon et de Marseille, un président des organes délibérants des communautés urbaines, un président de communautés d'agglomération ou de communautés de communes,
- un ressortissant français membre du Parlement européen élu en France.

Les signataires doivent provenir d'au moins 30 départements ou collectivités d'outre-mer sans que plus de 1/10e d'entre eux puissent être élus d'un même département, d'une même collectivité d'outre-mer ou du « *département virtuel* » (sénateurs représentant les Français établis hors de France et membres élus de l'Assemblée des Français de l'étranger, ressortissants français membres du Parlement européen élus en France).

La liste des signataires est rendue publique 8 jours avant le 1er tour ;

– ***communiquer*** au Conseil constitutionnel ***un état de son patrimoine*** ;

– ***constituer un compte de campagne*** : il doit être déposé dans les deux mois suivant l'élection. La Commission nationale des comptes de campagne et des financements politiques est chargée de son contrôle. Ses décisions peuvent faire l'objet d'un recours devant le Conseil constitutionnel.

B - Le mode de désignation

Le président de la République est élu pour 5 ans :

– au ***suffrage universel direct*** (SUD) ;

– au ***scrutin uninominal majoritaire à 2 tours*** :

- ***1er tour*** : pour être élu, il faut recueillir la majorité absolue des suffrages exprimés. Si aucun candidat n'est élu, il est procédé à un 2e tour 15 jours après le 1er tour,
- ***2e tour*** : seuls restent en présence les 2 candidats qui – après retrait éventuel des candidats plus favorisés – ont recueilli le plus grand nombre de voix au 1er tour. Le candidat qui recueille le plus grand nombre de voix (majorité relative) est élu.

C - La date du scrutin

La date du scrutin (le 1er tour) est fixée par le Gouvernement. Elle doit être comprise dans un délai de 20 jours au moins et 35 jours au plus :

– soit avant l'expiration des pouvoirs du président en exercice ;

– soit après l'ouverture de la vacance ou de la constatation d'empêchement définitif.

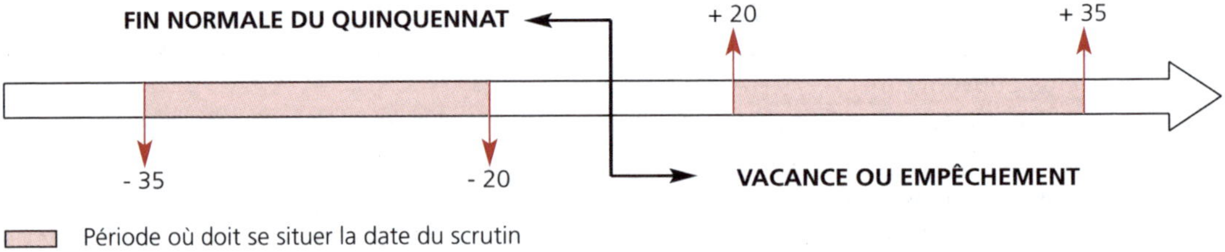

Le Conseil constitutionnel peut décider dans certaines circonstances de proroger les délais. Cette prorogation a pour résultat de reporter l'élection à une date ultérieure. Si cette date est postérieure à l'expiration des pouvoirs du président de la République en exercice, celui-ci demeure en fonction jusqu'à la proclamation de l'élection de son successeur.

Cas éventuels de prorogation	Décision
Empêchement ou décès 7 jours avant la date limite du dépôt des candidatures d'une personne ayant fait acte de candidature 30 jours au plus avant cette date.	Report éventuel de l'élection
Empêchement ou décès d'un candidat avant le 1er tour.	Report de l'élection
Empêchement ou décès, entre les deux tours, de l'un des candidats les plus favorisés avant les retraits éventuels.	Procéder à nouveau à l'ensemble des opérations électorales
Empêchement ou décès de l'un des 2 candidats restant en présence au 2e tour.	

D - La procédure électorale

j – 18	La présentation des candidatures : elle est faite auprès du Conseil constitutionnel 18 jours au moins avant le 1er tour. Chaque candidat doit fournir au moins 500 signatures d'élus.
j – 15	La publication au *Journal Officiel (JO)* de la liste des candidats.
	L'ouverture de la campagne électorale du 1er tour : les candidats bénéficient des mêmes facilités : – égalité dans les programmes d'information sur les chaînes de radio et de télévision ; – égalité du temps de parole dans le cadre de la propagande officielle radiotélévisée ; – égalité dans l'attribution des emplacements d'affichage officiel.
	Le financement de la campagne est réglementé. Un plafond des dépenses électorales est fixé. Une somme égale au 20e du montant du plafond des dépenses de campagne est remboursée, à titre forfaitaire, à chaque candidat ; cette somme est portée à la moitié dudit plafond pour chaque candidat ayant obtenu plus de 5 % du total des suffrages exprimés au 1er tour.
	Les candidats doivent communiquer au Conseil constitutionnel un état de leur patrimoine. Celui-ci sera rendu public en cas d'élection.
	Une commission nationale de contrôle de la campagne électorale est chargée d'assurer l'égalité des candidats et le respect des règles de propagande.
	Le Conseil constitutionnel se doit de contrôler la campagne et de statuer sur les réclamations éventuelles.
j – 2	La fin de la campagne électorale du 1er tour : elle prend fin le vendredi précédant le scrutin à minuit (interdiction de toute propagande électorale par voie audiovisuelle la veille du scrutin).
	Il est interdit de publier ou de commenter des sondages la veille du scrutin et le jour du scrutin lui même.
j – 0	Le 1er tour de scrutin.
j + 2	La publication au *JO* du candidat élu ou des 2 candidats en présence au 2e tour.
	L'ouverture de la campagne électorale du 2e tour.
j + 12	La fin de la campagne électorale du 2e tour.
j + 14	Le 2e tour de scrutin.
j + 24	La proclamation des résultats par le Conseil constitutionnel. Il dispose d'un délai de 10 jours après le dernier tour de scrutin pour arrêter et proclamer les résultats.
j + 25	La publication au *JO* du candidat élu (un jour après la proclamation).
j + 20 j + 35	La fin du quinquennat précédent et le début du nouveau quinquennat : le quinquennat prend fin dans le délai de 20 jours au moins et 35 jours au plus après le 1er tour (*cf.* la date du scrutin).

2 Le statut du président de la République

A - La rééligibilité

Nul ne peut exercer plus de deux mandats consécutifs.

B - L'incompatibilité

Le président de la République doit – à son entrée en charge – se démettre de tous ses mandats. Il ne peut se porter candidat à aucune élection durant la durée de son mandat.

Toute activité privée rémunérée ou gratuite lui est interdite.

C - La suppléance

La suppléance n'existe que dans le cas où le président de la République est provisoirement dans l'impossibilité d'exercer ses fonctions : maladie ne motivant pas un empêchement, voyage à l'étranger... Elle ne s'applique que pour des fonctions très limitées.

Elle est assurée par le Premier ministre pour la présidence :

- du Conseil des ministres ; il s'agit d'une délégation expresse valable pour un conseil et pour un ordre du jour déterminé ;
- des conseils et comités supérieurs de la défense nationale.

D - L'intérim

L'intérim existe en cas soit de vacance de la présidence (démission, décès ou destitution du président), soit d'empêchement (maladie, folie...) constaté par le Conseil constitutionnel saisi par le Gouvernement.

Il est assuré par le président du Sénat et, si celui-ci à son tour est empêché, par le Gouvernement. L'intérimaire exerce les fonctions du président de la République à l'exception des attributions suivantes : le recours au référendum, la dissolution de l'Assemblée nationale, l'engagement de la responsabilité du Gouvernement devant l'Assemblée nationale et la révision de la Constitution.

En cas d'empêchement définitif ou de vacance, il doit être procédé à l'élection du nouveau président de la République.

E - La responsabilité

1) L'irresponsabilité

Le président de la République n'est pas responsable des actes accomplis en cette qualité. Aucune action ne peut être engagée contre lui pour des actes relevant de l'exercice de ses fonctions, même après la fin de son mandat.

Deux exceptions à cette règle ; il peut être :

– poursuivi devant la Cour pénale internationale pour crimes contre l'humanité (comme tout citoyen français) ;

– destitué par la Haute Cour en cas de manquement à ses devoirs manifestement incompatible avec l'exercice de son mandat (*cf.* chapitre 6).

Dans la pratique, la mise en cause de la responsabilité politique du président de la République apparaît dans les cas suivants : non réélection à l'occasion de l'élection présidentielle, censure du Gouvernement par l'Assemblée nationale, échec à l'occasion d'un référendum, élection lors des législatives d'une majorité opposée à la majorité présidentielle...

2) L'inviolabilité

L'immunité dont bénéficie le président de la République pour les actes de ses fonctions ne lui confère pas une immunité pour les actes antérieurs à ses fonctions ou pour des actes extérieurs à l'exercice de ses fonctions. Il bénéficie pour ses actes d'une inviolabilité, limitée à la durée de son mandat.

Le président de la République ne peut, durant son mandat et devant aucune juridiction ou autorité administrative française, être requis de témoigner non plus que faire l'objet d'une action, d'un acte d'information, d'instruction ou de poursuite. Tout délai de prescription ou de forclusion est suspendu.

Les instances et procédures auxquelles il est ainsi fait obstacle peuvent être reprises ou engagées contre lui à l'expiration d'un délai d'un mois suivant la cessation des fonctions.

F - L'organisation de la présidence

Le président de la République dispose de différents services organisés à son gré. Ils n'ont pas de structure permanente. Un grand nombre de ses collaborateurs est issu de la fonction publique et est prêté par leur administration. L'État prend en charge les services de la présidence et ses frais de voyages.

3 Les attributions du président de la République

Le président de la République exerce des attributions :

– ***sans contreseing*** : les attributions exercées en propre de façon autonome ou conditionnée ;

– ***avec contreseing*** : attributions partagées : les actes du président de la République sont contresignés par le Premier ministre et, le cas échéant, par les ministres responsables. L'exigence du contreseing (deuxième signature) permet d'authentifier la signature présidentielle, de marquer l'accord de volonté des signataires et de transférer la responsabilité à l'autorité contresignataire : Premier ministre et/ou ministre(s).

A – Les attributions exercées en propre et de façon autonome

art. 8 → ***Nommer le Premier ministre*** : il met fin à ses fonctions sur la présentation par celui-ci de la démission du Gouvernement.

Le président de la République a le libre choix de son Premier ministre ; cette liberté est restreinte en cas de cohabitation (coexistence d'un président de la République et d'une majorité politique qui lui est opposée à l'Assemblée nationale).

art. 18 → *Avoir le droit de message et de parole devant le Parlement* :

- ***le droit de message*** : il communique avec les deux assemblées du Parlement par des messages qu'il fait lire et qui ne donnent lieu à aucun débat ;
- ***le droit de parole*** : il peut prendre la parole devant le Parlement réuni à cet effet en Congrès. Sa déclaration peut donner lieu, hors sa présence, à un débat qui ne fait l'objet d'aucun vote.

Hors session, les assemblées sont réunies à cet effet.

art. 54 → *Saisir le Conseil constitutionnel sur la constitutionnalité d'un accord international*.

art. 61 → *Saisir le Conseil constitutionnel sur la constitutionnalité d'une loi ordinaire*.

B – Les attributions exercées en propre et de façon conditionnée

art. 11 → *Recourir au référendum* : le référendum doit porter :

- soit sur l'organisation des pouvoirs publics ;
- soit sur des réformes relatives à la politique économique ou sociale de la Nation et aux services publics qui y concourent ;
- soit tendre à autoriser la ratification d'un traité qui, sans être contraire à la Constitution, aurait des incidences sur le fonctionnement des institutions.

Un référendum peut être organisé à partir :

- d'un projet de loi proposé par le Gouvernement pendant la durée des sessions ou conjointement par les deux assemblées. Lorsqu'il est organisé sur proposition du Gouvernement, celui-ci fait, devant chaque assemblée, une déclaration qui est suivie d'un débat ;
- d'une proposition de loi à l'initiative de 1/5e des membres du Parlement, soutenue par 1/10e des électeurs inscrits sur les listes électorales (*cf.* p. 99).

Le président de la République :

- peut, en présence d'un projet de loi, le soumettre ou non au référendum ;
- doit, en présence d'une proposition de loi, la soumettre au référendum si elle n'a pas été examinée par les deux assemblées dans un délai fixé par une loi organique.

art. 12 ➤ ***Dissoudre l'Assemblée nationale*** : il peut, après consultation du Premier ministre et des présidents des assemblées, prononcer la dissolution de l'Assemblée nationale. Des élections législatives anticipées doivent alors avoir lieu dans un délai de 20 jours au moins et 40 jours au plus après la dissolution.

La nouvelle assemblée se réunit de plein droit le 2e jeudi qui suit son élection. Une session – d'une durée de 15 jours – est ouverte de droit si cette réunion a lieu en dehors de la session ordinaire.

La dissolution est exclue :

- dans l'année qui suit l'élection de l'Assemblée nationale consécutive à une dissolution ;
- dans le cadre de l'application de l'article 16 ;
- en période d'intérim.

art. 16 ➤ ***Exercer les pleins pouvoirs*** : sa mise en œuvre par le président de la République implique :

- l'existence d'une menace grave et immédiate sur les institutions de la République, l'indépendance de la Nation, l'intégrité de son territoire ou l'exécution de ses engagements internationaux et une interruption du fonctionnement régulier des pouvoirs publics ;
- la consultation officielle du Premier ministre, des présidents des assemblées et du Conseil constitutionnel ;
- l'information de la Nation par un message présidentiel ;
- la réunion de plein droit du Parlement. L'Assemblée nationale ne peut être dissoute et aucune motion de censure ne peut être déposée.

art. 56 ➤ ***Nommer 3 des 9 membres du Conseil constitutionnel***. Il en désigne aussi le président. La nomination s'exerce après avis public de la commission permanente compétente de chaque assemblée (*cf.* art. 13).

art. 65 ➤ ***Désigner 2 des 6 personnalités qualifiées siègeant au Conseil supérieur de la magistrature***. La nomination s'exerce après avis public de la commission permanente compétente de chaque assemblée (*cf.* art. 13).

art. 72-4 ➤ ***Consulter***, sur proposition du Gouvernement pendant la durée des sessions ou sur proposition conjointe des deux assemblées, ***les électeurs d'une collectivité territoriale d'outre-mer sur une question relative à son organisation, à ses compétences ou à son régime législatif***.

art. 88-5 ➤ ***Soumettre à référendum tout projet de loi autorisant la ratification d'un traité relatif à l'adhésion d'un État à l'Union européenne***.

C – Les attributions partagées

art. 8 → ***Nommer ou révoquer les membres du Gouvernement*** sur proposition du Premier ministre.

art. 9 → ***Présider le Conseil des ministres***.

art. 10 → ***Promulguer les lois dans les 15 jours qui suivent la transmission au Gouvernement du texte définitivement adopté***.

Le président de la République peut demander une ***seconde délibération*** de la loi au Parlement. Cette demande doit être faite avant l'expiration du délai de 15 jours et ne peut être refusée.

art. 13 → ***Signer les décrets et les ordonnances délibérés en Conseil des ministres*** : il peut refuser de signer certains décrets ou ordonnances.

Nommer aux emplois civils et militaires de l'État : une loi organique détermine les emplois ou fonctions, pour lesquels, en raison de leur importance pour la garantie des droits et libertés ou la vie économique et sociale de la Nation, son pouvoir de nomination s'exerce après avis public de la commission permanente compétente de chaque assemblée.

Il ne peut procéder à une nomination lorsque l'addition des votes négatifs dans chaque commission représente au moins 3/5e des suffrages exprimés au sein des deux commissions.

art. 14 → ***Accréditer les ambassadeurs et envoyés spéciaux auprès des puissances étrangères***. Les ambassadeurs et les envoyés extraordinaires étrangers sont accrédités auprès de lui.

art. 15 → ***Diriger les armées*** : il assure la présidence des conseils et des comités supérieurs de la défense nationale en tant que chef des armées. Il a le pouvoir d'engager la force nucléaire.

art. 17 → ***Avoir le droit de faire grâce à titre individuel***.

art. 30 → ***Convoquer le Parlement en session extraordinaire*** : cette convocation est faite, à la demande du Premier ministre ou d'une majorité de députés, sur un ordre du jour déterminé (*cf.* art. 29). La demande n'a pas un caractère obligatoire pour le président de la République.

art. 52 → ***Négocier et ratifier les traités*** : certains traités ne prennent effet qu'en vertu d'une loi. Il est informé de toute négociation d'accord international non soumis à ratification.

art. 89 → ***Convoquer le Congrès dans le cadre de la procédure de révision constitutionnelle***.

Le Gouvernement

Chapitre
3

1 La désignation du Gouvernement

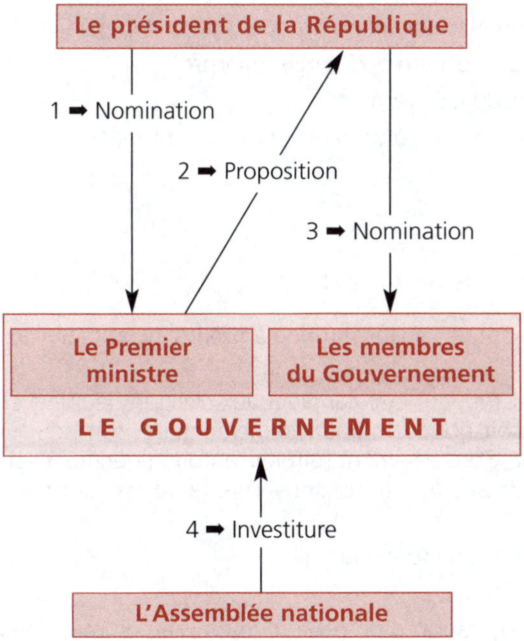

1 Le président de la République nomme le Premier ministre.

2 Le Premier ministre propose au président de la République les autres membres du Gouvernement. La liste des membres du Gouvernement est arrêtée en accord entre le Premier ministre et le président de la République car il n'y a aucune obligation constitutionnelle pour ce dernier à ratifier le choix du Premier ministre.

3 Le président de la République nomme les autres membres du Gouvernement.

4 Le Gouvernement n'a pas besoin de l'investiture de l'Assemblée nationale car il existe juridiquement dès sa nomination. Cependant, la tradition veut que, dès sa nomination, il demande à l'Assemblée nationale un vote de confiance en engageant sa responsabilité sur un programme ou sur une déclaration de politique générale.

2 La fin des fonctions du Gouvernement

Le président de la République met fin aux fonctions du Premier ministre sur présentation par celui-ci de la démission du Gouvernement.

Le Premier ministre est amené à présenter la démission du Gouvernement :

- ***obligatoirement*** après que celui-ci a été mis en minorité à l'occasion d'un vote de confiance par l'Assemblée nationale ou de l'adoption par celle-ci d'une motion de censure. Si le président de la République dissout l'Assemblée nationale, le Premier ministre peut rester en fonction, mais le Gouvernement ne peut qu'expédier les affaires courantes jusqu'à la réunion de la nouvelle assemblée ;
- ***traditionnellement*** après chaque élection présidentielle ou après chaque élection législative consécutive ou non à une dissolution ;
- ***volontairement*** pour des raisons personnelles (état de santé), politiques (divergences de vue avec le président de la République) ou à la demande du président de la République (dans la pratique, le président de la République s'est attribué le droit de révoquer le Premier ministre).

Le président de la République doit nommer un nouveau Premier ministre.

Les autres membres du Gouvernement cessent leurs fonctions en cas de :

- démission du Gouvernement présentée par le Premier ministre au président de la République ;
- révocation par le président de la République sur proposition du Premier ministre ;
- démission individuelle d'un ou plusieurs membres du Gouvernement.

Dans les deux derniers cas, le Premier ministre doit procéder à un remaniement ministériel.

3 Le statut des ministres

A – Les incompatibilités ministérielles

Pour assurer l'autonomie de la fonction gouvernementale, la Constitution a fixé les incompatibilités de cette fonction. Les activités incompatibles sont :

- l'exercice de tout mandat parlementaire : un ministre peut être candidat aux élections législatives ou sénatoriales. En cas d'élection, il doit opter soit pour le mandat parlementaire, soit pour la fonction ministérielle. Le parlementaire nommé au Gouvernement retrouve automatiquement son siège au plus tard un mois après la cessation de ses fonctions gouvernementales, sauf s'il y renonce expressément ;
- l'exercice de toute représentation professionnelle à caractère national ;
- tout emploi public ou toute activité professionnelle.

La période d'effet des incompatibilités débute à l'expiration d'un délai d'un mois à compter de la nomination ministérielle (le parlementaire membre du Gouvernement ne peut prendre part à aucun scrutin de son assemblée) pour prendre fin à l'expiration d'un délai de 6 mois après la cessation de la fonction ministérielle (elles se limitent à celles qui sont incompatibles avec le mandat parlementaire sauf si cette activité était exercée avant la nomination).

En général, les dirigeants politiques démissionnent de leurs responsabilités au sein de leur parti lorsqu'ils sont nommés au Gouvernement, bien qu'il n'y ait pas incompatibilité entre ces deux fonctions au regard de la loi.

Chaque ministre doit dès qu'il est nommé à des fonctions ministérielles remplir une déclaration de situation patrimoniale, exercice qu'il devra renouveler à la fin de ses fonctions afin de vérifier que le ministre ne s'est pas, à l'occasion de ses fonctions, indûment enrichi.

B – La responsabilité ministérielle

1) La responsabilité civile

Chaque membre du Gouvernement est civilement responsable à l'égard :

- des particuliers pour tout délit civil dans l'exercice de ses fonctions. Il peut être condamné à verser des dommages et intérêts pour réparer les préjudices occasionnés aux victimes ;
- de l'État en raison de l'étendue de leur pouvoir en matière financière.

2) La responsabilité pénale

Chaque membre du Gouvernement est pénalement responsable des crimes et délits perpétrés :

- en dehors de l'exercice de ses fonctions devant les tribunaux ordinaires ;
- dans l'exercice de ses fonctions devant la Cour de justice de la République à condition que ces actes aient été qualifiés de crimes ou délits au moment de leur accomplissement.

4 L'organisation du Gouvernement

A – La composition du Gouvernement

La composition du Gouvernement est la suivante :

- ***le Premier ministre*** : la Constitution établit la primauté du Premier ministre sur les autres membres du Gouvernement, tant par le titre qu'elle lui confère que par le rôle qu'elle lui attribue : diriger l'action du Gouvernement ;
- ***le ministre d'État*** : il peut avoir la charge d'un ministère donné, exercer des attributions sur délégation du Premier ministre ou n'avoir aucune attribution particulière au sein du Gouvernement ;
- ***le ministre à portefeuille*** : il a la charge d'un ministère donné. Il en assume la direction administrative et la responsabilité politique ;
- ***le ministre délégué*** : il a la charge – en qualité de ministre – d'attributions qu'il exerce de façon autonome ou qui lui sont déléguées soit par le Premier ministre soit par un ministre (ministre délégué auprès du Premier ministre ou ministre délégué auprès du ministre de...) ;
- ***le secrétaire d'État*** : il a la charge soit de services autonomes, soit de services dépendant du Premier ministre ou d'un ministre auprès duquel il est nommé. Il n'a pas le droit de contreseing.

Aucun texte ne fixe le nombre de ministères. Le nombre de ministres et la structure des départements ministériels varient selon les gouvernements ; ils sont fixés par le président de la République et le Premier ministre lors de la nomination du Gouvernement.

B – Les organes du Gouvernement

1) Le Conseil des ministres

Le Conseil des ministres se réunit, en principe, tous les mercredis matin au Palais de l'Élysée sous la présidence du président de la République. À titre exceptionnel, le Premier ministre peut suppléer le président de la République. Les ministres d'État, les ministres à portefeuille et les ministres délégués y participent régulièrement. Les secrétaires d'État y participent pour les affaires relevant de leurs attributions.

Les décisions concernant la politique gouvernementale sont prises en Conseil des ministres. À l'issue de chaque Conseil des ministres un communiqué est publié.

2) Le conseil restreint ou le comité interministériel

Le conseil restreint est présidé par le président de la République et le comité interministériel par le Premier ministre. Ils réunissent les membres du Gouvernement – et éventuellement des hauts fonctionnaires – concernés par le problème à l'ordre du jour (la politique sociale, la politique énergétique...), préparant les travaux d'un futur Conseil des ministres sur ce thème.

3) Le conseil de cabinet

Le conseil de cabinet est présidé par le Premier ministre. Il réunit l'ensemble des membres du Gouvernement. Il permet au Premier ministre d'assurer la coordination des activités gouvernementales et de préparer les décisions du Conseil des ministres.

C – Les principes du Gouvernement

Les principes du Gouvernement sont ***la collégialité*** (les décisions du Gouvernement sont le résultat d'une délibération collective), ***la solidarité ministérielle*** (le non-respect du principe de l'unité du Gouvernement peut entraîner la révocation) et ***la responsabilité*** (le Gouvernement est collectivement responsable devant le Parlement).

D – L'intérim

En cas d'empêchement temporaire – maladie, voyage à l'étranger – le Premier ministre délègue ses pouvoirs à l'un de ses ministres du Gouvernement. L'intérim est prononcé par décret du président de la République contresigné par le Premier ministre.

E – La fonction ministérielle

La fonction ministérielle place son titulaire à la charnière :

- ***du Gouvernement*** où, en tant que ministre, il participe à l'exercice collégial des compétences attribuées par la Constitution au Gouvernement dans son entier ;
- ***de l'administration***, où il assure la direction du département ministériel qui lui est confié en qualité de chef de service.

5 Les attributions du Gouvernement

La Constitution distingue les attributions du Premier ministre et celles du Gouvernement. Cette distinction a peu d'importance. En effet, le Premier ministre a la prépondérance sur les autres ministres. C'est lui qui dirige l'activité du Gouvernement. Cependant, la plupart de ces décisions doivent avoir fait l'objet d'une délibération en Conseil des ministres et être contresigné par le ou les ministres compétents.

Les attributions des ministres sont fixées en Conseil des ministres après avis du Conseil d'État.

A – Les attributions du Premier ministre

art. 8 ➤ *Proposer*, au président de la République, ***la nomination ou la révocation des membres du Gouvernement***.

art. 12 ➤ *Donner son avis*, au président de la République, ***en cas de dissolution de l'Assemblée nationale***.

art. 16 ➤ *Donner son avis*, au président de la République, ***en cas d'application de l'article 16***.

art. 21 ➤ *Diriger l'action du Gouvernement* : il prononce les arbitrages en cas de différends entre ministres, donne à ces derniers des instructions directives, coordonne leur action, organise des comités interministériels...

Assurer la responsabilité de la Défense nationale.

Assurer l'exécution des lois.

Exercer le pouvoir réglementaire et nommer aux emplois civils et militaires sous réserve des dispositions de l'article 13 de la Constitution.

Déléguer certains de ses pouvoirs aux ministres.

Suppléer le président de la République :

- le cas échéant, dans la présidence des conseils et les comités supérieurs de la défense nationale ;
- à titre exceptionnel, pour la présidence d'un Conseil des ministres en vertu d'une délégation expresse et pour un ordre du jour déterminé.

art. 28 ➤ *Décider*, après consultation du président de l'assemblée concernée, ***la tenue de jours supplémentaires de séance***.

art. 29 ➤ *Demander*, au président de la République, ***la convocation du Parlement en session extraordinaire***.

art. 33 ➤ ***Demander aux assemblées de siéger en comité secret*** (débat non public).

art. 39 ➤ ***Avoir l'initiative des lois*** – concurremment aux parlementaires – ***après délibération en Conseil des ministres***.

art. 45 → ***Provoquer***, si nécessaire, ***la réunion d'une commission mixte paritaire*** en cas de désaccord entre les deux assemblées sur le vote d'un projet ou une proposition de loi, après deux lectures par chaque assemblée ou une seule lecture si le Gouvernement a engagé la procédure accélérée.

art. 49 → ***Engager***, après délibération en Conseil des ministres, ***la responsabilité du Gouvernement devant l'Assemblée nationale***.

Demander, au Sénat, l'approbation d'une déclaration de politique générale.

art. 54 → *Saisir le Conseil constitutionnel sur la constitutionnalité d'un accord international*.

art. 61 → *Saisir le Conseil constitutionnel sur la constitutionnalité d'une loi ordinaire*.

B – Les attributions du Gouvernement

art. 7 → ***Assurer l'intérim en cas de vacance de la présidence*** (intérimaire au second degré).

art. 11 → ***Proposer***, au président de la République, ***l'organisation d'un référendum***.

art. 20 → ***Disposer de l'administration et des forces armées***.

art. 31 → ***Disposer du libre accès au Parlement*** où les membres du Gouvernement sont entendus quand ils le demandent.

art. 35 → ***Informer le Parlement de sa décision de faire intervenir les forces armées à l'étranger***, au plus tard 3 jours après le début de l'intervention. Il en précise les objectifs poursuivis. Cette information peut donner lieu à un débat qui n'est suivi d'aucun vote. Lorsque la durée de l'intervention excède 4 mois, il soumet sa prolongation à l'autorisation du Parlement. Il peut demander à l'Assemblée nationale de décider en dernier ressort.

art. 36 → ***Déclarer l'état de siège*** : il faut l'autorisation du Parlement au-delà de 12 jours.

Déclarer l'état d'urgence : il peut être déclaré, sur le fondement de la loi du 3 avril 1955, sur tout ou partie du territoire, soit en cas de péril imminent résultant d'atteintes graves à l'ordre public, soit en cas d'événements présentant, par leur nature et leur gravité, le caractère de calamité publique. Sa prorogation au-delà de 12 jours ne peut être autorisée que par la loi.

art. 38 → ***Demander au Parlement l'autorisation de prendre par ordonnances***, pendant un délai limité, ***des mesures qui sont normalement du domaine de la loi***.

art. 40 → ***Opposer l'irrecevabilité financière à l'encontre des propositions de loi et des amendements parlementaires***.

art. 41 → ***Opposer l'irrecevabilité aux propositions de loi et des amendements parlementaires qui ne sont pas du domaine de la loi***.

art. 43 → ***Demander qu'un projet ou une proposition de loi soit envoyé pour examen à une commission spécialement désignée à cet effet*** plutôt qu'à une commission permanente de l'assemblée qui en est saisie.

art. 44 → ***Disposer du droit d'amendement***.

S'opposer à tout amendement non soumis à la commission chargée d'examiner la loi.

Recourir à la procédure du vote bloqué pour l'adoption d'un texte de loi.

art. 45 → ***Engager la procédure accélérée pour l'adoption d'un texte de loi***.

Demander, en cas de désaccord persistant entre les deux chambres, ***à l'Assemblée nationale de statuer définitivement sur un texte de loi***.

art. 48 → ***Fixer l'ordre du jour de chaque assemblée lorsque la Conférence des présidents n'est pas compétente***.

art. 50-1 → ***Faire devant l'une ou l'autre des assemblées***, sur un sujet déterminé, ***une déclaration qui donne lieu à débat*** et peut, s'il le décide, faire l'objet d'un vote sans engager sa responsabilité.

art. 72-4 → ***Proposer***, au président de la République, pendant la durée des sessions parlementaires, ***de consulter les électeurs d'une collectivité territoriale située outre-mer sur une question relative à son organisation, à ses compétences ou à son régime législatif***.

6 La responsabilité politique du Gouvernement

Le Gouvernement est collectivement responsable devant l'Assemblée nationale. Cette responsabilité peut être mise en œuvre à l'initiative :

- ***du Premier ministre*** : la question de confiance ou sur le vote d'un texte ;
- ***de l'Assemblée nationale*** : la motion de censure.

A – La question de confiance (art. 49, al. 1)

Cette procédure peut être utilisée par le Gouvernement à la suite de sa nomination (l'investiture), sur un problème particulièrement important ou pour raffermir la cohésion de sa majorité.

La procédure de la question de confiance est la suivante :

- le Premier ministre, après délibération du Conseil des ministres, engage la responsabilité du Gouvernement soit sur son programme, soit sur une déclaration de politique générale ;
- une discussion générale suivie d'un vote est organisée ;

– le vote est acquis à la majorité absolue des suffrages exprimés ;

– si le Gouvernement n'obtient pas la majorité, il doit démissionner.

Cas particulier : le Premier ministre peut demander au Sénat l'approbation d'une déclaration de politique générale. Il n'y a aucune obligation pour le Gouvernement à démissionner en cas de vote négatif, le Gouvernement n'étant pas responsable devant le Sénat. Réciproquement le Sénat ne peut être dissout.

B – Sur le vote d'un texte (art. 49, al. 2)

Cette procédure permet au Gouvernement de forcer la main de sa majorité ou de couper court à la résistance opiniâtre de l'opposition sur le vote d'un texte.

La procédure du vote sur un texte est la suivante :

– le Premier ministre, après délibération du Conseil des ministres, engage la responsabilité du Gouvernement à propos de l'adoption d'un texte de loi ;

– le débat sur le texte de loi est suspendu pour 24 heures ;

– à l'échéance de ce délai, l'Assemblée nationale se réunit pour prendre acte :
  - de l'adoption du texte de loi si aucune motion de censure n'a été déposée,
  - du dépôt d'une motion de censure.

  Dans les deux cas, l'Assemblée nationale ne délibère plus de la loi ;

– si le Gouvernement n'obtient pas la majorité, la loi est repoussée et le Gouvernement doit démissionner.

C – La motion de censure (art. 49, al. 3)

Cette procédure permet aux députés d'interpeller le Gouvernement.

La procédure de la motion de censure est la suivante :

– pour être recevable, la motion de censure doit être signée par 1/10e des députés. Un député ne peut être signataire de plus de trois motions de censure au cours d'une même session ordinaire (sauf dans le cas où le Gouvernement pose la question de confiance) et de plus d'une au cours d'une même session extraordinaire ;

– le vote de la motion de censure ne peut avoir lieu que 48 heures après son dépôt et au plus tard le 3e jour de séance suivant l'expiration de ce délai ;

– une discussion générale suivie d'un vote est organisée ;

– seuls participent au vote les députés favorables à la motion de censure ;

– pour être adoptée la motion doit recueillir la majorité des voix des membres de l'Assemblée nationale.

Remarque : aucune motion de censure ne peut être déposée en cas d'application de l'article 16 de la Constitution (exercice des pouvoirs exceptionnels), l'Assemblée nationale de son côté ne pouvant être dissoute.

Schéma des procédures de la responsabilité politique du Gouvernement

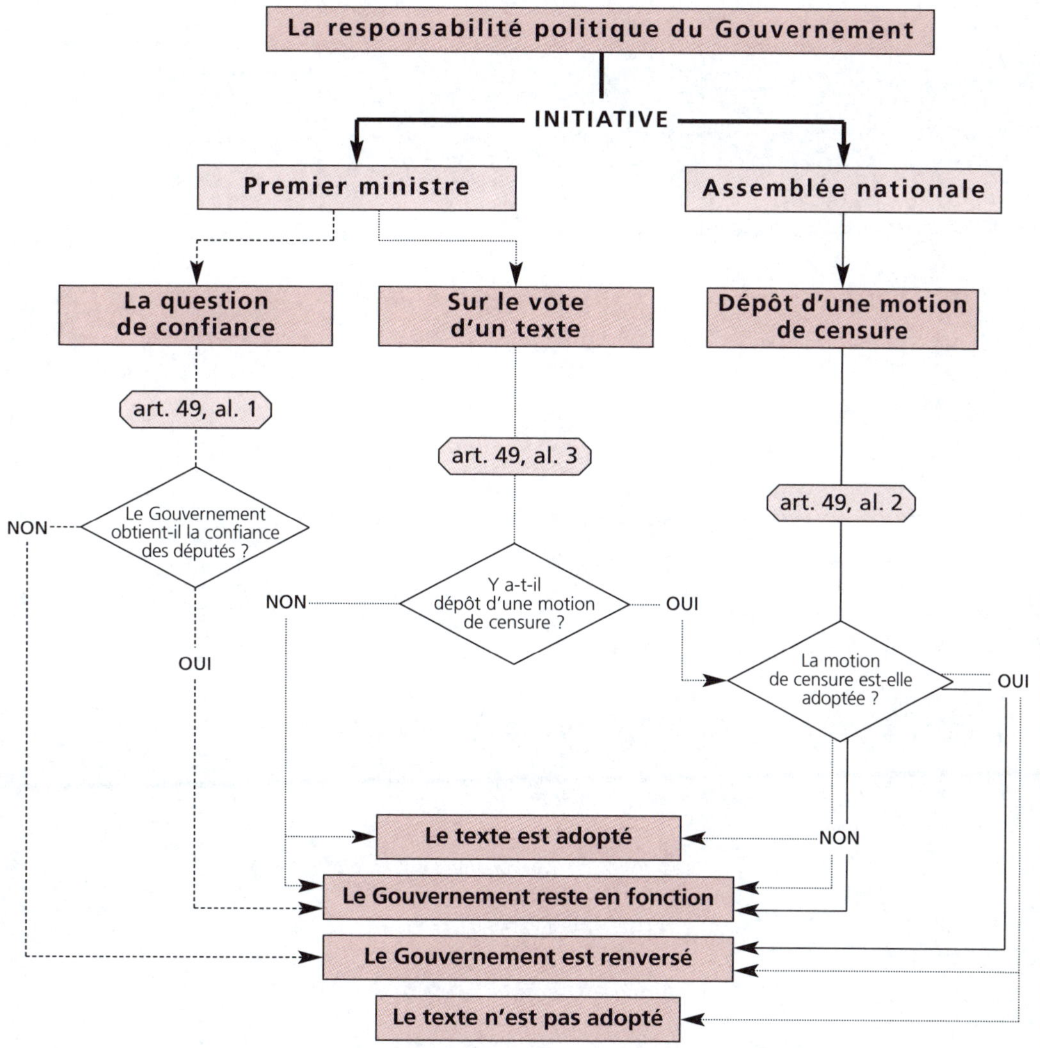

Le Parlement : Assemblée nationale et Sénat

Chapitre **4**

1 Généralités

A – La structure bicamérale

La Constitution de 1958 a conféré à l'institution parlementaire une structure bicamérale. Le Parlement est donc composé de deux assemblées représentatives : l'Assemblée nationale et le Sénat. La réunion des deux assemblées constitue le Congrès.

Le Parlement siège traditionnellement à Paris :

– l'Assemblée nationale au Palais-Bourbon ;

– le Sénat au Palais du Luxembourg ;

– le Congrès au Château de Versailles.

En cas de transfert de siège de ces derniers, le Gouvernement doit prendre les mesures pour permettre aux deux assemblées de siéger à proximité du lieu où se trouve le président de la République et le Gouvernement lui-même.

B – L'administration des assemblées

Chaque assemblée élabore et adopte son propre règlement. Il fixe l'organisation et le fonctionnement de l'assemblée, la procédure législative (examen et adoption des lois) et les formes du contrôle parlementaire sur l'exécutif. Le règlement est soumis au contrôle du Conseil constitutionnel qui se prononce sur sa conformité à la Constitution.

L'administration des assemblées est autonome. Elle est assurée par des fonctionnaires de l'État ne dépendant que du pouvoir législatif. Chaque assemblée élabore le statut des fonctionnaires qu'elle recrute.

C – Le statut financier des assemblées

Les assemblées disposent de l'autonomie financière. Les projets de budgets – élaborés par des questeurs des deux assemblées – sont soumis à une commission commune présidée par un des présidents de la Cour des comptes. Ils sont inscrits au projet de loi de finances. L'exécution des budgets n'est soumise à aucun contrôle extérieur.

2 La composition du Parlement

Une commission indépendant se prononce par un avis public sur les projets de texte et propositions de loi délimitant les circonscriptions pour l'élection des députés ou modifiant la répartition des sièges de députés ou de sénateurs. Elle comprend trois magistrats (Conseil d'État, Cour de cassation et Cour des comptes) et trois personnalités désignées respectivement par le président de la République, les présidents de l'Assemblée nationale et du Sénat. Ces nominations sont soumises à la procédure d'avis public de la commission permanente compétente de chaque assemblée (*cf.* p. 81). Ses membres sont nommés pour 6 ans et renouvelés par moitié tous les 3 ans. Le membre désigné par le président de la République est le président de la commission.

A – La composition de l'Assemblée nationale

Le nombre de députés ne peut excéder ***577***. Les Français établis hors de France sont représentés à l'Assemblée nationale. Dans la perspective des élections législatives de 2012, une nouvelle carte électorale sera adoptée avant le début de l'été 2009.

La durée du mandat est de 5 ans. Le député est rééligible. L'Assemblée nationale est intégralement renouvelée tous les 5 ans (durée d'une législature) sauf dissolution.

L'Assemblée nationale est composée actuellement de ***577 députés*** :

- 570 pour les départements : départements métropolitains : 555, DOM : 15 ;
- 7 pour les collectivités d'outre-mer : Îles Wallis-et-Futuna : 1, Mayotte : 1, Polynésie française : 2, Saint-Pierre-et-Miquelon : 1, Nouvelle-Calédonie : 2.

B – La composition du Sénat

Le nombre de sénateurs ne peut excéder ***348***. Le Sénat, appelé aussi *Haute assemblée*, est formé sur la base d'une représentation des collectivités territoriales et des Français de l'étranger.

La durée du mandat est de 6 ans. Le sénateur est rééligible. Le Sénat est renouvelé par moitié tous les 3 ans. À chaque renouvellement partiel du Sénat, sont élus 6 sénateurs représentant les Français établis hors de France. Le dernier renouvellement partiel a eu lieu le 21 septembre 2008.

Le Sénat est composé actuellement de ***343 sénateurs*** :

- 322 pour les départements : départements métropolitains : 312, DOM : 10 ;
- 9 pour les collectivités d'outre-mer : Îles Wallis-et-Futuna : 1, Mayotte : 2, Polynésie française : 2, Saint-Barthélemy : 1, Saint-Pierre-et-Miquelon : 1, Saint-Martin : 1, Nouvelle-Calédonie : 1 ;
- 12 pour les français de l'étranger.

En 2011, le Sénat comptera ***348 sénateurs*** :

- 326 pour les départements : départements métropolitains : 315, DOM : 11 ;
- 10 pour les collectivités d'outre-mer : Îles Wallis-et-Futuna : 1, Mayotte : 2, Polynésie française : 2, Saint-Barthélemy : 1, Saint-Pierre-et-Miquelon : 1, Saint-Martin : 1, Nouvelle-Calédonie : 2 ;
- 12 pour les français de l'étranger.

3 L'élection des parlementaires

A – Les conditions d'éligibilité des parlementaires

Les conditions d'éligibilité des parlementaires sont les suivantes :

- avoir ***23 ans*** accomplis pour les ***députés*** et ***30 ans*** accomplis pour les ***sénateurs*** ;
- ***être français ou naturalisé*** ;
- ***avoir la qualité d'électeur*** : en raison du caractère national du mandat législatif, il n'est pas nécessaire d'être électeur dans la circonscription où l'on désire présenter sa candidature. Aucun lien n'est exigé entre un candidat et la circonscription choisie comme cadre de son élection. Toute personne frappée d'interdiction temporaire d'inscription sur la liste électorale est inéligible pour le double de cette période ;
- ***avoir satisfait aux obligations de la journée d'appel de préparation à la défense*** ;
- certains fonctionnaires ne peuvent être candidat dans la circonscription où ils exercent ou ont exercé (avant l'expiration d'un certain délai).

On ne peut faire acte de candidature que dans une seule circonscription.

Le Conseil constitutionnel statue en cas de contestation sur la régularité des élections. La contestation d'une élection peut émaner soit de toute personne inscrite sur les listes électorales de la circonscription, soit des candidats à cette élection.

B – L'élection des députés

La circonscription pour l'élection du député est constituée d'une partie d'un département. Le territoire national est divisé en autant de circonscriptions qu'il y a de sièges à pourvoir. Le découpage doit en principe respecter les limites cantonales et les écarts de population ne doivent pas excéder 20 % de la population des circonscriptions du département.

Les députés sont élus par les citoyens remplissant les conditions d'exercice du droit de vote (être de nationalité française, avoir 18 ans, jouir de ses droits civils et politiques et être inscrit sur les listes électorales).

Les députés sont élus au ***suffrage universel direct au scrutin majoritaire uninominal à 2 tours*** :

- ***1er tour*** : est élu le candidat qui obtient, la majorité absolue des suffrages exprimés en ayant au moins un nombre de voix égal à 1/4 des électeurs inscrits. Si aucun candidat ne réunit ces conditions, il y a ***ballottage*** ;
- ***2e tour*** : seuls les candidats ayant obtenus un nombre de suffrages au moins égal à 12,5 % du nombre des électeurs inscrits peuvent se maintenir. Si un seul candidat remplit ces conditions, le candidat ayant obtenu le plus de voix en second peut se maintenir. Si aucun candidat ne remplit ces conditions, les 2 candidats ayant obtenu le plus de voix se maintiennent. Est élu le candidat qui obtient la majorité relative. En cas d'égalité, c'est le plus âgé qui est élu.

C – L'élection des sénateurs

La circonscription pour l'élection des sénateurs est le département. Le nombre de sièges à pourvoir par département varie de 1 à 12 sièges.

Les sénateurs (sauf ceux représentant les Français de l'étranger) sont élus par un collège de grands électeurs comprenant plus de 148 000 électeurs sénatoriaux. Le collège électoral comprend : les députés, les conseillers régionaux élus dans le département, les conseillers généraux et des délégués des conseils municipaux (communes de moins de 9 000 hab. : de 1 à 15 délégués ; communes de plus de 9 000 hab. : tous les conseillers municipaux plus un délégué par tranche de 1 000 hab. au-delà de 30 000 hab.).

Les sénateurs représentant les Français de l'étranger sont élus par un collège formé des membres élus de l'Assemblée des Français de l'étranger.

La participation au scrutin est obligatoire. Tout électeur qui, sans cause légitime, ne prend pas part au scrutin est passible d'une amende.

Les sénateurs sont élus au ***suffrage universel indirect***. Le scrutin varie selon le nombre de sièges à pourvoir dans la circonscription :

- ***scrutin majoritaire à 2 tours (3 sièges ou moins)*** :
  - *1er tour* : est élu le candidat qui obtient la majorité absolue des suffrages exprimés en ayant au moins un nombre de voix égal au 1/4 des électeurs inscrits,
  - *2e tour* : sont élus le ou les candidats obtenant le plus grand nombre de voix en fonction du nombre de sièges à pourvoir. De nouvelles candidatures sont possibles ;
- ***scrutin proportionnel (4 sièges et plus)*** : la répartition des sièges se fait à la plus forte moyenne sans panachage ni vote préférentiel. Les sièges sont attribués dans l'ordre de présentation.

D – Le remplacement des parlementaires

En cas de scrutin majoritaire, le remplacement du parlementaire est assuré par le suppléant (personne élue en même temps que lui) en cas de vacance due :

- au décès ;
- à l'acceptation des fonctions de membre du Gouvernement jusqu'à la fin de ses fonctions gouvernementales (il retrouve automatiquement son siège au plus tard un mois après la cessation de ses fonctions gouvernementales, sauf s'il y renonce expressément) ou du Conseil constitutionnel (fonction publique non élective) ;
- à la prolongation au-delà de 6 mois d'une mission temporaire confiée par le Gouvernement.

Dans tous les autres cas de vacance (démission volontaire ou d'office, déchéance, élection dans l'autre assemblée...), une élection partielle est organisée dans le délai de 3 mois à compter de la vacance. Il n'y a aucune élection partielle dans les 12 mois précédant l'expiration des pouvoirs de l'Assemblée nationale ou le renouvellement partiel du Sénat.

En cas de scrutin proportionnel, le remplacement est assuré par appel au suivant de la liste ; s'il n'y a plus de suivant, une élection partielle est organisée.

4 Le statut des parlementaires

Les députés et les sénateurs sont investis d'un mandat parlementaire qui est :

– ***représentatif***, le parlementaire agit au nom de la Nation tout entière, il n'est pas le représentant d'une circonscription déterminée ;

– ***électif***, le parlementaire est élu ;

– ***non-impératif***, tout mandat impératif est nul ;

– ***facultatif***, le parlementaire exerce ou non son mandat.

A – Les incompatibilités

1) Les incompatibilités avec les fonctions publiques nominatives ou électives

Le mandat de parlementaire est incompatible :

– ***avec l'appartenance à un autre organe constitutionnel*** : il y a incompatibilité entre le fait d'être parlementaire et membre du Gouvernement, du Conseil constitutionnel, du Conseil supérieur de la magistrature ou du Conseil économique, social et environnemental. Cependant, un parlementaire peut se voir confier une mission par le Gouvernement à condition que celle-ci n'excède pas 6 mois ;

– ***avec l'appartenance à l'administration*** : il y a incompatibilité entre le fait d'être parlementaire et fonctionnaire en activité sauf pour les professeurs titulaires de l'enseignement supérieur ;

– ***avec des fonctions de responsabilité dans le secteur parapublic*** : il y a incompatibilité entre le fait d'être parlementaire et exercer des fonctions au sein d'entreprises nationales ou d'établissements publics nationaux, sauf dans le cas où le parlementaire est nommé en tant que tel au conseil d'administration.

Le cumul des mandats parlementaires (député et sénateur) est prohibé. Tout député ou sénateur, élu dans l'autre assemblée, est réputé avoir opté pour son nouveau mandat. De même, on ne peut être suppléant et parlementaire.

Le mandat de parlementaire est incompatible avec celui de membre du Parlement européen.

Le mandat de parlementaire est rendu incompatible avec l'exercice de plus d'un des mandats électoraux suivants : conseiller régional, conseiller à l'assemblée de Corse, conseiller général, conseiller de Paris, conseiller municipal d'une commune d'au moins 3 500 habitants.

2) Les incompatibilités avec les activités privées

En règle générale, le mandat parlementaire est compatible avec les activités privées sauf la participation à la direction d'une entreprise qui fait appel à l'épargne, qui reçoit des subventions publiques ou qui travaille pour une collectivité publique ou à la direction d'une société immobilière.

Tout parlementaire doit transmettre, en début et en fin de mandat, une déclaration de situation patrimoniale auprès de la Commission pour la transparence financière de la vie politique afin de vérifier qu'il ne s'est pas, à l'occasion de ses fonctions, indûment enrichi.

3) Le contrôle des incompatibilités

Le Conseil constitutionnel contrôle les incompatibilités. Elles prennent effet dès l'entrée en fonction du parlementaire. Ce dernier dispose d'un délai de 30 jours pour régulariser sa situation. En cas de contestation, le parlementaire doit régulariser sa situation, dans le délai de 30 jours, à compter de la notification de son incompatibilité qui lui est faite de la décision du Conseil constitutionnel.

Tout parlementaire en situation irrégulière est démissionné d'office par le Conseil constitutionnel.

B – L'immunité parlementaire

1) L'irresponsabilité

L'irresponsabilité parlementaire a pour but de protéger la liberté du parlementaire dans l'intérêt de l'exercice de son mandat.

Aucun parlementaire ne peut être poursuivi, recherché, arrêté, détenu ou jugé à l'occasion des opinions ou votes émis par lui dans l'exercice de ses fonctions. Cette irresponsabilité n'exclut pas les sanctions internes prévues par le règlement de chaque assemblée : rappel à l'ordre, exclusion temporaire...

2) L'inviolabilité

L'inviolabilité parlementaire est destinée à couvrir les faits accomplis par le parlementaire hors du cadre de son mandat et susceptibles d'être sanctionnés. L'inviolabilité ne s'applique qu'en matière criminelle et correctionnelle.

Tout parlementaire ne peut – pendant la durée des sessions ou hors session – être poursuivi ou arrêté qu'avec l'autorisation du bureau de son assemblée, sauf en cas de flagrant délit, de poursuites autorisées ou de condamnation définitive.

L'inviolabilité ne concerne ni les poursuites civiles ni les amendes.

3) La levée de l'immunité parlementaire

La levée de l'immunité parlementaire permet le déroulement du cours normal de la justice sans préjuger de la culpabilité ou non du parlementaire. Elle est adoptée par le bureau de l'assemblée intéressée. Elle ne concerne que les faits visés dans la résolution adoptée par le bureau.

L'assemblée peut requérir à tout moment la suspension des poursuites ou de la détention d'un de ses membres.

C – L'indemnité parlementaire

L'indemnité parlementaire permet à tout citoyen – quelle que soit sa situation de fortune – d'accéder à l'exercice de la représentation nationale. Elle permet aussi l'indépendance financière du parlementaire qui peut ainsi se consacrer pleinement aux affaires publiques.

Elle se compose :

- de ***l'indemnité parlementaire proprement dite***, calculée par référence au traitement des hauts fonctionnaires. Elle correspond à la moyenne établie en prenant le plus bas et le plus haut traitement dans la catégorie dite « *hors échelle* » ;
- de ***l'indemnité de fonction*** égale au quart du montant de l'indemnité parlementaire. Elle peut – théoriquement – être diminuée pour défaut d'assiduité.

L'indemnité ne peut être cumulée avec aucune autre rémunération publique sauf l'indemnité de maire ou maire adjoint, celle-ci étant réduite au quart.

Les avantages annexes comprennent : une indemnité de résidence, une indemnité spéciale de secrétariat, un bureau personnel, la prise en charge de un à trois collaborateurs personnels du parlementaire, la prise en charge des dépenses de téléphone et de courrier, l'abonnement gratuit au *Journal Officiel* et les facilités de circulation (la carte de circulation sur les chemins de fer, la prise en charge d'un certain nombre de déplacements aériens…).

D – La discipline parlementaire

Les parlementaires peuvent faire l'objet de sanction pour manquement aux règles de délibération et de vote. L'échelle des sanctions varie selon la nature du manquement :

- ***le rappel à l'ordre*** (par exemple, interruption de l'orateur...) ;
- ***le rappel à l'ordre avec inscription au procès-verbal*** (par exemple, injures à l'encontre d'autres parlementaires) : cette sanction entraîne la privation pour le député pendant un mois, du quart de l'indemnité parlementaire et, pour le sénateur, l'application éventuelle de peines disciplinaires plus importantes ;
- ***la censure*** (par exemple, chahut, tohu-bohu pendant les débats...) : cette sanction entraîne la privation, pendant un mois, de la moitié de l'indemnité parlementaire du député et du tiers de l'indemnité parlementaire plus la totalité de l'indemnité de fonction du sénateur ;
- ***la censure avec exclusion temporaire*** (par exemple, violence, outrage au chef de l'État...) : cette sanction entraîne une exclusion de 15 jours de l'assemblée plus la privation, pendant 2 mois, de la moitié de l'indemnité parlementaire du député et du tiers de l'indemnité parlementaire plus la totalité de l'indemnité de fonction du sénateur.

Les 2 premières sanctions sont prononcées par le président de l'assemblée, les 2 autres par l'assemblée (par assis et levé).

5 L'organisation interne du Parlement

A – Les règlements des assemblées

Chaque assemblée élabore et adopte son propre règlement qui fixe l'organisation et le fonctionnement de l'assemblée, la procédure législative (examen et adoption des lois) et les formes du contrôle parlementaire sur l'exécutif. Le règlement est soumis au contrôle du Conseil constitutionnel.

B – Les bureaux des assemblées

Assemblée nationale		Sénat	
Composition	**Mandat**	**Composition**	**Mandat**
1 président	5 ans	1 président	3 ans
6 vice-présidents	1 an	6 vice-présidents	3 ans
3 questeurs	1 an	3 questeurs	3 ans
12 secrétaires	1 an	12 secrétaires	3 ans

1) L'élection des bureaux

Le président est élu au scrutin uninominal majoritaire à trois tours (majorité absolue aux deux premiers tours et majorité relative au troisième). Le scrutin est secret à la tribune.

Les autres membres du bureau sont – selon les assemblées – soit désignés par accord entre les groupes politiques, soit élu au scrutin plurinominal majoritaire. La composition du bureau s'efforce de respecter la configuration politique de l'assemblée.

2) Les attributions individuelles

Le président assure la présidence de l'assemblée et dirige les débats en séance publique. La coutume veut qu'il ne participe ni aux débats ni aux votes.

Le président de chaque assemblée exerce certaines attributions en propre :

art. 7 ➤ ***Assurer l'intérim de la présidence de la République*** (président du Sénat).

art. 12 ➤ ***Être consulté pour avis*** – par le président de la République – ***en cas de dissolution de l'Assemblée nationale.***

art. 16 ➤ ***Être consulté officiellement*** – par le président de la République – ***en cas de mise en œuvre de l'article 16***.

Saisir le Conseil constitutionnel après 30 jours d'exercice des pouvoirs exceptionnels, aux fins d'examiner si les conditions de recours aux pleins pouvoirs demeurent réunies.

art. 39 ➤ ***Saisir le Conseil constitutionnel***, qui statue dans les 8 jours, ***en cas de désaccord entre la Conférence des présidents et le Gouvernement sur l'inscription à l'ordre du jour de l'assemblée concernée d'un projet de loi***, au motif que la Conférence des présidents a constaté que les règles fixées par la loi organique sont méconnues.

Soumettre pour avis au Conseil d'État, avant son examen en commission, une proposition de loi déposée par l'un des membres de cette assemblée, sauf si ce dernier s'y oppose.

art. 41 → ***Opposer, au cours de la procédure législative, l'irrecevabilité d'une proposition de loi ou d'un amendement qui n'est pas du domaine de la loi ou qui est contraire à une délégation donnée au Gouvernement.***

Saisir le Conseil constitutionnel, qui statue dans les 8 jours, ***en cas de désaccord avec le Gouvernement sur l'irrecevabilité d'une proposition de loi ou d'un amendement.***

art. 45 → ***Provoquer conjointement pour une proposition de loi***, après 2 lectures ou bien 1 lecture si le Gouvernement a engagé la procédure accélérée, ***la réunion d'une commission mixte paritaire*** chargée de proposer un texte sur les dispositions restant en discussion.

art. 56 → ***Nommer 3 des 9 membres du Conseil constitutionnel***, après avis public de la commission permanente compétente de l'assemblée concernée (*cf.* p. 81).

art. 61 → ***Saisir le Conseil constitutionnel sur la conformité d'un texte de loi à la Constitution.***

art. 65 → ***Désigner 2 des 6 personnalités qualifiées siègeant au Conseil supérieur de la magistrature***, après avis public de la commission permanente compétente de l'assemblée concernée (*cf.* p. 84).

art. 89 → ***Présider le Congrès*** (président de l'Assemblée nationale).

Le vice-président supplée le président – en cas d'absence – pour la présidence des séances.

Le questeur est chargé de l'organisation administrative (la gestion du personnel, du matériel...) ***et financière*** (viser les dépenses, passer les marchés, la comptabilité...).

Le secrétaire assiste le président de séance. Deux secrétaires doivent toujours être présents à chaque séance. Ils contrôlent les délégations de vote, le déroulement des scrutins, les procès-verbaux des séances authentifiés par leur signature...

3) Les attributions collectives

Le bureau est l'organe directeur de l'assemblée. Il exerce ses attributions sous son contrôle :

– ***attributions d'ordre parlementaire*** :
  - vérification du quorum, des contestations aux procès-verbaux,
  - statuer sur la recevabilité financière des propositions de loi, sur les propositions, de résolution de mise en accusation devant la Haute Cour,
  - être consulté sur la recevabilité d'un texte de loi,
  - autoriser les missions parlementaires pendant les sessions... ;

– ***attributions d'ordre administratif*** :
  - établir le statut du personnel,
  - assurer le fonctionnement matériel de l'assemblée...

C – La Conférence des présidents

La Conférence des présidents est composée du président et des vice-présidents de l'assemblée, des présidents des commissions permanentes, du rapporteur général de la Commission des finances, du président de la délégation pour l'Union européenne, des présidents des groupes politiques, et éventuellement des commissions spéciales, et d'un représentant du Gouvernement. Elle est présidée par le président de l'assemblée.

Elle est convoquée chaque semaine pour préparer l'ordre du jour de l'assemblée en tenant compte des priorités fixées par le Gouvernement. Elle fixe la date de discussion des motions de censure, des jours réservés aux commissions...

D – Les groupes parlementaires

Les parlementaires peuvent se regrouper par affinités politiques. Tout parlementaire peut soit être inscrit ou apparenté à un groupe et un seul, soit être non-inscrit.

La constitution d'un groupe suppose le regroupement d'au moins 20 députés (probablement ramené à 15) ou 15 sénateurs (inscrits et non apparentés) et le dépôt au bureau de l'assemblée d'une déclaration de politique signée des inscrits.

Tout groupe d'intérêts particuliers est interdit.

Le groupe se réunit au moins une fois par semaine pour arrêter sa position sur chacune des questions à l'ordre du jour de l'assemblée.

Les attributions du président de groupe sont :

- de participer à la Conférence des présidents ;
- de proposer la candidature des membres de son groupe pour la constitution du bureau de l'assemblée et les commissions ;
- de demander ou s'opposer à la création d'une commission spéciale.

E – Les commissions parlementaires

Les commissions parlementaires ont une vocation législative et/ou une vocation de contrôle. Elles préparent le travail de l'assemblée en effectuant sur les problèmes qui leur sont posés un travail préalable.

1) Les commissions permanentes

Les commissions permanentes ont pour objet l'examen des textes de loi. À côté de ce rôle législatif, elles ont aussi un rôle de contrôle, notamment à l'occasion des auditions de personnalités ou de ministres (à leur demande ou à celle de la commission).

Elles rendent compte de leurs travaux une fois par semaine pendant les sessions.

Leur nombre est limité à 8 dans chaque assemblée (art. 43). Au sein de chaque assemblée parlementaire est instituée une commission chargée des affaires européennes (art. 88-4).

Il existe, à l'heure actuelle, 6 commissions permanentes au sein de chaque assemblée constituées :
- à l'Assemblée nationale au début de chaque législature et renouvelées chaque année ;
- au Sénat après chaque renouvellement.

Assemblée nationale	Sénat
– Affaires culturelles, familiales et sociales. – Affaires économiques, environnement et territoire. – Affaires étrangères. – Défense nationale et forces armées. – Finances, économie générale, plan. – Lois constitutionnelles, législation et administration générale de la République.	– Affaires culturelles. – Affaires étrangères, Défense et forces armées. – Finances, contrôle budgétaire, comptes économiques de la Nation. – Affaires économiques et plan. – Affaires sociales. – Lois constitutionnelles, législation, suffrage universel, règlement et administration générale.

Les membres des commissions sont désignés à la représentation proportionnelle des groupes. Chaque député ou sénateur appartient à une commission et une seule. La présence aux réunions est obligatoire.

2) Les commissions spéciales

Elles ont pour objet l'examen d'un texte de loi non soumis à l'examen d'une commission générale permanente. Elles cessent d'exister dès que le texte de loi a fait l'objet d'une décision définitive (promulgation, abandon...).

Elles sont constituées de droit sur la demande du Gouvernement ou par décision de l'assemblée :
- ***Assemblée nationale*** : à la demande d'un président de groupe ou de commission permanente ou de 30 députés ;
- ***Sénat*** : à la demande d'un président de groupe ou de commission permanente, sur proposition du président de l'assemblée, dans le cas où la commission permanente chargée d'étudier un texte se déclare incompétente et aucune autre commission ne revendique le texte ou dans le cas où plusieurs commissions permanentes veulent se saisir au fond d'un même texte.

L'effectif de chaque commission spéciale est de 57 députés ou 37 sénateurs (au maximum) désignés à la représentation proportionnelle des groupes.

3) Les commissions mixtes paritaires

Les commissions mixtes paritaires ont pour objet de rechercher une conciliation entre les positions divergentes des deux assemblées à propos d'un texte de loi.

La commission est réunie à la demande du Premier ministre ou, pour une proposition de loi, à la demande des présidents des deux assemblées agissant conjointement.

Chaque commission comprend 7 députés et 7 sénateurs et autant de suppléants.

4) Les commissions d'enquête

Les commissions d'enquête sont chargées :

- de recueillir des éléments d'information sur des faits précis ;
- d'examiner la gestion administrative, financière ou technique des services publics ou d'entreprises nationales.

Elles sont constituées par décision de l'assemblée à l'initiative de parlementaires. L'effectif ne peut excéder 30 députés ou 21 sénateurs.

Les travaux des commissions sont secrets. Leur mission prend fin avec le dépôt de leur rapport ou à l'expiration du délai de 6 mois à compter de leur création.

On relève également les commissions en matière d'immunité parlementaire et de renvoi devant la Haute Cour de Justice et les commissions des comptes.

5) Les délégations parlementaires et les missions d'information

Les délégations parlementaires permettent de suivre de façon permanente un problème dans un cadre plus restreint que celui des commissions permanentes. Elles sont d'initiative parlementaire et instituées par des lois. Elles sont soit communes aux deux assemblées, soit propres à chacune d'elles.

Les missions d'information permettent aux parlementaires d'effectuer des voyages d'information (en France ou à l'étranger) ou d'enquêter sur certaines affaires. Elles sont traditionnellement constituées par les commissions permanentes.

6 L'organisation du temps parlementaire

A – Les sessions parlementaires

1) La session ordinaire

La session ordinaire de neuf mois commence de plein droit le premier jour ouvrable d'octobre et prend fin le dernier jour ouvrable de juin.

Le nombre de jours de séance que chaque assemblée peut tenir au cours de la session ordinaire ***ne peut excéder 120***.

Chaque assemblée fixe les semaines, les jours et les horaires de séance. La tenue de jours supplémentaires de séance peut être décidée à l'initiative :

- soit du Premier ministre après consultation du président de l'assemblée concernée ;
- soit de la majorité des membres de chaque assemblée.

2) Les sessions de plein droit

Les sessions de plein droit ont lieu :

– ***en cas d'application de l'article 16*** de la Constitution : le Parlement se réunit de plein droit sans pouvoir légiférer ;

– ***après dissolution de l'Assemblée nationale*** : elle se réunit de plein droit le deuxième jeudi qui suit son élection. Si cette réunion a lieu en dehors de la période prévue pour la session ordinaire, une session est ouverte de droit pour une durée de 15 jours.

3) Les réunions particulières

Les réunions particulières ont lieu à l'occasion :

– ***du droit de message*** : le président de la République communique avec les deux assemblées par des messages qu'il fait lire et qui ne donnent lieu à aucun débat ;

– ***du droit de parole*** : le président de la République peut prendre la parole devant le Parlement réuni à cet effet en Congrès. Sa déclaration peut donner lieu, hors sa présence, à un débat qui ne fait l'objet d'aucun vote ;

– ***d'une révision constitutionnelle*** : le Parlement est réuni à cet effet en Congrès sous la présidence du président de l'Assemblée nationale.

Hors session, les assemblées parlementaires sont réunies spécialement à cet effet.

4) Les sessions extraordinaires

Elles sont ouvertes et closes par décret présidentiel. Elles sont tenues sur un ordre du jour précis à la demande :

– soit du Premier ministre ;

– soit d'une majorité des députés : le président de la République peut ne pas donner suite à cette demande. La session est clôturée dès que l'ordre du jour est épuisé (sans excéder 12 jours). Pas de nouvelle demande avant le délai d'un mois après la clôture.

Les deux assemblées sont obligatoirement en session en même temps. La clôture de toute session est de droit retardée pour l'application des dispositions visant l'engagement de la responsabilité politique du Gouvernement.

B – La séance plénière

Les assemblées siègent plusieurs fois par semaine pendant les sessions en séances plénières :

– ***Assemblée nationale*** : le matin, l'après-midi et la soirée du mardi, ainsi que l'après-midi et la soirée du mercredi et du jeudi ;

– ***Sénat*** : les mardi, mercredi et jeudi.

Les assemblées peuvent prévoir d'autres séances si nécessaires.

Les séances plénières sont publiques :

– le compte-rendu des débats est intégralement publié au *Journal Officiel* ;

– les différents moyens d'information rendent compte des débats (TV, radio, internet, journaux...) ;

– le public est admis en nombre limité ou sur invitation.

Le président de l'assemblée ouvre la séance en donnant lecture des communications qui la concernent et de l'ordre du jour. Le débat se déroule sous la direction du président de l'assemblée et selon des règles définies par chaque assemblée.

Toute assemblée peut siéger en comité secret sur la demande du Gouvernement ou de 1/10e de ses membres.

C – L'ordre du jour

L'ordre du jour se répartit sur un cycle de 4 semaines :

Cycle de 4 semaines	
2 semaines de séance sur 4	Elles sont réservées par priorité, et dans l'ordre que le Gouvernement a fixé, à l'examen des textes et aux débats dont il demande l'inscription à l'ordre du jour. Le Gouvernement peut, en dehors de ces 2 semaines, faire inscrire prioritairement l'examen des projets de loi de finances, des projets de loi de financement de la Sécurité sociale et, sous réserve des dispositions concernant la semaine réservée au contrôle de son action, les textes transmis par l'autre assemblée depuis 6 semaines au moins, les projets relatifs aux états de crise et les demandes d'autorisation de déclaration de guerre et d'intervention des forces armées à l'étranger.
1 semaine de séance sur 4	Elle est réservée par priorité, et dans l'ordre fixé par chaque assemblée, au contrôle de l'action du Gouvernement et à l'évaluation des politiques publiques.
1 semaine de séance sur 4	Elle est réservée par priorité, et dans l'ordre fixé par chaque assemblée, au contrôle de l'action du Gouvernement et à l'évaluation des politiques publiques.

L'ordre du jour doit aussi comprendre :

– *un jour de séance par mois* : réservé à un ordre du jour arrêté par chaque assemblée à l'initiative des groupes d'opposition de l'assemblée intéressée ainsi qu'à celle des groupes minoritaires ;

– *une séance par semaine au moins* : réservée, y compris pendant les sessions extraordinaires, par priorité aux questions des membres du Parlement et aux réponses du Gouvernement.

D – Le vote parlementaire

Le droit de vote est personnel. Une délégation de vote peut être faite à un autre parlementaire sous réserve que celui-ci ne reçoive pas plus d'une délégation.

Le vote se fait :

– ***à main levée*** ;

– ***par assis et levé*** ;

– ***au scrutin public ordinaire*** : il est de droit sur décision du président ou sur demande du Gouvernement, de la commission concernée ou d'un président de groupe. Le vote a lieu par procédé électronique à l'Assemblée nationale ou en cas de défaillance par bulletin de couleur comme au Sénat (pour : blanc, contre : bleu et abstention : rouge) ;

– ***au scrutin public à la tribune*** : il est de droit lorsqu'une majorité qualifiée est nécessaire ou lorsque la responsabilité du Gouvernement est engagée. Le vote a lieu au moyen d'une urne électronique à l'Assemblée nationale ou en cas de défaillance par bulletin de couleur comme au Sénat. Tous les parlementaires sont appelés nominalement, les premiers sont ceux dont le nom commence par une lettre préalablement tirée au sort. Il est procédé à l'émargement des noms des votants.

Le vote est validé indépendamment du nombre de parlementaires présents sauf absence de quorum après vérification à la demande d'un président de groupe. Le quorum est représenté par la présence dans l'enceinte du Palais de la majorité absolue des parlementaires. En l'absence de quorum, le vote est reporté à la séance suivante où il sera validé quel que soit le nombre de présents.

7 Les attributions du Parlement

art. 11 → ***Proposer au président de la République***, sur proposition conjointe des deux assemblées, ***l'organisation d'un référendum***.

Demander au président de la République, à l'initiative de 1/5e des membres du Parlement, soutenue par 1/10e des électeurs inscrits sur les listes électorales, ***l'organisation d'un référendum qui prend la forme d'une proposition de loi*** (*cf*. chapitre 7).

art. 13 → Émettre un avis public, par l'intermédiaire de la commission permanente compétente de chaque assemblée, sur les propositions de nomination aux emplois ou fonctions du président de la République (*cf*. p. 37, 50, 81, 84 et 100).

art. 16 → ***Saisir le Conseil constitutionnel après 30 jours d'exercice des pouvoirs exceptionnels***, aux fins d'examiner si les conditions de recours aux pleins pouvoirs demeurent réunies.

art. 24 → ***Voter la loi, contrôler l'action du Gouvernement et évaluer les politiques publiques***.

art. 28 → ***Décider***, à la majorité des membres de chaque assemblée concernée, ***la tenue de jours supplémentaires de séance***.

art. 29 → *Demander, au président de la République*, à la majorité des députés, *la convocation du Parlement en session extraordinaire sur un ordre du jour déterminé*.

art. 33 → *Siéger*, à la demande d'un dixième des membres de l'assemblée concernée, *en comité secret* (débat non public).

art. 34-1 → *Voter des résolutions* dans les conditions fixées par la loi organique. Elles ne peuvent ni mettre en cause la responsabilité du Gouvernement, ni contenir des injonctions à son égard.

art. 35 → *Autoriser la déclaration de guerre ou le Gouvernement à prolonger l'intervention des forces armées à l'étranger* au-delà de 4 mois.

art. 36 → *Autoriser le Gouvernement à proroger l'état de siège (ou l'état d'urgence)* au-delà de 12 jours.

art. 38 → *Autoriser le Gouvernement*, pour l'exécution de son programme, *à prendre par ordonnances*, pendant un délai limité, *des mesures qui sont normalement du domaine de la loi*.

art. 39 → *Détenir l'initiative des lois conjointement avec le Premier ministre*.

art. 43 → *Demander qu'un projet ou qu'une proposition de loi soit envoyé pour examen à une commission spécialement* désignée à cet effet plutôt qu'à une commission permanente.

art. 44 → *Disposer du droit d'amendement*.

art. 49 → *Mettre en cause la responsabilité du Gouvernement par le vote d'une motion de censure* (uniquement pour l'*Assemblée nationale*).

art. 50-1 → *Demander au Gouvernement*, à l'initiative d'un groupe parlementaire, *de faire, sur un sujet déterminé, une déclaration qui donne lieu à débat*.

art. 53 → *Autoriser la ratification de certains traités*.

art. 61 → *Saisir le Conseil constitutionnel sur la constitutionnalité d'une loi ordinaire*.

art. 68 → *Destituer le président de la République en cas de manquement à ses devoirs*.

art. 68-2 → *Élire les parlementaires siégeant à la Cour de justice de la République*.

art. 72-4 → *Proposer au président de la République*, sur proposition conjointe des deux assemblées, *de consulter les électeurs d'une collectivité territoriale située outre-mer sur une question relative à son organisation, à ses compétences ou à son régime législatif*.

art. 88-4 → *Adopter des résolutions européennes sur les projets ou propositions d'actes de l'Union européenne et instituer*, au sein de chaque assemblée parlementaire, *une commission chargée des affaires européennes*.

art. 88-5 → ***Autoriser l'adoption du projet de loi autorisant la ratification d'un traité relatif à l'adhésion d'un État à l'Union européenne par le Congrès.***

art. 88-6 → ***Émettre un avis motivé sur la conformité d'un projet d'acte législatif européen au principe de subsidiarité et former un recours devant la Cour de justice de l'Union européenne*** contre un acte législatif européen pour violation du principe de subsidiarité.
(article applicable à compter de l'entrée en vigueur du Traité de Lisbonne)

art. 88-7 → ***S'opposer***, par l'adoption d'une motion en termes identiques par chaque assemblée, ***à une modification des règles d'adoption d'actes de l'Union européenne*** au titre de la révision simplifiée des traités ou de la coopération judiciaire civile.
(article applicable à compter de l'entrée en vigueur du Traité de Lisbonne)

art. 89 → ***Proposer***, au président de la République, ***une révision de la Constitution***.

8 La fonction parlementaire

A – La fonction législative

1) La délimitation du domaine de la loi

La Constitution ne définit pas directement la loi, mais énumère limitativement – dans son article 34 – les matières devant faire partie du domaine de la loi, à savoir :

- la fixation des règles concernant certaines matières : droits civiques, libertés publiques, état des personnes, droit pénal, impôts, régime électoral des députés et des sénateurs… ;
- la détermination des principes concernant certaines matières : défense nationale, administration locale, enseignement, droit du travail… ;
- les lois de programme fixant les buts de la politique économique et sociale ;
- les lois de financement du budget de l'État et de la Sécurité sociale.

2) La diversité des procédures législatives

La loi est votée par le Parlement.

L'initiative des lois appartient concurremment au Gouvernement et aux parlementaires. Cependant, le droit d'initiative parlementaire connaît deux limites :

- ***l'irrecevabilité*** : le Gouvernement ou le président de l'assemblée concernée peut demander l'irrecevabilité de toute proposition de loi ou d'amendement qui n'est pas du domaine de la loi ou qui est contraire à la loi d'habilitation ;
- ***l'irrecevabilité financière*** : toute proposition de loi ou amendement qui entraîne, soit une diminution des ressources publiques, soit la création ou l'aggravation d'une charge publique, est irrecevable financièrement.

En pratique, l'essentiel des lois est d'initiative gouvernementale.

À côté de la procédure législative ordinaire existent des procédures législatives spéciales pour certaines catégories de lois : les lois organiques, les lois de finances et les lois de financement de la Sécurité sociale, les lois constitutionnelles, les lois référendaires, les ordonnances et les lois relatives aux traités et accords internationaux (*cf.* chapitre 5).

3) Le dessaisissement du Parlement

Le dessaisissement du Parlement peut s'exercer :

- ***soit au profit du peuple par l'intermédiaire du référendum*** ;
- ***soit au profit du Gouvernement par l'intermédiaire des ordonnances*** : le Gouvernement peut, pour l'exécution de son programme, exercer la fonction législative en demandant au Parlement, par une loi d'habilitation, l'autorisation de prendre par ordonnances des mesures qui sont du domaine de la loi.

B – La fonction de contrôle

1) Les moyens d'information

a) À l'initiative du Gouvernement

Le Gouvernement peut prendre l'initiative de faire des communications ou déclarations destinées à informer les assemblées, avec ou sans débat et sans que sa responsabilité soit engagée. Les membres du Gouvernement peuvent demander à tout moment à être entendus par telle ou telle commission pour l'informer de son action.

b) À l'initiative du Parlement

Les parlementaires sont informés de l'action du Gouvernement par l'intermédiaire des différentes commissions : permanentes, spéciales, d'enquête et de contrôle, délégations et missions d'information...

Un aspect important de l'information de l'action du Gouvernement est le contrôle budgétaire. Il est effectué par la commission des finances qui désigne pour chaque département ministériel un rapporteur spécial. Ce dernier suit et contrôle de façon permanente l'emploi des crédits inscrits au budget.

Le Parlement contrôle aussi la gestion des entreprises nationales, des sociétés mixtes et les sociétés où les capitaux d'origine publique représentent plus de 50 %. La Cour des comptes assiste le Parlement dans sa mission de contrôle financier.

c) À l'initiative des parlementaires

Les questions permettent aux parlementaires d'interroger :

- le Premier ministre sur une affaire de politique générale ;
- les ministres sur l'attitude de leur département ministériel sur un problème précis.

Les questions écrites sont mentionnées à la suite du compte-rendu des débats. La réponse est insérée dans le *Journal Officiel* dans le délai d'un mois après la publication de la question.

Les questions orales sans débat permettent aux parlementaires d'interroger un ministre sur un sujet précis. Chaque groupe politique a droit à un quota de questions compte tenu de son importance numérique. Les questions sont transmises à la Conférence des présidents qui les notifie au Gouvernement. L'ordre d'appel des questions est ensuite déterminé par le cabinet du ministre chargé des relations avec le Parlement, en liaison avec les attachés parlementaires des différents ministres interrogés. L'auteur d'une question orale sans débat dispose en séance de sept minutes qu'il répartit à sa convenance entre l'exposé sommaire de sa question et une réplique éventuelle à la réponse du ministre ; le ministre peut ensuite répliquer. Aucune autre intervention ne peut avoir lieu.

Les séances de questions sont organisées :

- ***à l'Assemblée nationale*** : 2 fois par semaine, à raison d'une heure, le mardi et le mercredi ; chaque semaine le mercredi après-midi une heure en début de séance ;
- ***au Sénat*** : 2 fois par mois le mardi matin.

Les questions orales avec débat et les questions orales avec débat sur des sujets européens sont possible au Sénat. Le dépôt des questions est annoncé en séance publique. La venue en discussion est fixée par la Conférence des présidents qui peut :

- soit, fixer un temps de parole global réparti entre les groupes en fonction de leurs effectifs ;
- soit, ouvrir le droit de parole à un orateur par groupe pour 10 minutes. Dans ce cas, l'auteur de la question et les orateurs des groupes disposent encore de 5 minutes pour répondre au Gouvernement.

Les questions d'actualité au Gouvernement permettent aux parlementaires d'interpeller le Gouvernement sur des sujets d'actualité.

Chaque assemblée fixe la durée de la séance, la répartition du temps de parole et l'alternance entre les groupes, l'ordre d'appel des questions et la réglementation du droit de réplique. Les parlementaires posent directement leurs questions et les ministres sont tenus de répondre personnellement.

Les séances de questions d'actualité au Gouvernement sont organisées :

- ***à l'Assemblée nationale*** : chaque semaine le mercredi après-midi une heure en début de séance ;
- ***au Sénat*** : 2 fois par mois le jeudi après-midi une heure en début de séance.

Ces séances étant retransmises en direct sur France 3.

2) La responsabilité politique du Gouvernement devant l'Assemblée nationale

Cf. chapitre 3.

La procédure législative

Chapitre
5

1 L'élaboration des lois ordinaires

A – L'initiative

1) La limitation du domaine de la loi

La Constitution précise que le Parlement ne peut légiférer que dans des matières réservées à la loi. Dans son article 34, la Constitution délimite le domaine législatif par une énumération stricte des domaines qui appartiennent à la loi.

Cette énumération fait apparaître 2 grandes catégories de domaines :

– ***les domaines où la loi fixe les règles***. Ils concernent :

- les droits civiques et les garanties fondamentales accordées aux citoyens pour l'exercice des libertés publiques ; la liberté, le pluralisme et l'indépendance des médias ; les sujétions imposées par la défense nationale aux citoyens en leur personne et en leurs biens,
- la nationalité, l'état et la capacité des personnes, les régimes matrimoniaux, les successions et libéralités,
- la détermination des crimes et délits ainsi que les peines qui leur sont applicables ; la procédure pénale ; l'amnistie ; la création de nouveaux ordres de juridiction et le statut des magistrats,
- l'assiette, le taux et les modalités de recouvrement des impositions de toutes natures ; le régime d'émission de la monnaie,
- le régime électoral des assemblées parlementaires, des assemblées locales et des instances représentatives des Français établis hors de France ainsi que les conditions d'exercice des mandats électoraux et des fonctions électives des membres des assemblées délibérantes des collectivités territoriales,
- la création de catégories d'établissements publics,
- les garanties fondamentales accordées aux fonctionnaires civils et militaires de l'État,
- les nationalisations d'entreprises et les transferts de propriété d'entreprises du secteur public au secteur privé ;

– ***les domaines où la loi détermine les principes fondamentaux***. Ils concernent :
- l'organisation générale de la défense nationale,
- la libre administration des collectivités territoriales, leurs compétences et leurs ressources,
- l'enseignement,
- la préservation de l'environnement,
- le régime de la propriété, les droits réels et les obligations civiles et commerciales,
- le droit du travail, le droit syndical et le droit de la Sécurité sociale.

2) L'initiative législative

Elle appartient concurremment :

– ***au Premier ministre*** (initiative gouvernementale) : il s'agit d'un ***projet de loi*** ;

– ***aux parlementaires*** (initiative parlementaire) : il s'agit d'une ***proposition de loi***.

Cette égalité dans l'initiative législative n'est cependant qu'apparente :

– la proposition de loi doit remplir trois conditions :
- appartenir au domaine de la loi,
- être financièrement recevable,
- ne pas être contraire à la délégation donnée par le Parlement au Gouvernement ;

– la prééminence des projets gouvernementaux : le Gouvernement intervient directement dans l'établissement de l'ordre du jour des assemblées.

S'il apparaît au cours de la procédure législative qu'une proposition n'est pas du domaine de la loi ou est contraire à une délégation, le Gouvernement ou le président de l'assemblée saisie peut opposer l'irrecevabilité. En cas de désaccord entre le Gouvernement et le président de l'assemblée intéressée, le Conseil constitutionnel, à la demande de l'un ou de l'autre, statue dans un délai de 8 jours.

3) Le droit d'amendement

L'initiative législative se manifeste aussi par le dépôt d'***amendement*** sur un texte en discussion. Ce droit d'amendement appartient à la fois aux parlementaires et au Gouvernement.

L'amendement d'origine parlementaire doit répondre aux mêmes conditions que la proposition de loi.

Un amendement ne peut porter que sur un seul article. Il constitue une proposition de modification de l'article du texte de loi :

– soit de forme (aspect rédactionnel) ;

– soit de fond (supprimer, ajouter ou remplacer tout ou partie de l'article).

Il est possible d'amender un amendement : on parle alors de ***sous-amendement***.

B – Le dépôt

1) Les projets de loi

Ils sont déposés indifféremment sur le bureau de l'une ou l'autre assemblée.

Conseil des ministres ↓	→ Grandes orientations du futur projet de loi
Réunions inter-ministérielles ↓	→ Élaboration administrative du projet de loi
Conseil d'État ↓	→ Consultation pour avis
Conseil des ministres ↓	→ Adoption du projet de loi
Dépôt du projet de loi	→ Sur le bureau de l'une ou l'autre assemblée

2) Les propositions de loi

Elles sont déposées sur le bureau de l'assemblée à laquelle appartient l'auteur de la proposition.

Le président de l'assemblée concernée peut la soumettre pour avis au Conseil d'État, avant son examen en commission, sauf si l'auteur de la proposition de loi s'y oppose.

C – L'examen en commission

Le projet ou la proposition de loi est obligatoirement soumis à une commission (permanente ou spéciale), saisie au fond avant de venir en débat en séance plénière. La commission désigne, en son sein, un rapporteur chargé du travail préparatoire, de la rédaction du rapport et de sa présentation devant l'assemblée.

La commission examine le texte de loi et les amendements soumis par ses membres. Elle peut entendre toute personne susceptible de l'éclairer dans son travail. À l'issue de ses travaux, et avant la séance publique qui leur est consacrée, elle publie un rapport transmis à tous les membres de l'assemblée. Il comporte les modifications que la commission apporte au texte de loi.

Le jour de la séance, la commission se réunit pour se prononcer (adopter ou rejeter) sur les amendements qui lui sont proposés par les parlementaires ou le Gouvernement.

D – Le débat en séance plénière

Le projet ou la proposition de loi est mis à l'ordre du jour par la Conférence des présidents de l'assemblée concernée en respectant les règles régissant l'ordre du jour (*cf.* p. 62).

Le projet de loi ne peut être inscrit à l'ordre du jour si la Conférence des présidents de la première assemblée saisie constate que les règles fixées par la loi organique sont méconnues. En cas de désaccord entre la Conférence des présidents et le Gouvernement, le président de l'assemblée intéressée ou le Premier ministre peut saisir le Conseil constitutionnel qui statue dans un délai de 8 jours.

Le débat en séance plénière comprend une discussion générale suivie d'un vote sur le texte de loi.

La discussion en séance porte sur le texte adopté par la commission saisie ou, à défaut, sur le texte dont l'assemblée a été saisie.

Elle ne peut intervenir qu'à l'expiration d'un délai donné :

– devant la première assemblée saisie, le délai est de 6 semaines après son dépôt ;

– devant la seconde assemblée saisie, le délai est de 4 semaines à compter de sa transmission.

Si le Gouvernement a décidé d'engager ***la procédure accélérée*** sans que les Conférences des présidents s'y soient conjointement opposées la discussion en séance intervient sans avoir à respecter ces délais. Il en est de même s'il s'agit d'un projet de loi relatif aux états de crise.

La discussion générale : le président de l'assemblée ouvre la séance et donne la parole au rapporteur de la commission saisie au fond (et éventuellement à ceux des commissions saisies pour avis) puis au Gouvernement (au Sénat, c'est le Gouvernement qui intervient en premier). Les parlementaires interviennent ensuite dans le débat. Les membres du Gouvernement, le président et le rapporteur de la commission saisie au fond peuvent intervenir à tout moment dans la discussion générale.

Le vote sur le texte de loi s'effectue en deux temps :

– ***le vote par articles*** : le texte de loi est voté article par article. Le vote a lieu d'abord sur les amendements concernant l'article puis sur l'article éventuellement modifié par les amendements ;

– ***le vote sur l'ensemble du texte*** : il est précédé d'une courte discussion – l'explication de vote – où intervient un représentant de chaque groupe expliquant la position et le vote de son groupe. Le vote peut se faire à main levée, par assis et debout, ou, s'il y a un doute, au scrutin public.

La discussion du texte de loi est alors considérée comme close et il est transmis, ainsi adopté, à la seconde assemblée.

Le Gouvernement dispose de deux procédures particulières pour faire adopter un texte de loi par les deux assemblés :

– ***le vote bloqué (art. 44)*** : le Gouvernement peut demander à l'assemblée saisie de se prononcer, par un seul vote, sur tout ou partie du texte ainsi que sur les seuls amendements proposés ou acceptés par lui ;

– ***l'engagement de la responsabilité du Gouvernement sur le vote d'un texte (art. 49, al. 3)*** : cette procédure n'est applicable que devant l'Assemblée nationale.

Des incidents de procédure peuvent interrompre la délibération d'un texte de loi :

– ***le retrait du texte par son auteur*** : à tout moment pour le Gouvernement et avant son adoption en première lecture par le parlementaire ;

- ***la question préalable et l'exception d'irrecevabilité*** : l'assemblée peut décider après un débat restreint (l'auteur de la question, un orateur opposé, le président ou le rapporteur de la commission saisie au fond, le Gouvernement) qu'il n'y a pas lieu à délibérer (question préalable) ou que le texte est contraire à la Constitution (exception d'irrecevabilité). Leur adoption entraîne le rejet du texte qui est alors transmis à l'autre assemblée ;
- ***la motion de renvoi en commission*** : l'assemblée peut décider le renvoi du texte devant la commission saisie au fond. Une nouvelle date est fixée pour la reprise du débat par le Gouvernement dans le cas où le texte était inscrit à l'ordre du jour, sinon par l'assemblée ;
- ***la suspension de séance*** : il s'agit d'une brève interruption de séance à la demande du Gouvernement, du président ou du rapporteur de la commission saisie au fond, d'un président de groupe ou par décision de l'assemblée ;
- ***le rappel au règlement*** : il suspend la discussion le temps que le parlementaire ayant demandé la parole pour un rappel au règlement intervienne.

E – La circulation du texte entre les 2 assemblées : la navette

Tout projet ou proposition de loi est examiné successivement dans les deux assemblées du Parlement en vue de l'adoption d'un texte identique. Chaque assemblée engage la discussion sur le texte transmis par l'autre assemblée.

Devant la 1re assemblée saisie, la discussion s'engage sur le texte de loi adopté par la commission saisie. La 2e assemblée engage la discussion sur le texte dans l'état où il a été adopté par la 1re assemblée. Après la 1re lecture dans chaque assemblée, si le texte est adopté dans les mêmes termes, le processus législatif est arrivé à son terme. Sinon seuls les articles adoptés de façon identique deviennent définitifs, la navette ne portant plus que sur les articles restant et ainsi de suite.

En cas de désaccord persistant entre les deux assemblées, le Premier ministre ou, pour une proposition de loi, les présidents des deux assemblées agissant conjointement, ont la faculté de provoquer ***la réunion d'une commission mixte paritaire*** (CMP) chargée de proposer un texte sur les dispositions restant en discussion.

La réunion d'une commission mixte paritaire ne peut intervenir qu'après :

- une seule lecture par chaque assemblée, si le Gouvernement a décidé d'engager la procédure accélérée ;
- deux lectures par chaque assemblée.

Si la commission élabore un texte commun, le Gouvernement peut, si celui-ci lui convient, le soumettre aux deux assemblées en vue de son adoption. Dans ce cas, aucun amendement n'est recevable sauf accord du Gouvernement.

Si le texte n'est pas adopté par chacune des assemblées ou si la commission mixte paritaire ne parvient pas à l'adoption d'un texte commun, le Gouvernement peut, après une nouvelle lecture par l'Assemblée nationale et le Sénat, demander à l'Assemblée nationale de statuer définitivement. En ce cas, l'Assemblée nationale peut reprendre soit le texte élaboré par la commission mixte paritaire, soit le dernier texte voté par elle, modifié le cas échéant par un ou plusieurs des amendements adoptés par le Sénat.

F – Les étapes postérieures à l'adoption du texte de loi

1) La saisine du Conseil constitutionnel

Le Conseil constitutionnel peut être conduit à se prononcer sur la conformité à la Constitution des textes de loi votés par le Parlement avant leur promulgation soit automatiquement pour les lois organiques, soit à la demande du président de la République, du Premier ministre, du président de l'Assemblée nationale ou du Sénat ou par 60 députés ou 60 sénateurs.

La décision du Conseil constitutionnel peut porter sur tout ou partie du texte qui lui est soumis. Les articles ou le texte intégral déclarés contraires à la Constitution ne peuvent être promulgués. Ils peuvent être soumis à nouveau au Parlement après modification.

2) La nouvelle délibération de la loi

Le président de la République peut demander au Parlement une nouvelle délibération de la loi ou de certains articles de cette loi. Cette nouvelle délibération ne peut être refusée. Si le texte est à nouveau adopté, il doit être promulgué.

3) La promulgation de la loi

Le président de la République promulgue les lois adoptées par le Parlement dans les 15 jours qui suivent la transmission au Gouvernement du texte de la loi définitivement adoptée. Le délai est repoussé en cas de nouvelle délibération ou de saisine du Conseil constitutionnel.

La promulgation d'une loi est l'acte par lequel le président de la République atteste de l'existence de cette loi et donne l'ordre aux autorités publiques d'observer et de faire observer cette loi.

4) La publication de la loi au *Journal Officiel*

La publication est l'acte matériel par lequel la loi est portée à la connaissance des citoyens. La loi est publiée le même jour sur papier et sous forme électronique. La version électronique authentifiée du *Journal Officiel* – disponible sur le site Internet des Journaux officiels – a la même valeur légale que la version papier.

Les lois et décrets sont applicables partout en France, sauf exception, le lendemain de leur publication au *Journal Officiel*.

Une loi, pour être effectivement applicable, nécessite les décrets d'application pris par les ministres intéressés. Aucun délai n'est prévu pour l'établissement de ces décrets.

Schéma de l'élaboration d'une loi

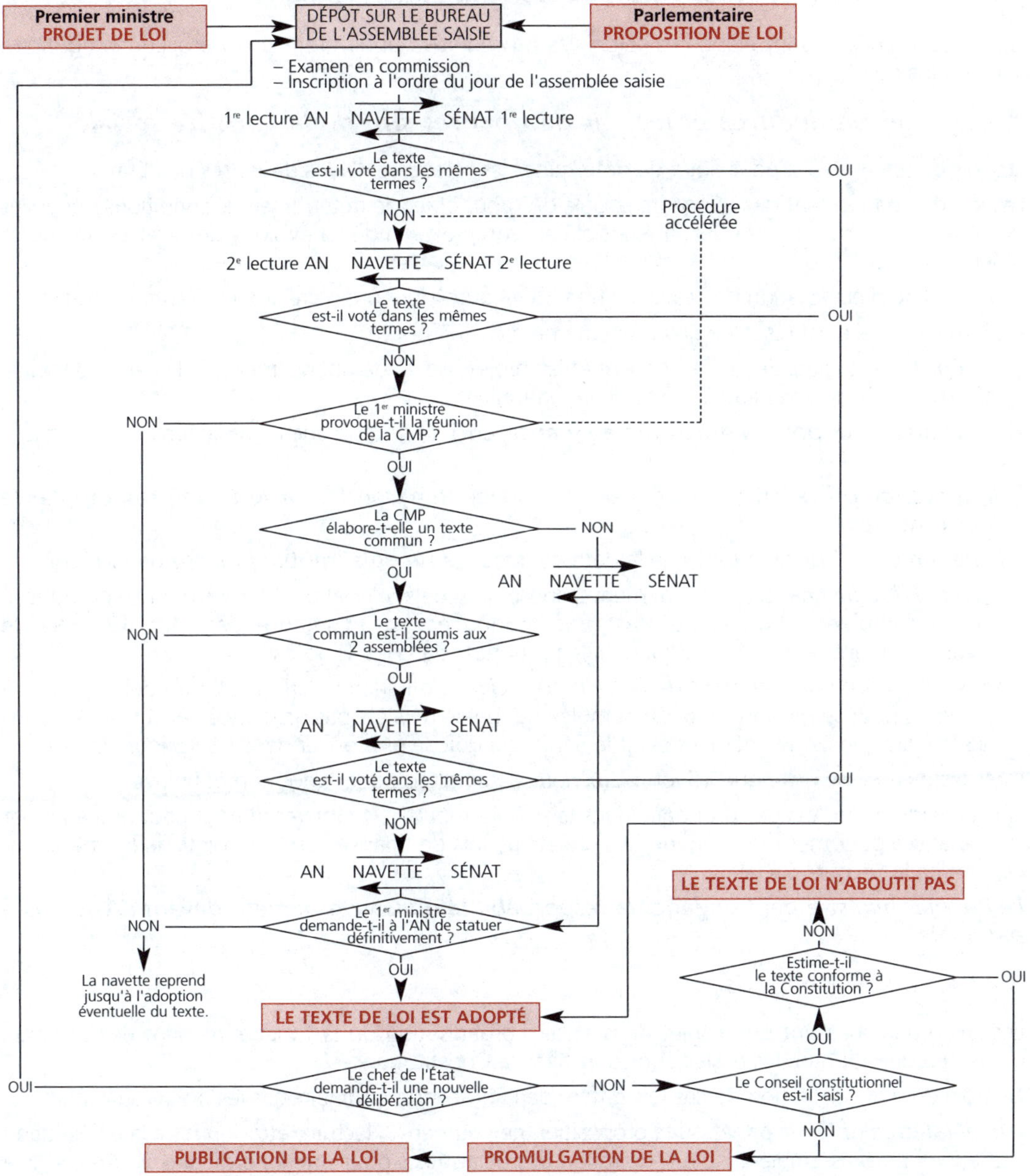

2 L'élaboration des lois particulières

Les lois particulières sont élaborées selon des procédures qui diffèrent de la procédure législative sur certains points.

A – Les lois de finances et les lois de financement de la Sécurité sociale

Les lois de finances ont pour objet de déterminer les ressources et les dépenses de l'État.

Les lois de financement de la Sécurité sociale ont pour objet de déterminer les conditions générales de l'équilibre financier de la Sécurité sociale et, compte tenu des prévisions de recettes, fixent les objectifs de dépenses.

La procédure d'élaboration de ces lois diffère de la procédure ordinaire sur les points suivants :

- ***l'initiative*** : elle est réservée au Gouvernement ;
- ***le dépôt*** : les projets de loi de finances et les projets de loi de financement de la Sécurité sociale sont soumis en premier lieu à l'Assemblée nationale ;
- ***les délais prévus pour la discussion en séance***, en 1re lecture, d'une loi ordinaire ne s'appliquent pas ;
- ***la discussion porte***, en 1re lecture devant l'Assemblée nationale, ***sur le texte présenté par le Gouvernement*** ;
- ***le Parlement dispose***, à partir de la date de dépôt, ***d'un délai global pour se prononcer*** :
  - *pour les lois de finances* : le Parlement dispose d'un délai global de 70 jours pour se prononcer. Si l'Assemblée nationale ne s'est pas prononcée en 1re lecture dans les 40 jours, le Gouvernement saisit le Sénat qui doit se prononcer dans les 15 jours,
  - *pour les lois de financement de la Sécurité sociale* : le Parlement dispose d'un délai global de 50 jours pour se prononcer. Si l'Assemblée nationale ne s'est pas prononcée en 1re lecture dans les 20 jours, le Gouvernement saisit le Sénat qui doit se prononcer dans les 15 jours.

Dans les 2 cas, il ne reste que 15 jours aux deux assemblées pour l'adoption définitive.

Si le Parlement ne s'est pas prononcé dans les délais impartis, le Gouvernement peut procéder par ordonnances pour mettre en vigueur les projets de lois de finances ou les projets de lois de financement de la Sécurité sociale.

Le Premier ministre peut engager la responsabilité du Gouvernement devant l'Assemblée nationale.

B – Les lois organiques

Les lois organiques ont pour objet de préciser l'organisation ou le fonctionnement des pouvoirs publics en développant les règles énoncées dans la Constitution.

La procédure d'élaboration de ces lois diffère de la procédure ordinaire sur les points suivants :

- ***le délai préalable*** : le projet ou la proposition ne peut, en 1re lecture, être soumis à la délibération et au vote des assemblées qu'à l'expiration des délais fixés pour une loi ordinaire. Toutefois, si la procédure accélérée a été engagée, le projet ou la proposition de loi ne peut être soumis à la délibération de la première assemblée saisie avant l'expiration d'un délai de 15 jours après son dépôt ;

- ***l'adoption*** : l'Assemblée nationale, en cas de désaccord avec le Sénat, ne peut, après la réunion de la commission mixte, adopter le texte qu'à la majorité absolue de ses membres. Les lois organiques relatives au Sénat et celle qui réglemente le droit de vote et d'éligibilité des Européens aux élections municipales doivent être votées dans les mêmes termes par les deux assemblées ;
- ***la saisine obligatoire*** du Conseil constitutionnel : les lois organiques doivent être soumises au Conseil constitutionnel avant leur promulgation.

C – Les lois constitutionnelles

L'initiative de la révision de la Constitution appartient concurremment au président de la République, sur proposition du Premier ministre (projet de révision), et aux membres du Parlement (proposition de révision).

La discussion en séance du projet de révision constitutionnelle porte, en 1re lecture devant la première assemblée saisie, sur le texte présenté par le Gouvernement.

Le projet ou la proposition de révision doit être voté par les deux assemblées en termes identiques. La révision est définitive après avoir été approuvée par référendum. Toutefois, le projet de révision n'est pas présenté au référendum lorsque le président de la République décide de le soumettre au Parlement convoqué en Congrès ; dans ce cas, le projet de révision n'est approuvé que s'il réunit la majorité des 3/5e des suffrages exprimés.

Aucune procédure de révision ne peut être engagée ou poursuivie lorsqu'il est porté atteinte à l'intégrité du territoire.

La forme républicaine du Gouvernement ne peut faire l'objet d'une révision.

D - Les lois référendaires

Les lois référendaires sont des lois adoptées par référendum.

Un référendum peut être organisé à partir :

- d'un projet de loi, proposé au président de la République, par le Gouvernement pendant la durée des sessions ou conjointement par les deux assemblées ;
- d'une proposition de loi, demandée au président de la République, à l'initiative de 1/5e des membres du Parlement, soutenue par 1/10e des électeurs inscrits sur les listes électorales.

Le président de la République :

- peut, en présence d'un projet de loi, le soumettre ou non au référendum ;
- doit, en présence d'une proposition de loi, la soumettre au référendum si elle n'a pas été examinée par les deux assemblées dans un délai fixé par une loi organique.

E - Les ordonnances

Le Gouvernement peut, pour l'exécution de son programme, exercer la fonction législative en demandant au Parlement, par une loi d'habilitation, l'autorisation de prendre par ordonnances des mesures qui sont du domaine de la loi. La loi d'habilitation peut être référendaire ; dans ce cas, elle est adoptée par le peuple par référendum.

La loi d'habilitation fixe :

– les domaines dans lesquels le Gouvernement peut procéder par ordonnances pour appliquer son programme ;

– la durée de la délégation ;

– le délai pour la ratification des ordonnances par le Parlement.

Les ordonnances sont prises en Conseil des ministres après avis du Conseil d'État. Elles doivent être signées par le président de la République ; il n'existe aucune obligation constitutionnelle pour le chef de l'État de les signer. Elles entrent en vigueur dès leur publication. Elles deviennent caduques si le projet de loi de ratification n'est pas déposé dans le délai fixé par la loi d'habilitation.

À l'expiration du délai fixé par la loi d'habilitation, les ordonnances ne peuvent être modifiées que par la loi.

F – Les lois relatives aux traités et accords internationaux

Les assemblées ne peuvent pour l'essentiel qu'approuver ou rejeter le projet de loi autorisant la ratification d'un traité ou l'approbation d'un accord.

3 Le pouvoir réglementaire

A – Définition et compétence

Le pouvoir réglementaire permet aux autorités nationales (président de la République, Premier ministre et ministres) ou locales (préfets, maires) de statuer par voie générale.

La compétence en matière réglementaire résulte :

– ***de la Constitution pour les autorités nationales*** : elle précise dans son article 37 que les matières qui ne sont pas du domaine de la loi sont du domaine réglementaire. D'autre part, dans le domaine législatif, si la loi fixe les règles ou les principes fondamentaux, c'est le règlement qui en fixe les modalités d'application. La conformité à la loi conditionne la validité du règlement.

  Le Gouvernement exerce :

  • une compétence inconditionnée concernant les matières réglementaires,

  • une compétence subordonnée et limitée concernant les règlements nécessaires pour l'application des lois ;

– ***de la loi pour les autorités locales***.

B – La protection du domaine réglementaire

La protection du domaine réglementaire est assurée par le Conseil constitutionnel :

- ***avant le vote de la loi*** : l'irrecevabilité de la loi ;
- ***entre le vote de la loi et sa promulgation*** : la conformité de la loi à la Constitution ;
- ***après la promulgation de la loi*** : les textes de forme législative ayant un caractère réglementaire peuvent être modifiés par décret après avis du Conseil d'État.

C – Les actes du pouvoir réglementaire

1) Les décisions

Elles qualifient certains actes du président de la République que celui-ci accomplit seul (sans contreseing).

2) Les décrets

Ils sont signés par le président de la République ou par le Premier ministre contresignés par les ministres responsables ou chargés de leur exécution. Ils sont dits ***individuels*** (lorsqu'ils concernent des nominations) ou ***réglementaires*** (lorsqu'ils concernent des mesures générales et impersonnelles).

Il existe différents types de décrets :

- ***les décrets simples ou règlements simples*** : ils relèvent soit de la compétence propre du président de la République (ils sont parfois contresignés par le Premier ministre), soit de la compétence du Premier ministre avec contreseing d'un ou plusieurs ministres ;
- ***les décrets en Conseil des ministres*** : ils portent tous la signature du président de la République ;
- ***les décrets en Conseil d'État*** : ils concernent les dispositions nécessaires pour l'application d'une loi. Les décrets sont pris par le Premier ministre après avis du Conseil d'État ;
- ***les règlements d'administration publique*** : ils sont pris sur invitation expresse de la loi après consultation de l'assemblée générale du Conseil d'État.

3) Les arrêtés

Ils concernent les règlements pris :

- ***par les ministres*** : les arrêtés ministériels (un ministre) ou les arrêtés interministériels (plusieurs ministres) ;
- ***par les préfets*** : les arrêtés préfectoraux ;
- ***par les maires*** : les arrêtés municipaux.

Les ministres peuvent aussi établir – en tant que chefs de service – des circulaires directives ou des instructions de service concernant les administrations sous leur responsabilité.

D – La hiérarchie des règlements

Le règlement pris par l'autorité supérieure s'impose à celui que prend l'autorité subordonnée. Chaque autorité ne peut que compléter et adapter, sans les contredire, les règlements de l'autorité supérieure.

Règlements → président de la République et Premier ministre → Ministres → Préfets → Maires

Les institutions spécialisées

Chapitre
6

1 Le Conseil constitutionnel

A – Le rôle du Conseil constitutionnel

Le Conseil constitutionnel est l'institution chargée de veiller au respect de la Constitution et, par conséquent, de la Déclaration des droits de l'homme et du citoyen de 1789.

B – La composition et l'organisation du Conseil constitutionnel

Le Conseil constitutionnel est composé de :

– ***membres nommés*** : ils sont au nombre de 9 nommés pour 9 ans : 3 par le président de la République, 3 par le président de l'Assemblée nationale et 3 par le président du Sénat. Ils sont renouvelables par tiers tous les 3 ans, chaque autorité en désignant un.

  Ces nominations sont soumises à la procédure d'avis public de la commission permanente compétente de chaque assemblée :

  • le président de la République ne peut procéder à une nomination lorsque l'addition des votes négatifs dans chaque commission représente au moins 3/5e des suffrages exprimés au sein des deux commissions,

  • le président de chaque assemblée ne peut procéder à une nomination lorsque les votes négatifs représentent au moins 3/5e des suffrages exprimés au sein de la commission compétente de l'assemblée concernée.

  Avant leur entrée en fonction, les membres nommés doivent prêter serment devant le président de la République ;

– ***membres de droit*** : les anciens présidents de la République sont membres de droit et à vie. Il n'y a aucune obligation pour eux d'y siéger.

Le président du Conseil constitutionnel est nommé, en principe pour 9 ans, par le président de la République. Il convoque et préside le Conseil constitutionnel avec voix prépondérante.

L'indépendance du Conseil constitutionnel à l'égard du pouvoir politique est favorisée par un certain nombre de principes :

- ***l'irrévocabilité*** : les membres nommés ne peuvent être démis que sur leur demande (démission) ou sur décision du Conseil constitutionnel ;
- ***le non-renouvellement*** : le mandat de 9 ans n'est pas renouvelé ;
- ***l'incompatibilité*** : la fonction de membre du Conseil constitutionnel est incompatible avec celle de membre du Gouvernement, du Parlement ou du Conseil économique et social ;
- ***l'obligation de réserve*** : les membres du Conseil constitutionnel doivent garder le secret des délibérations et des votes. Ils ne doivent ni donner de consultation sur des questions relevant de sa compétence, ni prendre de position politique sur les questions ayant fait ou pouvant faire l'objet d'une décision du Conseil constitutionnel.

C – Les attributions du Conseil constitutionnel

art. 7 → ***Se prononcer sur la vacance ou l'empêchement du président de la République***. Il est saisi par le Gouvernement et doit statuer à la majorité absolue de ses membres.

art. 16 → ***Être consulté sur l'application des pleins pouvoirs***. Il est saisi :

- ***obligatoirement*** avant sa mise en œuvre par le président de la République ;
- ***éventuellement*** après 30 jours d'exercice des pouvoirs exceptionnels, par le président de l'Assemblée nationale ou du Sénat, 60 députés ou 60 sénateurs, aux fins d'examiner si les conditions de recours aux pleins pouvoirs demeurent réunies. Il se prononce dans les délais les plus brefs par un avis public ;
- ***de plein droit***, pour procéder à cet examen et se prononcer dans les mêmes conditions, au terme de 60 jours d'exercice des pouvoirs exceptionnels et à tout moment au-delà de cette durée.

art. 25 → ***Se prononcer sur les éventuelles incompatibilités parlementaires***. Il est saisi par le parlementaire concerné ou par le bureau de son assemblée.

art. 39 → ***Statuer sur le refus de la Conférence des présidents d'inscrire à l'ordre du jour un projet de loi***. Il est saisi par le président de l'assemblée intéressée ou le Premier ministre et doit statuer dans un délai de 8 jours.

art. 41 → ***Statuer sur l'irrecevabilité d'une proposition ou d'un amendement parlementaire***. Il est saisi par le Gouvernement ou le président de l'assemblée concernée et doit statuer dans un délai de 8 jours.

art. 58 → ***Veiller à la régularité de l'élection du président de la République***. Il peut reporter l'élection. Il examine les réclamations et proclame les résultats du scrutin. Il peut être saisi par tout candidat ou par le préfet.

art. 59 → ***Statuer, en cas de contestation, sur la régularité de l'élection des députés et des sénateurs***. Il peut être saisi par tout candidat ou électeur.

art. 60 → ***Veiller à la régularité des opérations de référendum***. Il en proclame les résultats. Il peut être saisi par tout électeur ou par le préfet.

art. 61 → ***Contrôler la constitutionnalité des normes juridiques*** :

- ***facultativement pour les lois ordinaires et les traités dont la ratification doit être autorisée par une loi***, à l'initiative du président de la République, du Premier ministre, du président de l'Assemblée nationale ou du Sénat, de 60 députés ou de 60 sénateurs ;
- ***obligatoirement*** pour les lois organiques, les propositions de loi avant qu'elles ne soient soumises au référendum et les règlements des assemblées parlementaires.

Il statue dans le délai d'un mois. Toutefois, à la demande du Gouvernement, s'il y a urgence, ce délai est ramené à 8 jours.

Il n'a pas compétence pour statuer sur la constitutionnalité d'une loi constitutionnelle ou d'une loi référendaire.

art. 61-1 → ***Être saisi à la demande indirecte d'un citoyen si ce dernier évoque l'exception d'inconstitutionnalité devant un tribunal*** (*cf.* p. 99).

D – La procédure devant le Conseil constitutionnel

Les étapes de la procédure sont :

- ***la saisine*** : le Conseil constitutionnel ne peut statuer, en principe, que s'il a fait l'objet d'une requête ou d'une demande. Il ne peut d'autre part statuer ou émettre un avis que dans les cas fixés par la Constitution ;
- ***l'instruction*** : elle est confiée à un rapporteur – parmi les membres du Conseil – qui établit un rapport et un projet de décision discutés en séance plénière ;
- ***la décision*** : toute décision ou avis exige la présence d'au moins 7 conseillers en séance plénière. Les décisions ne sont susceptibles d'aucun recours et s'imposent aux pouvoirs politiques et à toutes les autorités administratives et juridictionnelles.

La procédure se caractérise par le fait qu'elle est :

- ***écrite*** : tous les actes de la procédure sont écrits ;
- ***secrète*** : tout ce qui concerne l'instruction n'est pas rendu public ;
- ***inquisitoire*** : au cours de l'instruction, les membres du Conseil constitutionnel peuvent enquêter, auditionner, se faire communiquer tous documents utiles... ;
- ***contradictoire ou non selon les cas*** : ainsi en matière électorale elle est contradictoire, et en matière de contrôle obligatoire des lois organiques non contradictoire.

2 Le Conseil supérieur de la magistrature (CSM)

A – Le rôle du Conseil supérieur de la magistrature

Le Conseil supérieur de la magistrature (CSM) assiste le président de la République, dans son rôle de garant de l'indépendance de l'autorité judiciaire qui lui est confiée par la Constitution.

B – La composition et l'organisation du Conseil supérieur de la magistrature

Le Conseil supérieur de la magistrature est composé de deux formations distinctes, l'une compétente pour les magistrats du siège et l'autre pour les magistrats du parquet.

Chacune de ces deux formations est composée de la façon suivante :

<table>
<tr>
<td>Formation compétente à l'égard des magistrats du siège</td>
<td>– le premier président de la Cour de cassation (président)
– 5 magistrats du siège
– 1 magistrat du parquet</td>
<td>+</td>
<td rowspan="2">– 1 conseiller d'État
– 1 avocat
– 6 personnalités qualifiées, n'appartenant ni au Parlement, ni à l'ordre judiciaire, ni à l'ordre administratif, désignées par le président de la République, le président de l'Assemblée nationale et le président du Sénat (2 chacun) suivant la procédure de nomination des membres du Conseil constitutionnel (cf. p. 81).</td>
</tr>
<tr>
<td>Formation compétente à l'égard des magistrats du parquet</td>
<td>– le procureur général près la Cour de cassation (président)
– 5 magistrats du parquet
– 1 magistrat du siège</td>
<td>+</td>
</tr>
</table>

La formation plénière du Conseil supérieur de la magistrature comprend :

– 3 des 5 magistrats du siège ;

– 3 des 5 magistrats du parquet ;

– le conseiller d'État ;

– l'avocat ;

– les 6 personnalités qualifiées.

Elle est présidée par le premier président de la Cour de cassation que peut suppléer le procureur général.

Le ministre de la Justice peut, sauf en matière disciplinaire, participer aux séances des formations du Conseil supérieur de la magistrature.

La loi organique détermine les conditions d'organisation du Conseil supérieur de la magistrature.

C – Les attributions du Conseil supérieur de la magistrature

Les attributions du Conseil supérieur de la magistrature sont les suivantes :

– ***pour la formation compétente pour les magistrats du siège*** :

- faire des propositions pour les nominations des magistrats du siège à la Cour de cassation, des premiers présidents des cours d'appel et des présidents des tribunaux de grande instance,
- donner un avis conforme sur les nominations des autres magistrats du siège,
- statuer comme conseil de discipline (participation du magistrat du siège de l'autre formation) ;

– ***pour la formation compétente pour les magistrats du parquet*** :

- donner un avis sur les nominations des magistrats du parquet,
- donner un avis sur les sanctions disciplinaires (participation du magistrat du parquet de l'autre formation) ;

– ***pour la formation plénière du Conseil supérieur de la magistrature*** :

- répondre aux demandes d'avis formulées par le président de la République concernant l'indépendance de la justice,
- se prononcer sur les questions relatives à la déontologie des magistrats et sur toute question relative au fonctionnement de la justice dont le saisit le ministre de la Justice.

Le Conseil supérieur de la magistrature peut être saisi par un justiciable dans les conditions fixées par une loi organique.

3 La Haute Cour (art. 68)

A – La compétence de la Haute Cour

La Haute Cour est compétente pour ***destituer le président de la République en cas de manquement à ses devoirs manifestement incompatible avec l'exercice de son mandat***.

B – La composition et l'organisation de la Haute Cour

La Haute Cour est composée de l'Assemblée nationale et du Sénat. Elle est présidée par le président de l'Assemblée nationale.

C – La procédure devant la Haute Cour

Les étapes de la procédure de destitution par la Haute Cour sont :

– ***la proposition de réunion de la Haute Cour*** : la proposition de réunion de la Haute Cour est adoptée par une des assemblées du Parlement. Elle doit être adoptée à la majorité des 2/3 des membres composant l'assemblée concernée. Toute délégation de vote est interdite. Seuls sont recensés les votes favorables à la proposition de réunion de la Haute Cour ;

- ***la transmission de la proposition à l'autre assemblée*** : la proposition adoptée par la première assemblée est aussitôt transmise à l'autre qui se prononce dans les 15 jours. Toute délégation de vote est interdite. Seuls sont recensés les votes favorables à la proposition de réunion de la Haute Cour ;
- ***la réunion de la Haute Cour*** : la Haute Cour se réunit si la deuxième assemblée confirme sa convocation dans le délai imparti. La Haute Cour, présidée par le président de l'Assemblée nationale, doit statuer sur la destitution à bulletins secrets et dans un délai d'un mois. Toute délégation de vote est interdite. Seuls sont recensés les votes favorables à la proposition de destitution du président de la République. Si la destitution est prononcée, elle est d'effet immédiat.

4 La Cour de justice de la République (art. 68-1 à 68-3)

A – La compétence de la Cour de justice de la République

La Cour de justice de la République est compétente pour ***juger les ministres pour les crimes ou délits commis dans l'exercice de leurs fonctions***. Elle est liée par les définitions des crimes et délits ainsi que par la détermination des peines telles qu'elles résultent de la loi.

B – La composition et l'organisation de la Cour de justice de la République

La Cour de justice de la République est composée de 15 juges :

- 3 magistrats du siège près la Cour de cassation élus pour 3 ans par leurs pairs ;
- 12 parlementaires élus au scrutin majoritaire à la majorité absolue des suffrages exprimés (6 pour l'Assemblée nationale et 6 pour le Sénat après chaque renouvellement total ou partiel de ces assemblées).

Pour chaque titulaire, un suppléant est élu dans les mêmes conditions.

La présidence de la Cour est assurée par l'un des 3 magistrats du siège. Le Ministère public est exercé par le procureur général près la Cour de cassation.

Pour aider au bon déroulement de la procédure, sont mises en place :

- ***la commission des requêtes*** : elle reçoit et examine la recevabilité des plaintes. Elle est composée de :
  - 3 magistrats du siège près la Cour de cassation élus par leurs pairs,
  - 2 conseillers d'État élus par l'assemblée générale du Conseil d'État,
  - 2 conseillers maîtres à la Cour des comptes élus par la chambre du conseil de la Cour des comptes.

  La durée du mandat est de 5 ans ;
- ***la commission d'instruction*** : elle est chargée d'instruire les affaires relevant de la Cour de justice de la République. Elle est composée de 3 magistrats du siège près la Cour de cassation élus par leurs pairs pour 3 ans.

Pour chaque titulaire, un suppléant est élu dans les mêmes conditions.

C – La procédure devant la Cour de justice de la République

Toute personne se prétendant lésée par un crime ou un délit commis par un membre du Gouvernement dans l'exercice de ses fonctions peut porter plainte auprès de la commission des requêtes.

Les étapes de la procédure devant la Cour de justice de la République sont :

- ***la plainte*** : la commission des requêtes se prononce sur la recevabilité de la plainte. Elle classe l'affaire ou transmet le dossier au procureur général de la Cour de cassation aux fins de saisine de la Cour de justice de la République. Les actes de la commission des requêtes ne sont susceptibles d'aucun recours.

  Le procureur général peut – à la suite de dénonciations – saisir d'office la Cour de justice de la République sur avis conforme de la commission des requêtes ;
- ***l'instruction*** : la commission d'instruction procède à l'instruction, au moyen de tous les actes utiles à la manifestation de la vérité : perquisitions, visites domiciliaires, saisies, auditions, interrogatoires... Les arrêts de la commission d'instruction peuvent faire l'objet de pourvois en cassation portés devant l'assemblée plénière de la Cour de cassation. En cas d'annulation, l'affaire est renvoyée devant une nouvelle commission d'instruction ;
- ***le jugement*** : la Cour de justice de la République respecte dans ses débats et ses jugements les règles prévues par le Code de procédure pénale en matière correctionnelle. Elle se prononce par des votes à bulletins secrets à la majorité absolue sur la culpabilité puis sur la peine applicable aux accusés.

Les jugements de la Cour de justice de la République doivent être motivés. Ils peuvent faire l'objet de pourvois en cassation portés devant l'assemblée plénière de la Cour de cassation. En cas d'annulation, l'affaire est renvoyée devant la Cour de justice de la République composée de juges titulaires ou suppléants autres que ceux qui ont rendu l'arrêt annulé.

Les victimes ne peuvent se constituer partie civile devant la Cour de justice de la République. Elles peuvent cependant exercer des actions en réparation de dommages devant les juridictions de droit commun.

5 Le Conseil économique, social et environnemental (art. 69 à 71)

A – Le rôle du Conseil économique, social et environnemental

Le Conseil économique, social et environnemental (CESE) est une ***assemblée consultative placée auprès des pouvoirs publics***.

Il a pour rôle :

- de ***favoriser la collaboration des différentes catégories professionnelles entre elles et d'assurer leur participation à la politique économique et sociale du Gouvernement*** ;
- d'***intervenir sur les questions relatives à l'environnement***.

Il examine et suggère les adaptations économiques, sociales ou environnementales rendues nécessaires, notamment par les techniques nouvelles.

B – La composition et l'organisation du Conseil économique, social et environnemental

Le Conseil économique, social et environnemental ***ne peut comporter plus de 233 membres***.

Il était initialement constitué de représentants des principales activités économiques et sociales. Il devrait, avec sa vocation particulière à intervenir sur les questions relatives à l'environnement, voir sa composition profondément modifiée. Elle devrait davantage faire place aux organisations non Gouvernementales, aux jeunes, notamment aux étudiants et, le cas échéant, aux grands courants spirituels.

La fonction de membre du Conseil économique, social et environnemental est incompatible avec celle de parlementaire, de membre du Gouvernement ou du Conseil constitutionnel.

Sa composition et ses règles de fonctionnement sont fixées par une loi organique.

C – Les attributions du Conseil économique, social et environnemental

Les attributions du Conseil économique, social et environnemental sont les suivantes :

- ***donner son avis sur les projets de loi, d'ordonnance ou de décret ainsi que sur les propositions de lois qui lui sont soumis par le Gouvernement*** ;
- ***exposer devant les assemblées parlementaires son avis sur les projets ou propositions de lois qui lui ont été soumis*** ;
- ***être obligatoirement consulté par le Gouvernement et donner un avis sur tout plan ou tout projet de loi de programmation à caractère économique, social ou environnemental*** ;
- ***être éventuellement consulté par le Gouvernement et le Parlement sur tout problème de caractère économique, social ou environnemental*** ;
- ***être éventuellement consulté par le Gouvernement sur les projets de loi de programmation définissant les orientations pluriannuelles des finances publiques*** ;
- ***être saisi par voie de pétition dans les conditions fixées par une loi organique et faire connaître, après examen de la pétition, au Gouvernement et au Parlement les suites qu'il propose d'y donner***.

Le Conseil économique, social et environnemental peut, de sa propre initiative, suggérer au Gouvernement des projets de réforme qui lui paraissent de nature à favoriser la réalisation d'objectifs définis dans sa mission et donner son avis sur l'exécution des plans ou programmes d'action à caractère économique, social et environnemental.

6 Le Conseil d'État

A – Le rôle du Conseil d'État

Le Conseil d'État a une double fonction :

- ***il est le conseiller du Gouvernement (art. 39)***. La consultation du Conseil d'État par le Gouvernement est, selon les cas, soit obligatoire, soit facultative ;
- ***il est l'échelon suprême de la juridiction administrative, qui juge les litiges entre les particuliers et l'administration*** (*cf.* chapitre 14).

B – L'organisation du Conseil d'État

Il existe un Conseil d'État pour toute la République.

Le Conseil d'État est composé :

- du président du Conseil d'État : la présidence est assurée par le ministre de la Justice qui représente le Premier ministre pour les séances à caractère protocolaire ;
- du vice-président : il assure la présidence effective de l'ensemble des séances du Conseil d'État ;
- des 6 présidents de section ;
- des conseillers d'État en service ordinaire : ils statuent sur les affaires qui leur sont présentées ;
- des maîtres des requêtes : ils comprennent notamment le secrétaire général du Conseil d'État et les commissaires du Gouvernement ;
- des auditeurs de première et seconde classe : ils participent à la préparation des affaires soumises au conseil.

Le vice-président, les présidents de section et les conseillers d'État en service ordinaire sont nommés par décret pris en Conseil des ministres, sur la proposition du garde des Sceaux. Les maîtres des requêtes et les auditeurs sont nommés par décret, sur la proposition du garde des Sceaux.

À côté de ce personnel permanent, on trouve également :

- 12 conseillers d'État en service extraordinaire nommés par le Gouvernement pour 4 ans. Ils ne peuvent participer aux activités contentieuses ;
- des agents des diverses administrations délégués par les ministres pour établir la liaison entre leurs services et les sections administratives ;
- les ministres peuvent siéger dans les formations administratives ou faire entendre toute personne pour éclairer les discussions du Conseil d'État.

Le Conseil d'État est divisé en 6 sections :

- quatre sections administratives :
  - la section de l'intérieur,
  - la section des finances,

- la section des travaux publics,
- la section sociale ;

– une section du rapport et des études ;

– une section du contentieux.

Chaque section est présidée par un président de section et comporte une vingtaine de membres (conseillers d'État en service ordinaire, conseillers d'État en service extraordinaire, maîtres des requêtes et auditeurs).

C – L'organisation de la fonction consultative du Conseil d'État

1) Le rôle consultatif du Conseil d'État

Le Conseil d'État est obligatoirement saisi :

– des projets de loi avant leur adoption par le Conseil des ministres et leur dépôt devant le Parlement ;

– des projets d'ordonnance avant leur adoption par le Conseil des ministres ;

– des projets de décrets en Conseil d'État ;

– des règlements modifiant une loi.

Le Conseil d'État émet un avis sur la régularité juridique des textes, sur leur forme et sur leur opportunité administrative. Le Gouvernement n'est pas tenu de suivre son avis, mais il ne peut édicter que le texte adopté par le Conseil d'État ou le projet soumis à ce dernier par le Gouvernement.

Il est également saisi de tous les projets d'actes communautaires adressés au Gouvernement par la Commission européenne afin qu'il indique si les dispositions envisagées relèveraient, si elles étaient prises par des autorités françaises, du domaine de la loi. Si tel est le cas, le projet d'acte est transmis au Parlement pour avis.

Il peut être saisi à propos de certaines décisions particulières (changement de nom, reconnaissance d'utilité publique pour une association...).

Il est consulté, pour avis, par le Gouvernement sur toute question ou difficulté d'ordre juridique ou administratif.

Il peut, de sa propre initiative, appeler l'attention des pouvoirs publics sur les réformes d'ordre législatif, réglementaire ou administratif qui lui paraissent conformes à l'intérêt général.

2) Le champ de compétence des sections administratives

Chaque section administrative est compétente pour traiter les affaires relevant d'un certain nombre de ministères. Après la nomination d'un nouveau Gouvernement, le Premier ministre procède, par arrêté, à une nouvelle définition du champ de compétence de chaque section.

Section	Ministres et secrétariats concernés
Section de l'intérieur	– le Premier ministre. – le ministre de la Justice. – le ministre de l'Éducation nationale. – le ministre de l'Intérieur. – le ministre de la Culture et de la Communication. – le ministre des Relations avec le Parlement. – le ministre de la Jeunesse et des Sports. – le secrétariat d'État à l'outre-mer.
Section des finances	– le ministre des Affaires étrangères et le ministre délégué chargé des Affaires européennes. – le ministre de l'Économie, des Finances et de l'Industrie (sauf l'industrie, l'énergie et les matières premières, les postes et télécommunications, les petites et moyennes entreprises). – le ministre de la Défense. – le ministre de la Fonction publique et de la Réforme de l'État. – le secrétariat d'État au budget.
Section des travaux publics	– le ministre de l'Équipement, des Transports et du Logement. – le ministre de l'Agriculture et de la Pêche. – le ministre de l'Aménagement du territoire et de l'Environnement. – le secrétariat d'État au logement. – le secrétariat d'État à l'industrie. – le secrétariat d'État au tourisme.
Section sociale	– le ministre de l'Emploi et de la Solidarité. – le secrétariat d'État à la santé. – le secrétariat d'État aux anciens combattants.

3) La procédure de consultation du Conseil d'État

Les projets de texte adressés au Conseil d'État sont répartis entre les sections administratves en fonction du ministère qui rapporte le projet. Lorsqu'un texte est présenté par plusieurs ministères relevant de plusieurs sections, le texte est examiné par 2 sections réunies ou par une commission spéciale, désignée par le vice-président.

Le Conseil d'État donne son avis sur le projet de texte :

– ***soit par la section compétente*** ;

– ***soit par l'Assemblée générale*** si l'avis concerne un projet de loi, un projet d'ordonnance ou une question relevant de plusieurs sections. L'Assemblée générale se réunit :

  • *soit en formation ordinaire* : elle comprend le vice-président du Conseil d'État, les présidents de section, l'un des présidents adjoints de la section du contentieux et 35 conseillers d'État représentant les 6 sections du Conseil d'État,

- *soit en formation plénière* : elle comprend le vice-président du Conseil d'État, tous les présidents de section et tous les conseillers d'État. Cette formation ne se réunit qu'occasionellement ;

– ***soit par la commission permanente*** si le Gouvernement estime qu'il y a urgence. La commission permanente comprend le vice-président du Conseil d'État, un président de section et 12 conseillers d'État en service ordinaire (2 par section).

D – La section du rapport et des études

La section du rapport et des études est chargée :

– ***de préparer le rapport annuel du Conseil d'État*** : ce rapport est adopté par l'Assemblée générale et remis au président de la République. Il est destiné :

- à faire le point des activités contentieuses et administratives du Conseil d'État au cours de l'année écoulée,
- à attirer l'attention des pouvoirs publics sur les difficultés rencontrées par les justiciables et par la section du rapport et des études dans l'exécution des décisions des juridictions administratives,
- à étudier une question de fond sur lequel il propose des orientations de la pratique administrative voire des modifications de dispositions législatives ou réglementaires ;

– ***de procéder***, à la demande du Premier ministre, ***à des études de fond***. Des membres du Conseil d'État appartenant à d'autres sections et des personnalités françaises ou étrangères, n'appartenant pas au Conseil d'État, peuvent être appelées à participer à ces études.

La section du rapport et des études a aussi une compétence en matière de contentieux (*cf.* chapitre 14).

La section du rapport et des études comprend :

– ***une cellule de coopération internationale*** : elle assure l'animation et la coordination de la coopération internationale du Conseil d'État ;

– ***une cellule de droit communautaire*** : elle assure, à la demande des membres du Conseil d'État, toute recherche documentaire relative à des questions de droit communautaire et procède, à leur intention, à une information périodique sur l'évolution de ce droit.

7 La Cour des comptes

A – Le rôle de la Cour des comptes

La Cour des comptes a une double compétence :

– ***une compétence administrative*** : elle ***contrôle*** la régularité des recettes et des dépenses décrites dans les comptabilités publiques (les administrations, les organismes publics ou para-publics nationaux et certains organismes privés), sous réserve de la compétence attribuée, en premier ressort, aux chambres régionales et territoriales des comptes (*cf.* chapitre 8). Elle ***juge*** les comptes des comptables publics. Elle ***certifie*** la régularité, la sincérité et la fidélité des comptes de l'État et des comptes du régime général de la Sécurité sociale.

Elle ***assiste*** le Parlement dans le contrôle de l'action du Gouvernement. Elle assiste le Parlement et le Gouvernement dans le contrôle de l'exécution des lois de finances et de l'application des lois de financement de la Sécurité sociale ainsi que dans l'évaluation des politiques publiques (art. 47-2) ;

– ***une compétence juridictionnelle*** : elle ***rend des arrêts*** relatifs aux comptes de l'administration et des organismes susceptibles d'être contrôlés par elle. Elle peut déférer devant la Cour de discipline budgétaire et financière toute personne exerçant une fonction publique et commettant des fautes dans la gestion des finances publiques. Elle juge en appel les décisions des chambres régionales des comptes.

La Cour des comptes est chargée d'une fonction permanente d'inspection à l'égard des chambres régionales et territoriales des comptes. Cette fonction est confiée à une mission présidée par un magistrat de la Cour des comptes ayant au moins le grade de conseiller maître.

B – L'organisation de la Cour des comptes

Il existe une Cour des comptes pour toute la République ; elle est divisée en 7 chambres spécialisées.

La Cour des comptes est composée :

– du premier président ;

– des 7 présidents de chambres ;

– des conseillers maîtres ;

– des conseillers référendaires de première et seconde classe ;

– des auditeurs de première et seconde classe.

Le premier président, les présidents de chambre et les conseillers maîtres sont nommés par décret pris en Conseil des ministres. Les autres magistrats sont nommés par décret du président de la République.

Les membres de la Cour des comptes ont la qualité de magistrats. Ils sont et demeurent inamovibles. Tout magistrat de la Cour des comptes doit, avant d'entrer en fonction, prêter serment publiquement devant la Cour réunie en audience solennelle. Il ne peut en aucun cas être relevé de ce serment.

La Cour des comptes est assistée d'un parquet assurant un rôle d'intermédiaire entre le Gouvernement et la Cour. Le parquet est dirigé par un procureur général assisté par un premier avocat général et par deux avocats généraux, magistrats de la Cour. Le procureur général est nommé par décret en Conseil des ministres. Les avocats généraux sont désignés par décret parmi les conseillers maîtres ou les conseillers référendaires, après avis du procureur général.

Des conseillers maîtres en service extraordinaire et des rapporteurs extérieurs peuvent être nommés auprès de la Cour des comptes en vue de l'assister dans l'exercice de ses compétences. Ils ne peuvent exercer aucune activité d'ordre juridictionnel.

La Cour des comptes est assistée d'un secrétariat général placé sous l'autorité du premier président. Le secrétaire général secondé par deux secrétaires généraux adjoints, magistrats de la Cour, assurent le fonctionnement du greffe central et des services administratifs de la Cour des comptes.

La Cour des comptes comprend 7 chambres composées chacune d'un président de chambre, de conseillers maîtres, de conseillers référendaires et d'auditeurs. La répartition des magistrats entre les chambres est faite par le premier président. Des conseillers maîtres en service extraordinaire et des rapporteurs extérieurs peuvent être affectés aux chambres. Chaque chambre peut comporter une ou plusieurs sections comptant au moins trois conseillers maîtres dont le président de la section et éventuellement un ou deux conseillers maîtres en service extraordinaire.

C – La compétence des chambres de la Cour des comptes

Chaque chambre reçoit dans son portefeuille de compétence un ou plusieurs ministères et les établissements et entreprises publiques nationales sous leur tutelle. La répartition des compétences des chambres est la suivante :

- ***1re chambre*** : ministère des Finances et du Budget et l'ensemble des circuits financiers publics ;
- ***2e chambre*** : ministères chargés de la Défense, de l'Industrie, de l'Énergie, du Tourisme, du Commerce extérieur, du Commerce et de l'Artisanat ; entreprises et organismes publics industriels ;
- ***3e chambre*** : ministères chargés de l'Éducation, de la Culture et de la Recherche, de la Jeunesse et des Sports ; secteur public de l'audiovisuel ;
- ***4e chambre*** : ministères chargés des activités régaliennes de l'État (Justice, Intérieur, Affaires étrangères) ; jugement des appels des chambres régionales et territoriales des comptes ;
- ***5e chambre*** : ministères chargés de l'Emploi, du Travail, de la Formation professionnelle, du Logement et des Affaires sociales ; organismes faisant appel à la générosité publique ;
- ***6e chambre*** : ministères chargés de la Santé et de la Sécurité sociale ; organismes de Sécurité sociale ;
- ***7e chambre*** : ministères chargés de l'Équipement, des Transports et de l'Aménagement du territoire, de l'Agriculture et de la Pêche, de l'Environnement, du Tourisme.

Chaque année, le premier président fixe le programme de travail des chambres pour les 12 mois à venir. Il est établi notamment en fonction de la date des précédentes vérifications, l'objectif étant que toutes les institutions qui relèvent de la compétence de la Cour des comptes soient contrôlées en moyenne tous les 4 ou 5 ans.

D – L'organisation de la fonction de contrôle de la Cour des comptes

Chaque contrôle, au sein de chacune des chambres, est confié à un ou plusieurs rapporteurs.

Lorsqu'un contrôle soulève des questions relevant des attributions de plusieurs chambres, le premier président peut, après avis du procureur général, l'attribuer à un groupe de magistrats et de rapporteurs appartenant aux chambres concernées. Le rapport est présenté soit devant la chambre à laquelle appartient le magistrat chargé de diriger les travaux du groupe, soit devant une formation interchambres composée d'au moins deux conseillers maîtres de chacune de ces chambres, désignés par les présidents de chambre.

Le rapporteur bénéficie d'un droit d'investigation très étendu. Tous les organismes soumis au contrôle obligatoire de la Cour des comptes doivent lui faire parvenir régulièrement les documents de base nécessaires à son contrôle. Aucun document concernant les comptes et la gestion ne peut lui être refusé sous motif de confidentialité.

La procédure de contrôle est organisée en application des principes de collégialité et de contradiction, pour permettre d'écarter les erreurs de droit, de fait ou d'appréciation dans les arrêts ou communications que la Cour des comptes transmet aux autorités compétentes.

- ***première étape : le contre-rapporteur*** : le rapporteur ou l'équipe de contrôle soumet ses travaux à un conseiller maître – le contre-rapporteur – dont le rôle est d'en prendre connaissance, y compris en examinant les pièces justificatives rassemblées par le rapporteur ;
- ***deuxième étape : le débat en formation collégiale*** : le contre-rapporteur soumet à la formation collégiale (la chambre ou la section) son point de vue sur les travaux réalisés par le rapporteur. La chambre ou la section décide, à l'issue d'un examen collégial, de faire sien ou pas le contenu des travaux du rapporteur ;
- ***troisième étape : la contradiction*** : elle est obligatoire avant toute prise de position définitive de la Cour des comptes :
  - *pour le jugement des comptes publics* : la contradiction est en forme juridictionnelle, le comptable devant répondre à un arrêt provisoire. L' arrêt provisoire est suivi d'un arrêt définitif au vu des justifications apportées par le comptable,
  - *pour les contrôles effectués sur les entreprises publiques* : la contradiction s'effectue par la transmission du rapport tel qu'adopté par la chambre à l'organisme contrôlé. Cet organisme a l'obligation de répondre aux constats et aux appréciations contenus dans le rapport. Le rapport est finalement approuvé par une formation collégiale après prise en considération des remarques formulées par l'organisme contrôlé.

La Cour des comptes est amenée à se prononcer sur ses contrôles :

- ***soit par la chambre compétente*** : en formation délibérante, la chambre ne peut délibérer que si au moins 6 de ses membres sont présents ;
- ***soit par la section de chambre compétente*** ; en formation délibérante, la section ne peut délibérer que si au moins 3 de ses membres sont présents ;
- ***soit en formation interchambres*** : en formation délibérante, la formation interchambres ne peut délibérer que si au moins les trois cinquièmes de ses membres sont présents ;
- ***soit toutes chambres réunies*** : la Cour des comptes, toutes chambres réunies, se compose du premier président, des présidents de chambre et de deux conseillers maîtres par chambre, élus par le président et les conseillers maîtres de chaque chambre. La Cour, toutes chambres réunies, est constituée, au début de chaque année judiciaire, par arrêté du premier président.

  La Cour des comptes, siégeant toutes chambres réunies, est amenée :
  - à juger les comptes et à délibérer sur les autres affaires qui lui sont renvoyées par le premier président sur proposition d'une chambre ou sur réquisitoire du procureur général,
  - à statuer sur les affaires renvoyées devant la Cour des comptes après cassation,

- à formuler un avis sur les questions de procédure ou de jurisprudence dont elle est saisie par le premier président de sa propre initiative ou sur proposition d'une chambre ou sur réquisitoire du procureur général.

La Cour des comptes ne peut statuer qu'à 12 membres au moins ;

– ***soit en chambre du conseil*** : la chambre du conseil est composée du premier président, des présidents de chambre et des conseillers maîtres. Les conseillers maîtres en service extraordinaire peuvent être appelés à assister à la séance avec voix délibérative. Le procureur général assiste aux séances de la chambre du conseil et participe aux débats.

La chambre du conseil est saisie des projets de rapports publics, de rapport sur le projet de loi de règlement du budget, de déclaration générale de conformité, de rapport sur l'application des lois de financement de la sécurité sociale et en arrête le texte.

Elle délibère également sur toutes affaires ou questions qui lui sont soumises par le premier président soit de son propre chef, soit sur proposition du procureur général.

À la suite de chaque vérification d'un compte public, la Cour des comptes se prononce par un arrêt définitif. Cet arrêt est :

– ***soit un arrêt de décharge et de quitus*** : il constate que le comptable a rempli ses obligations ;

– ***soit un arrêt de débet*** : il constate que le comptable est débiteur envers la collectivité dont il tient le compte. Le comptable peut obtenir décharge de responsabilité ou remise gracieuse partielle ou totale d'un débet par une décision du ministre chargé du Budget.

La Cour des comptes peut, en outre, prononcer :

– ***un arrêt constatant une gestion de fait*** : une gestion de fait se caractérise par le maniement de fonds publics par une personne n'ayant pas la qualité de comptable public ;

– ***un arrêt de condamnation à l'amende*** : il sanctionne tout retard dans la production des comptes ou dans la réponse à un arrêt provisoire ainsi qu'une gestion de fait.

Les arrêts définitifs de la Cour des comptes sont exécutoires de plein droit sous réserve :

– de recours en révision devant la Cour elle-même, compte tenu de faits nouveaux ;

– de recours en cassation devant le Conseil d'État pour motifs de droit.

La Cour des comptes peut, par ailleurs, saisir la Cour de discipline budgétaire et financière.

À la demande de la Cour des comptes, le procureur général saisit les autorités judiciaires des crimes et délits dont elle a connaissance au cours de ses vérifications (exemples : prise illégale d'intérêt, ingérence ou détournement de fonds ou abus de biens sociaux).

E – L'assistance au Parlement et au Gouvernement

Chaque année, la Cour des comptes adresse au président de la République et dépose sur les bureaux de l'Assemblée nationale et du Sénat des rapports publics dans lesquels elle expose ses observations et dégage les enseignements qui peuvent en être tirés.

Les rapports publics établis par la Cour des comptes sont :

– ***le rapport public annuel de la Cour des comptes*** : ce rapport porte à la fois sur les services, organismes et entreprises directement contrôlés par elle et sur les collectivités territoriales, établissements, sociétés, groupements et organismes qui relèvent de la compétence des chambres régionales et territoriales des comptes ;

– ***les rapports publics thématiques*** consacrés à un thème unique.

Les rapports publics de la Cour des comptes, auxquels sont jointes les réponses des ministres et des représentants des collectivités territoriales, des établissements, sociétés, groupements et organismes intéressés, sont publiés au *Journal Officiel*.

Les observations formulées par la Cour des comptes à l'occasion du contrôle des comptes d'emploi des organismes faisant appel à la générosité publique peuvent, concurremment ou non, faire l'objet d'une publication propre au *Journal Officiel*, ou être insérées dans le rapport public.

La collaboration entre la Cour des comptes et le Parlement s'exerce de plusieurs façons :

– le premier président de la Cour des comptes communique aux commissions des finances ou d'enquête des deux assemblées les constatations et observations faites par la Cour ;

– les commissions des finances ou d'enquête des deux assemblées peuvent demander à la Cour des comptes de procéder à des enquêtes particulières sur la gestion des services ou organismes qu'elle contrôle.

Par ailleurs, la Cour des comptes établit, chaque année, pour le Parlement :

– un rapport sur l'exécution des lois de finances de l'année précédente ;

– un rapport sur l'ensemble des organismes de Sécurité sociale soumis à son contrôle.

Les droits des citoyens et le Défenseur des droits

Chapitre **7**

1 Les droits des citoyens

La Constitution comporte diverses dispositions visant à ce que les citoyens soient davantage écoutés, à ce que leurs aspirations soient mieux prises en compte, et à ce que leurs droits soient garantis plus efficacement. À cette fin, les citoyens ont la possibilité de :

art. 11 → ***demander, au président de la République, l'organisation d'un référendum*** : un référendum d'initiative populaire peut être organisé à l'initiative de 1/5e des membres du Parlement, soutenue par un 1/10e des électeurs inscrits sur les listes électorales. Cette initiative prend la forme d'une proposition de loi et ne peut avoir pour objet l'abrogation d'une disposition législative promulguée depuis moins d'un an.

Si la proposition de loi n'a pas été examinée par les deux assemblées dans un délai fixé par la loi organique, le président de la République la soumet au référendum.

Lorsque la proposition de loi n'est pas adoptée par le peuple français, aucune nouvelle proposition de référendum portant sur le même sujet ne peut être présentée avant l'expiration d'un délai de 2 ans suivant la date du scrutin.

Lorsque le référendum a conclu à l'adoption de la proposition de loi, le président de la République promulgue la loi dans les 15 jours qui suivent la proclamation des résultats de la consultation.

art. 61-1 → ***saisir le Conseil constitutionnel par la voie d'exception*** : lorsque, à l'occasion d'une instance en cours devant une juridiction, il est soutenu qu'une disposition législative porte atteinte aux droits et libertés que la Constitution garantit, le Conseil constitutionnel peut être saisi de cette question sur renvoi du Conseil d'État ou de la Cour de cassation qui se prononce dans un délai déterminé.

Si la loi est déclarée contraire à la Constitution, elle sera abrogée à compter de la publication de la décision du Conseil constitutionnel ou d'une date ultérieure fixée par cette décision. Le Conseil constitutionnel détermine les conditions et limites dans lesquelles les effets produits par la disposition sont susceptibles d'être remis en cause.

art. 65 → ***Saisir le Conseil supérieur de la magistrature*** dans les conditions fixées par une loi organique : tout justiciable peut saisir le Conseil supérieur de la magistrature pour se plaindre d'un juge ou de dysfonctionnements lors d'une procédure.

art. 69 → ***Saisir, par voie de pétition, le Conseil économique, social et environnemental*** dans les conditions fixées par une loi organique. Après examen de la pétition, le Conseil économique, social et environnemental fait connaître au Gouvernement et au Parlement les suites qu'il propose d'y donner.

art. 71-1 → ***Saisir le Défenseur des droits*** : tout usager s'estimant lésé par le fonctionnement d'un service public peut saisir le Défenseur des droits.

art. 72-1 → ***Demander, par l'exercice du droit de pétition, l'inscription à l'ordre du jour de l'assemblée délibérante de leur collectivité territoriale d'une question relevant de sa compétence***.

2 Le Défenseur des droits (art. 71-1)

Le Défenseur des droits a pour rôle de ***veiller au respect des droits et libertés par les administrations de l'État, les collectivités territoriales, les établissements publics***, ainsi que par tout organisme investi d'une mission de service public, ou à l'égard duquel la loi organique lui attribue des compétences.

Il est ***nommé par le président de la République pour un mandat de 6 ans*** non renouvelable (même procédure que pour la nomination des membres du Conseil constitutionnel (*cf.* p. 81). Il lui rend compte de son activité ainsi qu'au Parlement. Ses fonctions sont incompatibles avec celles de membre du Gouvernement et de membre du Parlement.

Le Défenseur des droits peut ***être saisi par toute personne s'estimant lésée par le fonctionnement d'un service public*** ou d'un organisme sur lequel il a des compétences. Il peut se saisir d'office.

Une loi organique définit les attributions et les modalités d'intervention du Défenseur des droits ainsi que les modalités de sa saisine. Outre celles de l'actuel médiateur de la République, pourraient notamment être reprises, dans un premier temps, les attributions du contrôleur général des lieux de privation de liberté (autorité administrative indépendante chargée de s'assurer que les droits fondamentaux des personnes privées de liberté sont respectés et de contrôler les conditions de leur prise en charge) ainsi que celles de la commission nationale de déontologie de la sécurité (autorité administrative indépendante chargée de veiller au respect de la déontologie par les personnes exerçant des activités de sécurité sur le territoire de la République).

L'administration de l'État : la décentralisation

Chapitre **8**

L'administration a pour but la satisfaction de l'intérêt général. L'intérêt général peut se définir comme correspondant à un ensemble de nécessités humaines (santé, éducation, défense...) – non satisfaits par l'initiative privée – dont la satisfaction conditionne l'accomplissement des destinées humaines. Dans cette perspective, l'administration dispose des prérogatives de la puissance publique, l'intérêt général prévalant sur l'intérêt individuel.

L'organisation administrative est répartie entre :

- ***l'État*** : il est chargé de l'exécution des tâches d'intérêt général. Il est l'expression de la collectivité nationale. L'administration de l'État est placée sous l'autorité du Gouvernement, et dispose d'organes répartis sur l'ensemble du territoire ;
- ***les collectivités territoriales*** : régions, départements et communes ont vocation à exercer l'ensemble des compétences qui peuvent le mieux être mises en œuvre à l'échelle de leur ressort. Elles sont investies de la personnalité morale. Les administrations décentralisées sont placées sous l'autorité des organes représentant les collectivités territoriales.

Le territoire français est divisé en circonscriptions de l'administration centralisée et en collectivités territoriales autonomes.

Les divisions administratives de la France		
Divisions	**Administration**	**Statut**
Région	• organe exécutif : le président du conseil régional • organe délibératif : le conseil régional • représentant de l'État : le préfet de région	collectivité territoriale circonscription administrative
Département	• organe exécutif : le président du conseil général • organe délibératif : le conseil général • représentant de l'État : le préfet	collectivité territoriale circonscription administrative
Arrondissement	• représentant de l'État : le sous-préfet	circonscription administrative
Canton		circonscription administrative
Commune	• organe exécutif : le maire • organe délibératif : le conseil municipal • agent de l'État : le maire	collectivité territoriale circonscription administrative

1 L'administration de l'État

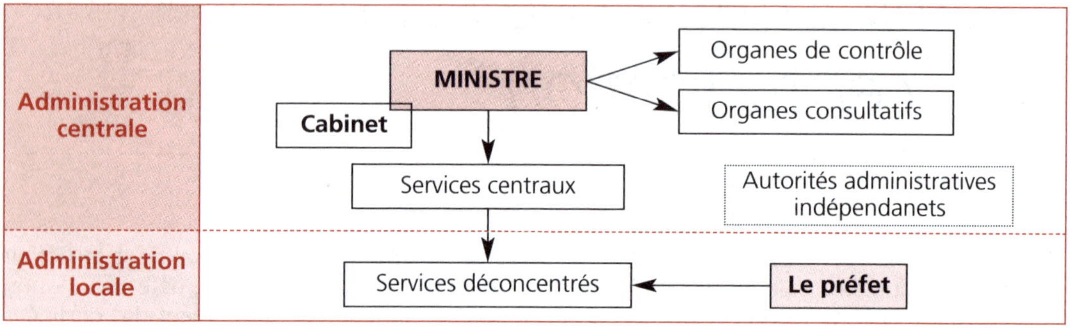

A – L'administration centrale

Un département ministériel regroupe des services assumant la satisfaction de besoins analogues ou connexes. Il possède son organisation propre fixée par décret. Il est placé sous l'autorité d'un ministre ou d'un secrétaire d'État rattaché ou non à un ministre.

1) Le ministre

Le ministre assure la direction du département ministériel dont il a la charge en qualité de chef de service. Il dispose :

– ***d'un pouvoir hiérarchique*** : gérer l'ensemble du personnel dont il a la charge (nomination, avancement, mutation...) ;

– ***d'un pouvoir réglementaire*** :

- contresigner les décrets du président de la République et du Premier ministre pour tout ce qui concerne l'activité de son ministère,
- statuer par arrêtés ministériels – individuels ou réglementaires – pour l'exécution des tâches que la loi ou les décrets lui attribuent ou par arrêtés interministériels si la décision relève de plusieurs ministères,
- préciser par circulaires ministérielles ou par des instructions de services comment ses services doivent interpréter un texte de loi ou un décret ;

– ***d'un pouvoir financier*** : gérer les crédits budgétaires de son département ;

– ***d'un pouvoir de tutelle*** : contrôler les établissements publics rattachés à son ministère.

2) Le cabinet

Il est constitué de collaborateurs personnels du ministre, qu'il a lui-même choisis. Il a un rôle à la fois politique (relations avec la presse, le Parlement...) et administratif (étude de certains dossiers relevant du ministère). Le cabinet disparaît avec le ministre.

3) Les services centraux

Ils sont constitués par des organes permanents. Ils se divisent, en général, en plusieurs directions (ou direction générale) regroupant bureaux et divisions et assumant une des fonctions suivantes : une fonction de gestion (personnel, matériel...), une fonction de préparation des décisions administratives, une fonction d'exécution (la mise en œuvre des décisions administratives).

4) Les organes de contrôle

Ils sont chargés d'inspecter les services déconcentrés du ministère pour le compte du ministre (inspection technique ou financière).

5) Les organes consultatifs

Ils ont pour fonction d'émettre un avis avant décision du ministre sur certains projets élaborés par l'administration centrale. L'avis peut être obligatoire ou non mais, sauf exception, il n'a aucun caractère impératif pour le ministre. Il existe :

– ***des organes consultatifs généraux*** : ils sont communs à plusieurs ministres, voire à l'ensemble de l'administration : le Conseil d'État, le Conseil économique, social et environnemental, le Conseil supérieur de la magistrature… ;
– ***des organes consultatifs spécialisés*** : auprès de chaque ministère, des conseils, comités ou commissions spécialisées sont chargés de réaliser la confrontation des intérêts ou des opinions de personnes membres ou non de l'administration.

6) Les autorités administratives indépendantes

Elles sont indépendantes du pouvoir politique et de l'administration. Elles peuvent être saisies par les autorités publiques ou directement par les particuliers dans de nombreux cas. Elles ont un pouvoir de décision dans le domaine de leurs attributions :

– le Défenseur des droits ;
– la Commission d'accès aux documents administratifs (CADA) ;
– la Commission pour les simplifications administratives (COSA) ;
– la Commission des sondages ;
– la Commission nationale de l'informatique et des libertés (CNIL) ;
– le Conseil supérieur de l'audiovisuel (CSA) ;
– la Commission de la concurrence ;
– le Conseil d'orientation des retraites ;
– la Commission bancaire ;
– l'Autorité des marchés financiers (AMF).

B – L'administration locale

1) Les services déconcentrés

Ils sont chargés de l'exécution des tâches administratives spécialisées au niveau d'une circonscription administrative. Ils sont placés sous l'autorité hiérarchique de l'administration. Au plan du département, ils sont placés sous l'autorité du préfet et au niveau de la région sous l'autorité du préfet de région.

2) Le préfet

Le préfet est à la fois :

- ***le représentant de l'État*** dans le département ou la région ;
- ***le délégué du Gouvernement*** : il représente directement le Premier ministre et chacun des ministres. Il a la charge des intérêts nationaux, et assure donc la direction des services de l'État dans le département ou la région. Il a aussi la charge du contrôle administratif et du respect des lois. Il est doté de pouvoirs et d'attributions ;
- ***un agent nommé à la discrétion du Gouvernement*** : il est nommé par décret du président de la République en conseil des ministres. Il est soumis à une obligation de loyalisme.

C - La protection de l'administré

Tout administré dispose de différentes protections contre les excès de l'administration :

- ***la motivation des actes administratifs*** : toute personne, physique ou morale, a le droit d'être informée des motifs des décisions administratives individuelles qui la concernent ;
- ***la liberté d'accès aux documents administratifs*** : toute personne peut avoir libre accès aux documents administratifs de caractère non nominatif ;
- ***le recours devant les tribunaux administratifs ou au Défenseur des droits***.

2 La décentralisation

La décentralisation consiste en un transfert de compétences auprès de collectivités territoriales ou d'établissements publics dotés à cet effet de la personnalité juridique et de l'autonomie financière.

Ces structures décentralisées sont chargées de gérer librement les affaires locales ou les affaires relevant de leur compétence (c'est-à-dire celles que le législateur estime pouvoir être mieux traitées au niveau local que national).

La décentralisation s'articule autour de 4 axes :

- ***l'organisation décentralisée de la République*** : la Constitution consacre, sans que soit remise en cause l'unité de la nation, le principe de l'organisation décentralisée de la République. Elle consacre comme collectivités territoriales non seulement les communes, départements et régions, mais aussi les collectivités à statut particulier et les collectivités d'outre-mer ;

– ***les responsabilités reconnues aux collectivités territoriales*** : les collectivités territoriales bénéficient de responsabilités propres par l'existence de leur pouvoir réglementaire (droit à l'expérimentation et principe de subsidiarité) et de leur autonomie financière :

- *le droit à l'expérimentation* : il est organisé à un double niveau : celui du législateur et du Gouvernement, et celui des collectivités territoriales. Le législateur et le Gouvernement sont habilités à procéder à des expérimentations en matière de transferts de compétences aux collectivités territoriales.

  Les collectivités territoriales peuvent expérimenter les modifications qui pourraient être utilement apportées aux lois et règlements qui régissent l'exercice des compétences qui leur sont confiées. Corollaire du droit à l'expérimentation, existe le principe de subsidiarité. Lorsqu'une collectivité territoriale use de son droit à l'expérimentation, il s'ensuit une période de coexistence entre la norme ancienne et la nouvelle. Au terme de cette période, la norme la plus pertinente supplante l'autre,

- *le renforcement de l'autonomie financière des collectivités territoriales* : les collectivités territoriales ont la faculté de recevoir tout ou partie des impositions de toute nature. Ainsi, les collectivités territoriales peuvent percevoir des impôts locaux mais également se voir transférer une partie des impôts nationaux. Elles ont la possibilité de fixer, dans les limites définies par la loi, le taux et l'assiette de ces différents prélèvements fiscaux.

  Les collectivités territoriales se voient reconnaître le principe de juste compensation par lequel à chaque transfert de compétences correspond un transfert équivalent de moyens humains et financiers ;

– ***les principes de démocratie locale directe*** :

- *le droit pour les collectivités d'organiser des référendums décisionnels* – et non plus seulement consultatifs – sur des questions relevant de leurs compétences ;
- *le droit de pétition des électeurs* pour obtenir l'inscription à l'ordre du jour de l'assemblée délibérante de leur circonscription d'une question relevant de sa compétence, et la possibilité pour la collectivité de transformer cette pétition en référendum valant décision ;

– ***le statut des collectivités d'outre-mer*** : la Constitution distingue les départements et les régions d'outre-mer des collectivités d'outre-mer :

- *les départements et les régions d'outre-mer* sont régis par le principe d'assimilation législative. La règle est l'application de plein droit des lois et règlements. L'exception correspond à la possibilité pour les départements et les régions d'outre-mer d'assouplir ces normes, voire d'en édicter eux-mêmes, afin de mieux prendre en compte les spécificités et les attentes locales,
- *les collectivités d'outre-mer* sont régies par le principe de spécialité législative. La règle est l'habilitation de la collectivité à édicter elle-même la norme applicable sur son territoire, sous réserve cependant de ne pas intervenir dans le champ de compétence réservé à la loi par la Constitution.

Dans le cadre de la décentralisation, le contrôle de l'État n'est plus qu'un contrôle *a posteriori* s'exerçant de façon à peu près similaire sur l'ensemble des collectivités et leurs établissements, ainsi que sur les organes de coopération intercommunale :

– ***le contrôle administratif*** : les délibérations, arrêtés ou actes de l'autorité locale sont exécutoires de plein droit dès qu'il a été procédé à leur publication ou à leur notification aux intéressés, ainsi qu'à leur transmission au représentant de l'État (pour ceux qui sont soumis au contrôle de l'État).

  Le représentant de l'État peut pour tout acte – soumis au contrôle de l'État – qu'il estime illégal, saisir dans les deux mois le tribunal administratif. Il informe au préalable ou simultanément l'autorité locale concernée. Le recours peut être assorti d'une demande de sursis à exécution. Le tribunal administratif peut soit procéder à l'annulation de l'acte qu'il estime illégal, soit rejeter le recours. Tout recours est possible devant le Conseil d'État.

  Tout administré, ayant intérêt à l'annulation d'un acte d'une collectivité locale, peut, soit former lui-même un recours pour excès de pouvoir devant le tribunal administratif, soit demander au représentant de l'État de saisir le tribunal administratif ;

– ***le contrôle financier*** : il porte essentiellement sur le budget (élaboration et exécution). Le représentant de l'État dispose d'un pouvoir de substitution. Il saisit la Chambre régionale des comptes si le budget n'est pas voté au 31 mars, n'est pas en équilibre, ne comporte pas les dépenses obligatoires ou si l'arrêté des comptes de l'exercice précédent fait apparaître un déficit. La chambre régionale des comptes émet des propositions, mais la décision revient au représentant de l'État. Elle est appelée aussi à juger les comptes des comptables des collectivités publiques ; un recours est possible devant la Cour des comptes. Elle présente aussi des observations aux collectivités locales sur leur gestion.

  Le budget est aussi soumis au contrôle administratif.

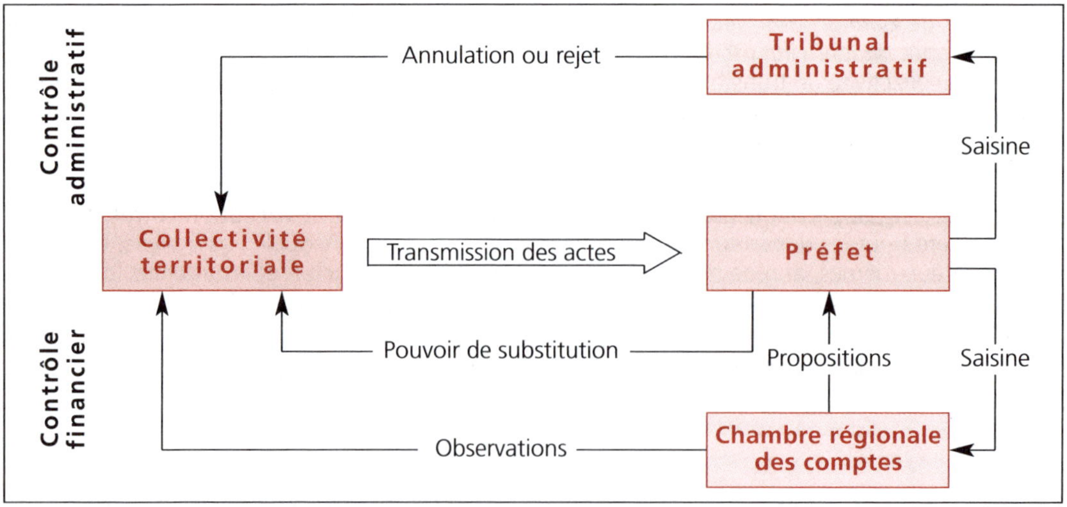

Il existe ***une chambre régionale des comptes par région*** qui est composée au minimum :

– du président de la chambre, en général un conseiller de la Cour des comptes ;

– de conseillers ;

– du secrétariat-greffe.

Les fonctions du Ministère public sont assurées par des commissaires du Gouvernement.

La chambre régionale des comptes a deux domaines de compétences :

– ***une compétence administrative*** : elle vérifie la régularité des comptes publics des collectivités territoriales ainsi que de leurs établissements publics et s'assure du bon emploi des deniers publics. Elle peut adresser à celles-ci des observations sur leur gestion.

  En matière budgétaire, elle est saisie par le préfet si une collectivité locale :

  • n'a pas voté son budget dans les délais légaux,

  • a voté son budget en déséquilibre,

  • n'a pas inscrit à son budget une dépense obligatoire,

  • a un arrêté des comptes de l'exercice précédent en déficit.

  Elle émet des propositions, la décision appartenant au représentant de l'État ;

– ***une compétence juridictionnelle*** : elle juge les comptes des comptables des collectivités locales, des établissements publics, des organismes bénéficiant de concours financiers publics…

Les décisions de la chambre régionale des comptes sont susceptibles d'appel devant la Cour des comptes.

Il est instauré, pour chaque collectivité d'outre-mer, des chambres territoriales des comptes.

Projet de réforme visant à la simplification des niveaux administratifs sur le territoire

Le Gouvernement doit ouvrir, en 2009, le grand chantier de la simplification des niveaux administratifs sur le territoire, entre les 26 régions, les 100 départements, les 3 000 intercommunalités et les 36 700 communes. L'objectif est de réaliser des économies, mais aussi de gagner en efficacité, en clarifiant notamment les compétences entre les régions et les départements.

Les régions deviendraient des sortes de fédérations de départements. Au lieu d'être élus au scrutin de liste, les conseillers régionaux seraient désignés au scrutin uninominal à deux tours, comme les conseillers généraux, et les élections régionales auraient lieu en même temps que les cantonales.

Les intercommunalités pourraient être organisées sur un modèle semblable, comme des fédérations de communes. Les conseillers communautaires seraient élus en même temps que les conseillers municipaux, selon un modèle proche du mode d'élection en vigueur à Paris, Lyon et Marseille, dans lequel les conseillers municipaux sont élus en même temps que les conseillers d'arrondissement.

Le Gouvernement veut aussi clarifier la répartition des compétences entre l'État et les collectivités ainsi qu'entre la région et le département. Il devrait inciter le couple région-département à s'entendre et à préciser leurs rôles respectifs. La réforme pourrait se faire sur le mode du volontariat et de l'expérimentation.

Le Gouvernement envisage aussi de clarifier les missions et l'organisation de l'État territorial (services déconcentrés) en créant un seul responsable à l'échelon départemental comme à l'échelon régional.

La commune

Chapitre 9

1 Généralités

La commune est une collectivité territoriale décentralisée. Elle est aussi une circonscription administrative pour la gestion de certains services de l'État.

La commune est une collectivité locale formée :

– ***d'un territoire communal*** : il existe 36 776 communes (dont 36 563 en métropole) qui se partagent, de façon inégale, l'ensemble du territoire national (le cadastre) ;

– ***d'une population locale*** :
  - 24 643 communes de moins de 700 habitants,
  - 10 186 communes de 700 à 5 000 habitants,
  - 1 827 communes de 5 000 à 50 000 habitants,
  - 120 communes de plus de 50 000 habitants ;

– ***d'organes élus*** :
  - *un organe délibératif* : le conseil municipal,
  - *un organe exécutif* : le maire.

2 Le conseil municipal : organe délibératif

A – La composition du conseil municipal

L'effectif du conseil municipal est toujours un nombre impair de conseillers municipaux. Il est déterminé en fonction de la population communale (de 9 conseillers pour les communes de moins de 100 habitants à 69 conseillers pour les communes de plus 300 000 habitants, exception faite de Paris, Lyon et Marseille).

B – L'élection du conseil municipal

1) Les électeurs

Les électeurs peuvent s'inscrire soit dans la commune de leur domicile, soit dans celle où ils paient des impôts locaux depuis 5 ans.

2) L'éligibilité

Pour être éligible, il faut :

- ***être de nationalité française ou être citoyen de l'Union européenne résidant en France*** (ces derniers ne peuvent exercer la fonction de maire ou d'adjoint au maire ni participer à la désignation des électeurs sénatoriaux et à l'élection des sénateurs) ;
- ***avoir 18 ans*** révolus au jour de l'élection ;
- ***jouir de ses droits civils et politiques*** ;
- ***être électeur dans la commune*** ou avoir la qualité de contribuable de la commune (ces derniers ne peuvent représenter plus du quart des élus).

Sont inéligibles les préfets, les magistrats, les ingénieurs des ponts et travaux publics, les membres des corps actifs de la police... dans les communes de leur ressort territorial, les entrepreneurs de services municipaux dans les communes où ils sont en relation d'affaires et les agents communaux dans les communes qui les emploient.

Des incompatibilités existent avec le mandat de conseiller municipal :

- on ne peut être membre de plus d'un conseil municipal ;
- on ne peut cumuler plus de deux des mandats électoraux suivants : conseiller municipal, conseiller de Paris, conseiller général, conseiller régional, conseiller à l'assemblée de Corse ;
- dans les communes de plus de 500 habitants, les parents proches (ascendants, descendants, frères, sœurs ou parents au 1er degré) ne peuvent siéger ensemble.

3) Les modes de scrutin

Les conseillers municipaux sont élus pour 6 ans au suffrage universel direct. L'élection a lieu le même jour dans toutes les communes de France. Le mode de scrutin varie selon la taille de la commune :

- ***communes de moins de 3 500 habitants*** : l'élection des conseillers municipaux a lieu au scrutin de liste majoritaire à 2 tours avec panachage (possibilité de candidatures individuelles ou de former des listes incomplètes dans les communes de moins de 2 500 habitants). Chaque électeur en votant donne une voix à chaque candidat de la liste, mais il peut sur cette liste rayer et/ou remplacer des candidats par d'autres.

  Au 1er tour, sont élus les candidats ayant obtenu la majorité absolue des suffrages exprimés représentant au moins le quart des inscrits. Au 2e tour, sont élus les candidats ayant obtenu le plus de voix dans la limite des sièges à pourvoir. À l'occasion du 2e tour, les listes peuvent être remaniées et de nouveaux candidats peuvent se présenter ;

– ***communes de plus de 3 500 habitants*** : l'élection des conseillers municipaux a lieu au scrutin de liste à 2 tours combinant le scrutin majoritaire et le scrutin proportionnel. Les listes doivent comporter autant de candidats que de sièges à pourvoir. Chaque électeur en votant donne une voix à la liste pour laquelle il vote sans pouvoir y apporter de modifications. Si aucune liste n'a obtenu la majorité absolue, un 2e tour est organisé. Seules les listes ayant obtenu plus de 10 % des suffrages exprimés peuvent se maintenir. Elles peuvent être modifiées pour comprendre des candidats ayant figuré sur des listes ayant obtenu au moins 5 % des suffrages exprimés.

La liste qui obtient la majorité absolue des suffrages exprimés au 1er tour ou qui obtient le plus grand nombre de voix au 2e tour se voit attribuer un nombre de sièges égal à la moitié du nombre des sièges à pourvoir arrondi à l'unité supérieure si ce nombre est supérieur à 4. Le reste des sièges à pourvoir est réparti entre toutes les listes – ayant obtenu plus de 5 % des suffrages exprimés – à la représentation proportionnelle à la plus forte moyenne.

Tout recours, concernant les opérations électorales, doit être porté devant le tribunal administratif qui doit statuer dans les 3 mois. Le délai du recours est de 5 jours pour un particulier et de 15 jours pour le préfet.

4) La fin du mandat

Le mandat du conseiller peut prendre fin avant son terme soit par le décès, la démission volontaire ou d'office. Cette dernière est prononcée par le tribunal administratif à l'égard du conseiller ayant refusé, sans excuse valable, une des fonctions qui lui est dévolue par la loi.

5) Les élections partielles

Il n'y a d'élections partielles que si le conseil municipal a perdu un tiers de ses membres ou s'il doit élire un nouveau maire.

Dans les communes de plus de 3 500 habitants, quelle que soit la cause de la vacance, le conseiller est remplacé par le candidat venant sur la liste immédiatement après le dernier élu.

C – Le fonctionnement du conseil municipal

1) Les réunions

Le conseil municipal est convoqué et présidé par le maire (ou un de ses adjoints). Il doit se réunir obligatoirement une fois par trimestre.

Le maire peut convoquer le conseil municipal en séances supplémentaires :

– à chaque fois qu'il le juge utile ;

– à la demande motivée du préfet ;

– à la demande du tiers des conseillers (ou de la moitié dans les communes de moins de 3 500 habitants).

Les séances sont publiques. Le conseil peut décider de siéger à huis clos ou en comité secret.

Le compte rendu des séances est affiché dans les 8 jours. Tout habitant ou contribuable a accès aux documents municipaux.

2) Les délibérations

Le conseil municipal ne peut délibérer que lorsque la majorité de ses membres en exercice assiste à la séance. Les décisions sont prises à la majorité absolue des suffrages par scrutin public ou secret (voix prépondérante du maire mais uniquement en cas de partage à l'occasion d'un vote public).

Un conseiller peut mandater un de ses collègues pour voter en son nom. Celui-ci ne peut être porteur que d'un seul mandat valable pour 3 séances.

Les réunions du conseil aboutissent à des délibérations constituant :

– soit ***des décisions*** : actes administratifs unilatéraux ;

– soit ***des avis*** : à la demande des autorités supérieures ou en application des textes ;

– soit ***des vœux*** : sur des questions concernant la commune.

Les actes pris par les autorités communales sont exécutoires de plein droit dès qu'il a été procédé à leur publication ou affichage ou à leur notification aux intéressés ainsi qu'à leur transmission au préfet ou à son délégué dans l'arrondissement.

3) Les groupes politiques

Dans les communes de plus de 100 000 habitants, les conseillers peuvent se constituer en groupes politiques. Ces groupes peuvent se voir affecter un local administratif (pour leur usage propre ou en commun) avec le matériel de bureau nécessaire ainsi que la prise en charge des frais de documentation, de courrier et de télécommunications. Une ou plusieurs personnes peuvent leur être affectées. Le plafond des dépenses ne doit pas excéder 30 % du montant total des indemnités versées chaque année aux membres du conseil municipal.

4) Les droits de l'opposition

Dans les communes de plus de 50 000 habitants, lorsque 1/6e de ses membres le demande, le conseil municipal délibère sur la création d'une mission d'information et d'évaluation chargée de recueillir des informations sur toute question d'intérêt communal ou intercommunal ou de procéder à l'évaluation d'un service public communal ou intercommunal.

Dans les communes de plus de 3 500 habitants qui diffusent un bulletin d'information générale sous quelque forme que ce soit (papier, site internet...), une place doit être réservée à l'expression des conseillers n'appartenant pas à la majorité.

D – Les attributions du conseil municipal

Le conseil municipal règle par ses délibérations les affaires de la commune et celles qui sont de sa compétence :

– l'élection du maire et des adjoints ;

– le contrôle de l'activité du maire ;

– le vote du budget communal ;

– l'établissement de la liste des emplois communaux ;

– l'administration des services communaux dont certains sont obligatoires : état civil, voirie, recensement... La création d'un service municipal facultatif à caractère commercial doit appartenir à un domaine relevant traditionnellement de la commune ou répondre à la satisfaction d'un besoin public auquel l'initiative privée ne pourvoit pas ou que partiellement. La gestion de ce service peut revêtir la forme :
  - d'une régie : la commune gère directement le service,
  - d'une concession : la commune cède le service à une entreprise privée sous certaines conditions,
  - d'une société d'économie mixte locale : la commune s'associe à des intérêts privés ;

– la gestion des biens et intérêts de la commune :
  - gérer le domaine de la commune,
  - autoriser le maire à conclure des contrats,
  - décider des actions à mener en justice,
  - statuer sur les travaux publics à effectuer,
  - établir le plan d'aménagement de la commune (constructions, alignement...),
  - approuver le plan d'occupation des sols (POS) élaboré sous la responsabilité du maire après concertation avec les communes voisines, le département, la région et l'État. Le POS prévoit l'utilisation des différentes parties du territoire communal en zones constructibles, industrielles, consacrées aux espaces verts... ;

– l'intervention en matière économique et sociale : la commune intervient dans ce domaine pour favoriser soit le développement ou le redressement d'entreprises en difficulté, soit le maintien de services nécessaires à la population en milieu rural. Ses interventions doivent respecter le principe de la liberté du commerce et de l'industrie, l'égalité et les dispositions du plan. Elles prennent la forme d'aides directes ou indirectes.

3 Le maire (et les adjoints) : organe exécutif

Le maire est l'organe exécutif de la commune. Il est assisté d'adjoints dont le nombre est fixé par le conseil municipal sans pouvoir excéder 30 % de son effectif. Dans les communes de 80 000 habitants et plus, la limite fixée peut donner lieu à dépassement en vue de la création de postes d'adjoints chargés principalement d'un ou plusieurs quartiers, sans toutefois que leur nombre n'excède 10 % de l'effectif légal du conseil municipal.

Le nom de municipalité donné au groupe formé par le maire et ses adjoints n'a qu'une faible valeur juridique ; en effet, l'exécutif de la commune est confié non à un collège mais à un homme : ***le maire***.

Les maires et les adjoints perçoivent des indemnités proportionnelles à la taille de la commune.

Les fonctions de maire sont incompatibles avec l'exercice d'une des fonctions exécutives locales suivantes : maire d'arrondissement, président de conseil général, président de conseil régional ou président du conseil exécutif de Corse.

A – L'élection du maire et des adjoints

L'élection a lieu à la 1re séance qui suit les élections du conseil municipal :

- ***élection du maire*** : le conseil municipal est présidé par le conseiller le plus âgé. L'élection a lieu au scrutin secret et à la majorité absolue des suffrages exprimés pour le 1er et le 2e tour, à la majorité relative pour le 3e. Le maire doit être âgé de 18 ans au moins ;
- ***élection des adjoints*** : le conseil municipal est présidé par le maire nouvellement élu. Les modalités de l'élection des adjoints sont les mêmes que pour celle du maire.

B – La durée du mandat

Le maire et les adjoints sont élus pour la même durée que le conseil municipal. Ce dernier ne peut mettre fin aux fonctions du maire. Si une nouvelle élection du maire doit avoir lieu, il faut procéder à une nouvelle élection des adjoints.

Le mandat du maire ou des adjoints peut prendre fin de façon anticipée :

- soit par décès ;
- soit par la survenance d'inéligibilités ou d'incompatibilités ;
- soit par démission envoyée au préfet. Celle-ci peut être refusée, mais elle devient définitive un mois après avoir été présentée une deuxième fois ;
- soit par révocation par décret en Conseil des ministres.

C – Les attributions du maire

Le maire a la double qualité d'organe exécutif de la commune et d'agent de l'État. Il dispose du pouvoir réglementaire au niveau local. Il peut prendre des arrêtés municipaux.

1) En tant qu'agent de la commune

Le maire est l'organe exécutif communal : il prépare et exécute les délibérations du conseil municipal – dont il préside les séances – sous contrôle de ce dernier :

- il élabore le budget communal ;
- il procède à l'ordonnancement des dépenses ;
- il conclut les marchés et contrats au nom de la commune. Il dirige les travaux communaux ;

– il désigne les membres du conseil municipal pour siéger au sein d'organismes extérieurs ;
– il représente la commune en justice ;
– il dirige les services communaux et contrôle les établissements publics communaux ;
– il a un pouvoir de réquisition ;
– il peut exercer les compétences déléguées par le conseil municipal.

Le maire a des attributions en propre :
– il est le chef hiérarchique des agents communaux ;
– il délivre les permis de construire si la commune a un plan d'occupation du sol (POS) ;
– Il est l'autorité de police municipale, sous le contrôle du préfet (dans de nombreuses communes, les attributions en matière de maintien de l'ordre sont transférées au préfet).

2) En tant qu'agent de l'État

Le maire est le représentant de l'État au niveau de la commune :
– il est officier de l'état civil : il célèbre les mariages et dirige le service de l'état civil ;
– il est officier de police judiciaire : il peut constater par procès-verbal les simples contraventions de police. Il reçoit les rapports, plaintes et dénonciations ;
– il délivre certificats et attestations relatifs à la situation de ses administrés, sous contrôle du préfet ;
– il participe à l'organisation des élections : établissement de la liste électorale et participation au déroulement des opérations électorales. Dans ce cadre, il agit comme auxiliaire du préfet ;
– il est chargé du recensement des jeunes ;
– il a compétence en matière de recrutement des jurés d'assises ;
– il est chargé de la publication et de l'exécution des lois et règlements dans la commune.

D – La délégation et la suppléance

1) La délégation

Le maire peut déléguer à ses adjoints (ou à des conseillers municipaux) une partie de ses fonctions. Il s'agit d'une délégation de signature consentie par le maire sous sa surveillance et sa responsabilité. Elle est prononcée par voie d'arrêté qui en précise les limites.

La délégation aux adjoints peut être retirée à tout moment par le maire. Ce retrait reste sans effet sur sa qualité d'adjoint.

2) La suppléance

En cas d'empêchement – décès, suspension, inéligibilité, révocation… – le maire est remplacé provisoirement par un adjoint (dans l'ordre des nominations).

4 Les compétences de la commune

Dans le cadre des différentes lois de décentralisation, la commune et le groupement de communes se voient attribuer de nombreuses compétences.

Domaines	Compétences de la commune
Urbanisme et transports	– Élaborer des plans locaux d'urbanisme et des schémas de cohérence territoriale. – Délivrer les permis de construire. – Créer, aménager, exploiter les ports de plaisance. – Créer, aménager, exploiter les ports de commerce et de pêche qui lui sont transférés. – Aménager, gérer tout port non autonome relevant de l'État (si la commune a demandé à en être propriétaire). – Aménager, entretenir, gérer les aérodromes civils (si la commune s'est portée candidate).
Action économique	– Participer au financement des aides directes aux entreprises dans le cadre d'une convention avec la région ou mettre en œuvre son propre régime d'aides après l'accord de la région. – Attribuer des aides indirectes aux entreprises (possibilité). – Instituer un office de tourisme (possibilité).
Enseignement	– Construire, entretenir, équiper les écoles publiques et en être propriétaire. – Intervenir dans la définition de la carte scolaire. – Créer, à titre expérimental pour 5 ans, des établissements publics locaux d'enseignement primaire (possibilité).
Culture	– Être responsable des bibliothèques de prêts, des conservatoires et des musées municipaux. – Organiser, financer l'enseignement artistique initial. – Devenir propriétaire de monuments classés ou inscrits appartenant à l'État ou au Centre des monuments nationaux (possibilité).
Logement	– Définir un programme local de l'habitat pour les communes au sein d'un EPCI. – Déléguer au maire ou au président d'un EPCI la gestion du contingent préfectoral (possibilité). – Participer à la construction, à l'entretien et à l'équipement du logement des étudiants (possibilité). – Lutter contre l'insalubrité (à titre expérimental).
Action sanitaire et sociale	– Action complémentaire à celle du département avec les centres communaux d'action sociale (CCAS). – Exercer des activités en matière de vaccination, de lutte contre la tuberculose, la lèpre, le sida et les infections sexuellement transmissibles (possibilité). – Gérer totalement ou partiellement le fonds d'aide aux jeunes (FAJ) (possibilité).

5 La démocratie locale

Les habitants de la commune ont le droit d'être informés des affaires de celle-ci et d'être consultés sur les décisions qui les concernent. Ce droit, indissociable de la libre administration des collectivités territoriales, est un principe essentiel de la démocratie locale.

A – L'information des citoyens

Les délibérations du conseil municipal doivent être affichées dans la huitaine qui suit la tenue du conseil municipal. L'affichage se fait à la porte de la mairie. Il permet d'informer les administrés des délibérations et des décisions adoptées par le conseil municipal. L'affichage doit être d'une durée raisonnable afin que les administrés puissent en prendre connaissance. La publication ou l'affichage peut également être réalisé, à titre complémentaire, sur support numérique.

Il existe des règles particulières de publicité pour certains documents administratifs comme les budgets et les comptes de la commune ou les actes relatifs à l'exploitation des services publics.

B – La participation des citoyens

1) Les commissions consultatives des services publics locaux

Les communes de plus de 10 000 habitants doivent créer une commission consultative des services publics locaux pour l'ensemble des services publics confiés à un tiers par convention de délégation de service public ou exploités en régie dotée de l'autonomie financière.

La commission, présidée par le maire, comprend des membres du conseil municipal désignés dans le respect du principe de la représentation proportionnelle, et des représentants d'associations locales nommés par le conseil municipal. Elle est obligatoirement consultée, pour avis préalable, par le conseil municipal sur tout projet de délégation de service public et tout projet de création d'une régie dotée de l'autonomie financière.

2) Les comités consultatifs sur tout problème d'intérêt communal

Le conseil municipal peut créer des comités consultatifs sur tout problème d'intérêt communal concernant tout ou partie du territoire de la commune. Ces comités comprennent des personnes qui peuvent ne pas appartenir au conseil municipal, notamment des représentants des associations locales. Chaque comité est présidé par un membre du conseil municipal désigné par le maire.

3) Les conseils de quartier

La création de conseils de quartier est obligatoire dans les communes de plus de 80 000 habitants et facultative dans les communes entre 20 000 et 79 999 habitants.

Le conseil municipal conserve toute liberté d'appréciation quant à la dénomination, la composition et le fonctionnement de ces conseils de quartier. Il détermine, par une délibération, le périmètre de chacun d'entre eux, tout le territoire de la commune devant être couvert par ce découpage. Il peut instituer des postes d'adjoints de quartier chargés d'un ou plusieurs quartiers sans que le nombre de ces derniers puisse excéder 10 % de l'effectif du conseil municipal. L'adjoint chargé de quartier est informé de toute question intéressant le ou les quartiers dont il a la charge. Il veille à l'information des habitants et favorise leur participation à la vie du quartier.

Les conseils de quartier ont un rôle consultatif et d'initiative, sans pouvoir de décision. Ils peuvent être consultés par le maire et peuvent lui faire des propositions sur toute question concernant le quartier et la ville. Le maire peut les associer à l'élaboration, à la mise en œuvre et à l'évaluation des actions intéressant le quartier, en particulier celles menées au titre de la politique de la ville.

4) Le droit de pétition

Dans une commune, un cinquième des électeurs inscrits sur les listes électorales peut demander à ce que soit inscrite à l'ordre du jour du conseil municipal l'organisation d'une consultation sur toute affaire relevant de sa compétence.

La décision d'organiser la consultation appartient au conseil municipal. Tous les électeurs inscrits, y compris les ressortissants d'un État membre de l'Union européenne, peuvent participer au vote. Ils font connaître par « *oui* » ou par « *non* » s'ils approuvent le projet de délibération ou d'acte qui leur est présenté. Après avoir pris connaissance du résultat de la consultation, le conseil municipal arrête sa décision sur l'affaire qui en a fait l'objet.

Une nouvelle consultation portant sur le même objet ne peut être organisée avant le délai d'un an à compter de la consultation.

5) Le référendum local

Les électeurs de la commune peuvent être appelés à intervenir, par la voie du référendum, dans certaines décisions du conseil municipal.

L'initiative du référendum local appartient :

- au conseil municipal pour tout projet de délibération tendant à régler une affaire de la compétence de la commune ;
- au maire pour tout projet d'acte relevant de ses attributions et après autorisation du conseil municipal.

La délibération d'organiser le référendum est transmise dans un délai maximum de 8 jours au préfet. Si celui-ci l'estime illégale, il dispose d'un délai de 10 jours à compter de sa réception pour en saisir le juge administratif et assortir sa demande de conclusions de suspension.

Le conseil municipal détermine les modalités de l'organisation du référendum local, fixe le jour du scrutin, qui ne peut intervenir moins de 2 mois après la transmission de la délibération au représentant de l'État, et convoque les électeurs.

Tous les électeurs inscrits, y compris les ressortissants d'un État membre de l'Union européenne, peuvent participer au vote. Ils font connaître par « *oui* » ou par « *non* » s'ils approuvent le projet de délibération ou d'acte qui leur est présenté.

Le projet soumis à référendum local est adopté si la moitié au moins des électeurs inscrits a pris part au scrutin et s'il réunit la majorité des suffrages exprimés.

L'organisation d'un référendum par une collectivité territoriale est interdite pendant les six mois précédant son renouvellement et pendant les campagnes électorales précédant des élections générales et des référendums nationaux.

6 La coopération intercommunale

A – Le syndicat de communes

Un syndicat de communes est un établissement public de coopération intercommunale (EPCI) créé, par arrêté préfectoral, après accord des communes concernées exprimé par 2/3 au moins des conseils municipaux des communes intéressées représentant plus de la moitié de la population totale de celles-ci, ou par la moitié au moins des conseils municipaux des communes représentant les 2/3 de la population. Cette majorité doit comprendre les conseils municipaux des communes dont la population est supérieure au quart de la population totale concernée.

La création d'un syndicat s'impose à toutes les communes concernées. L'admission ou le retrait d'une commune peut être refusé si plus du tiers des conseils municipaux y sont opposés.

Le syndicat de communes est administré par un comité syndical (organe délibérant) formé de délégués des communes. Sauf accord contraire, chaque commune désigne deux délégués ; ces délégués sont élus par le conseil municipal à la majorité absolue, pour la durée du mandat du conseil municipal. Le conseil municipal peut désigner un délégué qui ne soit pas lui-même un élu. Le comité syndical élit un président (organe exécutif).

Les compétences généralement exercées par le syndicat de communes, en lieu et place des communes membres, sont : l'eau (production, distribution), l'électrification, la gestion scolaire, le ramassage scolaire, l'assainissement, les ordures ménagères…

Il existe différents syndicats de communes :

- ***le syndicat intercommunal à vocation unique (SIVU)*** : il assure la gestion d'un service intercommunal : transports en commun, ramassage et traitement des ordures… ;
- ***le syndicat intercommunal à vocation multiple (SIVOM)*** : il assure la gestion de plusieurs services intercommunaux : adduction d'eau, assainissement, électrification… ;
- ***le syndicat à la carte*** : il permet à une commune de n'adhérer à un syndicat que pour une partie des compétences exercées par celui-ci ;
- ***le syndicat mixte*** : il est soit composé uniquement de communes et d'EPCI (syndicat mixte fermé), soit composé de collectivités territoriales, de groupements de collectivités territoriales ou de personnes privées comme les chambres de commerce et d'industrie, de métiers ou d'agriculture (syndicat mixte ouvert). Il ne constitue pas un EPCI, mais les règles juridiques qui lui sont applicables sont inspirées de celles des EPCI.

Le financement du syndicat de communes est assuré par :

- les taxes, redevances et contributions correspondant aux attributions transférées ;
- les revenus des biens ;

– les produits des dons et des legs ;

– des subventions de l'État.

B – La communauté de communes

La communauté de communes est un établissement public de coopération intercommunale (EPCI) regroupant plusieurs communes d'un seul tenant et sans enclave. Elle peut s'étendre sur un ou plusieurs départements. Elle est créée dans les mêmes conditions qu'un syndicat de communes. Aucune création ne peut intervenir sans l'accord des communes dont la population est supérieure au quart de la population totale des communes concernées.

La communauté de communes est administrée par un conseil de la communauté de communes (organe délibérant) composé de délégués élus des conseils municipaux adhérents. Le nombre et la répartition des sièges au sein du conseil de la communauté de communes sont fixés par les communes concernées en fonction de la population de chaque commune (chaque commune a droit à un siège au moins et aucune commune ne peut détenir à elle seule la majorité des sièges). Les délégués sont élus par le conseil municipal à la majorité absolue, pour la durée du mandat du conseil municipal. Le conseil élit un président (organe exécutif).

La communauté de communes exerce de plein droit, en lieu et place des communes membres, les compétences suivantes :

– 2 compétences obligatoires :
  - l'aménagement de l'espace,
  - les actions de développement économique intéressant l'ensemble de la communauté ;

– au moins une des compétences facultatives suivantes :
  - la protection et la mise en valeur de l'environnement,
  - la politique du logement et du cadre de vie,
  - la création, l'aménagement et l'entretien de la voirie, la construction, le fonctionnement et l'entretien d'équipements sportifs et culturels et d'enseignement préélémentaire et élémentaire.

Le financement de la communauté de communes est assuré par une fiscalité propre, additionnelle aux quatre taxes locales ce qui lui permet de bénéficier de la dotation globale de fonctionnement (DGF) et de la dotation globale d'équipement (DGE). La communauté peut se doter d'une taxe professionnelle unique ou de zone. Elle bénéficie de la taxe versement transport si cette compétence a été transférée.

C – La communauté urbaine

La communauté urbaine est un établissement public de coopération intercommunale (EPCI) regroupant plusieurs communes d'un seul tenant et sans enclave, formant, à la date de sa création, un ensemble de plus de 500 000 habitants. Elle peut s'étendre sur un ou plusieurs départements. Elle est créée dans les mêmes conditions qu'un syndicat de communes, sous réserve que la majorité requise comprenne le conseil municipal de la commune dont la population est supérieure à la moitié de la population totale concernée ou, à défaut, de la commune dont la population est la plus importante.

La communauté urbaine est administrée par un conseil de la communauté urbaine (organe délibérant) composé de délégués élus des conseils municipaux adhérents. Le nombre de délégués et la répartition des sièges se fait soit par accord amiable de l'ensemble des conseillers municipaux, soit selon les modalités fixées par la loi (chaque commune dispose d'au moins un délégué et la représentation des communes doit être proportionnelle au nombre de ses habitants). Les délégués sont élus par le conseil municipal à la majorité absolue, pour la durée du mandat du conseil municipal. Le conseil élit un président (organe exécutif).

La communauté urbaine exerce de plein droit, en lieu et place des communes membres, les compétences suivantes :

– le développement et l'aménagement économique, social et culturel de l'espace communautaire ;

– l'aménagement de l'espace communautaire ;

– l'équilibre social de l'habitat sur le territoire communautaire ;

– la politique de la ville dans la communauté ;

– la gestion des services d'intérêt collectif ;

– la protection et la mise en valeur de l'environnement et la politique du cadre de vie.

D'autres attributions peuvent lui être transférées.

Le financement de la communauté urbaine est assuré par :

– les taxes, redevances et contributions correspondant aux attributions transférées ;

– une fiscalité propre, additionnelle aux quatre taxes locales ce qui lui permet de bénéficier de la dotation globale de fonctionnement (DGF).

D – La communauté d'agglomération

La communauté d'agglomération est un établissement public de coopération intercommunale (EPCI) regroupant plusieurs communes formant un ensemble de plus de 50 000 habitants d'un seul tenant et sans enclave, autour d'une ou plusieurs communes centres de 15 000 habitants. Ce seuil géographique de 15 000 habitants ne s'applique pas lorsque la communauté d'agglomération comprend le chef lieu de département. Elle est créée dans les mêmes conditions qu'une communauté urbaine. Aucune création ne peut intervenir sans l'accord de la commune dont la population est supérieure à la moitié de la population totale des communes concernées, ou, à défaut, de la commune dont la population est la plus importante.

Ces communes s'associent au sein d'un espace de solidarité en vue d'élaborer et de conduire ensemble un projet commun de développement urbain et d'aménagement de leur territoire.

La communauté d'agglomération est administrée par un conseil de la communauté d'agglomération (organe délibérant) composé de délégués élus des conseils municipaux adhérents. Le nombre et la répartition des sièges au sein du conseil de la communauté de communes sont fixés par les communes concernées en fonction de la population de chaque commune (chaque commune a droit à un siège au moins et aucune commune ne peut détenir à elle seule la majorité des sièges). Les délégués sont élus par le conseil municipal à la majorité absolue, pour la durée du mandat du conseil municipal. Le conseil élit un président (organe exécutif).

La communauté d'agglomération exerce de plein droit, en lieu et place des communes membres, les compétences suivantes :

– 4 compétences obligatoires :
  - le développement économique,
  - l'aménagement de l'espace communautaire,
  - l'équilibre social de l'habitat sur le territoire communautaire,
  - la politique de la ville dans la communauté ;

– au moins 3 autres compétences parmi les 5 compétences facultatives suivantes :
  - la création, l'aménagement et l'entretien de voirie d'intérêt communautaire,
  - l'assainissement,
  - l'eau,
  - la protection et la mise en valeur de l'environnement et du cadre de vie,
  - la construction, l'aménagement, l'entretien et la gestion d'équipements culturels et sportifs d'intérêt communautaire.

Le financement de la communauté de villes est assuré par la perception de la taxe professionnelle en place et lieu des communes membres et d'une taxe unique d'agglomération.

Le département

Chapitre **10**

1 Généralités

Le département est une collectivité territoriale décentralisée. Elle est formée d'un territoire et d'une population administrée par :

– ***un organe délibératif*** : le conseil général ;

– ***un organe exécutif*** : le président du conseil général.

Le département est aussi une circonscription administrative pour la gestion de certains services de l'État. Elle a à sa tête un représentant de l'État : le préfet.

La France compte 96 départements en métropole et 4 départements d'outre-mer (DOM). D'ici 2010, Mayotte, en devenant un DOM, devrait être le 101e département français.

Les subdivisions territoriales du département sont :

– ***l'arrondissement*** : c'est une circonscription territoriale non personnalisée. Elle sert de siège à certaines administrations : ingénieur des Ponts et Chaussées, inspecteur primaire de l'Éducation nationale, receveur des finances… Le représentant de l'État est le sous-préfet. Chaque département est divisé en plusieurs arrondissements ;

– ***le canton*** : chaque arrondissement est divisé en plusieurs cantons. Ce sont des circonscriptions secondaires sans personnalité juridique ni organes propres. Ils servent de circonscription électorale pour l'élection des conseillers généraux et de circonscription administrative pour certains services : gendarmerie, services fiscaux…

2 Le conseil général : organe délibératif

A – La composition et l'élection du conseil général

Le conseil général comprend autant de conseillers généraux qu'il y a de cantons dans le département. Il se renouvelle par moitié tous les 3 ans.

Pour être éligible, il faut :

– ***être de nationalité française*** ;

- *avoir 18 ans* révolus ;
- *jouir de ses droits civils et politiques* ;
- *justifier d'un lien avec le département* : être domicilié dans le département ou être inscrit au rôle des contributions. Les 3/4 du conseil général doivent être composés de conseillers domiciliés dans le département.

Sont inéligibles certains fonctionnaires (préfets, inspecteurs d'académie, ingénieurs, magistrats...) dans le ressort où s'exercent leurs compétences.

Des incompatibilités existent avec le mandat de conseiller général :

- on ne peut être membre de plus d'un conseil général (sauf les membres du Conseil de Paris) ;
- on ne peut cumuler plus de deux des mandats électoraux suivants : conseiller municipal, conseiller de Paris, conseiller général, conseiller régional, conseiller à l'assemblée de Corse.

Les conseillers généraux sont élus pour 6 ans au suffrage universel direct au scrutin uninominal majoritaire à 2 tours. Au 1er tour, est élu le candidat qui obtient la majorité absolue des suffrages exprimés. Le nombre de ses voix doit, au moins, être égal au 1/4 des électeurs inscrits. Au 2e tour, est élu le candidat qui obtient la majorité absolue. Ne peuvent se maintenir pour le second tour que les candidats ayant obtenu 10 % au moins des inscrits.

Tout contentieux électoral relève de la compétence des tribunaux administratifs.

Les conseillers généraux perçoivent des indemnités proportionnelles à la taille du département.

B – Le fonctionnement du conseil général

1) Les réunions

Le conseil général est convoqué et présidé par le président du conseil au moins une fois par trimestre. Il peut être réuni :

- soit à la demande de la commission permanente ;
- soit à la demande du 1/3 des membres du conseil (pour un ordre du jour déterminé et pour une durée maximum de 2 jours) ;
- soit par décret en cas de circonstances exceptionnelles.

Il se réunit aussi de plein droit après chaque renouvellement triennal (réunion le second vendredi qui suit le 1er tour de scrutin). Cette réunion est consacrée à l'élection du président et du bureau du conseil général. Les séances du conseil sont publiques. Le conseil peut décider de siéger en comité secret.

2) Les délibérations

Le conseil général ne peut délibérer que si la majorité absolue des conseillers en exercice est présente (présence des 2/3 des conseillers en cas de réunion de plein droit). Les décisions sont prises à la majorité des suffrages exprimés. La voix du président est prépondérante en cas de partage égal de voix.

Un conseiller peut, pour une réunion, donner délégation à un autre conseiller (une seule délégation par conseiller).

Les délibérations du Conseil général constituent – comme pour le conseil municipal – des décisions ou des avis sur tous les objets sur lesquels il est consulté en vertu des lois et règlements.

Les actes pris par les autorités départementales sont exécutoires de plein droit dès qu'il a été procédé à leur publication ou affichage ou à leur notification aux intéressés ainsi qu'à leur transmission au représentant de l'État dans le département.

3) Les commissions

Pour aider aux travaux du conseil général, les conseillers généraux se répartissent en commissions où ils étudient et expertisent les dossiers qui seront ensuite débattus lors des assemblées plénières.

Aucun texte de loi ne régit ces commissions, tant dans leur nombre que dans leur existence. Le conseil général les instaure donc en fonction de ses besoins. Certaines commissions sont généralement permanentes comme celles des affaires sociales, des affaires économiques, de l'éducation ou des finances. D'autres commisions sont créées à l'occasion d'un besoin spécifique.

4) La représentation au sein d'organismes extérieurs

Le président du conseil général désigne les conseillers généraux appelés à siéger au sein d'organismes extérieurs dans les cas et conditions prévus par les dispositions régissant ces organismes.

5) Les groupes politiques

Les conseillers généraux peuvent se constituer en groupes politiques au sein du conseil général. Ces groupes peuvent se voir affecter, par le conseil général, d'un local administratif avec le matériel de bureau nécessaire ainsi que la prise en charge des frais de documentation, de courrier et de télécommunications. Le plafond des dépenses ne doit pas excéder 30 % du montant total des indemnités versées chaque année aux membres du conseil général.

Lorsque le département diffuse un bulletin d'information générale sur les réalisations et la gestion du conseil général, un espace est réservé à l'expression des groupes d'élus.

C – Les attributions du conseil général

Le conseil général procède à l'élection du président et de la commission permanente. Il contrôle l'activité du président du conseil.

Il règle par ses délibérations les affaires du département et celles qui sont de sa compétence :

- le vote du budget ;
- la gestion des biens et intérêts départementaux ;
- la création et l'organisation des services départementaux ;
- l'entretien du réseau des routes départementales ;
- les transports : le financement et l'organisation des transports scolaires, l'exploitation des ports maritimes de commerce et de pêche, l'établissement du plan départemental des transports (services réguliers non urbains de transports de personnes) ;
- l'éducation : la construction, l'équipement, l'entretien et le fonctionnement des collèges ;

- l'action sanitaire et sociale : la prise en charge de certaines aides sociales, la protection maternelle et infantile, la lutte contre les fléaux sociaux, les vaccinations, le service de l'aide sociale à l'enfance, le service départemental d'aide sociale... ;
- l'aménagement, le patrimoine et l'action culturelle : le plan départemental de promenades et de randonnées, les bibliothèques de prêts, la conservation des archives départementales... ;
- l'intervention en matière économique et sociale (dans les mêmes limites que pour la commune).

Le conseil général est aussi consulté pour avis par l'État ou la région, dans toute une série de domaines : l'urbanisme, la répartition des aides au logement, la création et l'aménagement des lycées et établissements professionnels, l'administration de l'État dans le département...

Les conseillers généraux ont droit d'exposer en séance des questions orales ayant trait aux affaires du département.

3 Le président du conseil général : organe exécutif

Le président du conseil général est l'organe exécutif du département. Il est assisté d'une commission permanente.

A – L'élection du président du conseil général

L'élection du président a lieu après chaque renouvellement triennal du conseil. Pour cette élection, le conseil général est réuni de plein droit et il est présidé par le conseiller le plus âgé pour l'élection du président. Il ne peut dans ce cas délibérer que si les deux tiers de ses membres sont présents. Si cette condition n'est pas remplie, il se réunit de plein droit 3 jours plus tard sans condition de quorum.

Le président est élu pour une durée de trois ans à la majorité absolue des membres du conseil pour le 1er et le 2e tour, à la majorité relative pour le 3e tour. En cas d'égalité de voix, l'élection est acquise au bénéfice de l'âge.

Les fonctions de président de conseil général sont incompatibles avec l'exercice d'une des fonctions exécutives locales suivantes : maire (quelle que soit la taille de la commune), maire d'arrondissement, président de conseil régional ou président du conseil exécutif de Corse.

B – L'élection de la commission permanente

Le conseil général, présidé par le président nouvellement élu, élit les membres de la commission permanente. Elle est composée du président du conseil général, de 4 à 15 vice-présidents, sous réserve que le nombre de ceux-ci ne soit pas supérieur à 30 % de l'effectif du conseil général, et éventuellement d'un ou plusieurs autres membres.

Les vice-présidents et les autres membres de la commission sont soit désignés par accord général entre les groupes politiques s'il n'y a qu'une candidature par poste, soit élus au scrutin de liste à la représentation proportionnelle à la plus forte moyenne, sans panachage ni vote préférentiel.

La durée du mandat est la même que celle du président du conseil général.

Après la répartition des sièges, le conseil général procède à l'affectation des élus à chacun des postes de la commission au scrutin uninominal dans les mêmes conditions et pour la même durée que pour l'élection du président du conseil général. Il détermine aussi l'ordre de leur nomination.

C – Les attributions du président du conseil général

Le président du conseil est l'organe exécutif du département. Il prépare et exécute les délibérations du conseil général – dont il préside les séances – sous le contrôle de ce dernier :

– il élabore le budget départemental et le soumet au vote du conseil ;

– il procède à l'ordonnancement des dépenses ;

– il représente le département en justice ;

– il gère le domaine départemental et exerce le pouvoir de police inhérent à cette gestion ;

– il conclut les marchés et contrats au nom du département ;

– il est le chef des services départementaux.

Il peut déléguer certaines de ses fonctions à des vice-présidents.

Le président, pour permettre au conseil général d'exercer son contrôle, doit :

– adresser aux conseillers généraux, douze jours au moins avant la réunion du conseil général, un rapport sur chacune des affaires soumises au conseil ;

– rendre compte, chaque année, au conseil général par un rapport spécial de la situation du département, de l'activité et du financement des différents services du département et des organismes dépendant de lui, de l'état d'exécution des délibérations du conseil et de la situation financière du département.

Les services de la préfecture nécessaires à la préparation et à l'exécution des délibérations du conseil général sont placés sous l'autorité du président du conseil général.

D – Les attributions de la commission permanente

La commission permanente est présidée par le président du conseil général. Elle exerce, entre les sessions, les attributions que le conseil général lui a délégué à l'exception du budget et l'arrêté des comptes. Elle cesse ses fonctions à l'ouverture de chaque réunion du conseil général et après chaque renouvellement triennal.

E – Le bureau du conseil général

Le bureau du conseil général est formé du président du conseil général et des membres de la commission permanente ayant reçu délégation du président du conseil général. Tous les vice-présidents ne sont pas obligatoirement membres du bureau car le président du conseil général n'est pas tenu de déléguer une partie de ses attributions à chacun d'eux.

Le bureau est un organe exécutif pour les seules attributions déléguées par le président du conseil général.

4 Les compétences du département

Dans le cadre des différentes lois de décentralisation, le département se voit attribuer de nombreuses compétences.

Domaines	Compétences du département
Aménagement de l'espace, équipement	– Donner un avis lors de l'élaboration du schéma régional d'aménagement et de développement du territoire (SRADT) par la région. – Entretenir, investir dans la voirie départementale et gérer une partie des routes nationales (environ 18 000 kms, soit 60 % du réseau des routes nationales). – Organiser les transports routiers non urbains de personnes et les transports scolaires hors du périmètre urbain. – Créer, aménager, exploiter les ports maritimes de commerce et de pêche. – Élaborer un programme d'aide à l'équipement rural. – Protéger, gérer, ouvrir au public des espaces naturels sensibles boisés ou non. – Aménager, entretenir, gérer les aérodromes civils (si le département s'est porté candidat). – Aménager, gérer tout port non autonome relevant de l'État (si le département a demandé à en être propriétaire).
Action économique	– Participer au financement des aides directes aux entreprises dans le cadre d'une convention avec la région ou mettre en œuvre son propre régime d'aides après l'accord de la région. – Attribuer des aides indirectes aux entreprises.
Enseignement	– Entretenir, équiper, financer les collèges et en être propriétaire. – Définir les secteurs de recrutement des collèges après avis du conseil départemental de l'Éducation nationale. – Recruter, gérer les personnels techniciens, ouvriers et de service (TOS) des collèges.
Culture	– Être responsable des bibliothèques centrales de prêt. – Gérer, entretenir les archives et les musées départementaux. – Élaborer un schéma départemental de développement des enseignements artistiques dans les domaines de la musique, de la danse et de l'art dramatique. – Gérer, à titre expérimental pour 4 ans, les crédits d'entretien et de restauration du patrimoine classé ou inscrit n'appartenant pas à l'État ou à ses établissements publics. – Devenir propriétaire de monuments classés ou inscrits appartenant à l'État ou au Centre des monuments nationaux (possibilité).
Logement	– Créer un fonds de solidarité pour le logement.
Action sanitaire et sociale	– Définir et mettre en œuvre la politique d'action sociale. – Prendre en charge, sauf exception, l'ensemble des prestations d'aide sociale : aide sociale à l'enfance, aide aux personnes âgées ou aux handicapés, insertion sociale et professionnelle (gestion du RMI-RMA). – Prendre en charge la protection sanitaire de la famille et de l'enfance. – Exercer des activités en matière de vaccination, de lutte contre la tuberculose, la lèpre, le sida et les infections sexuellement transmissibles (possibilité). – Créer un fonds d'aide aux jeunes (FAJ), financement et gestion. – Mettre en œuvre, pour partie et à titre expérimental pour 5 ans dans certains départements, la politique de protection judiciaire de la jeunesse.

5 La démocratie locale

A – Le droit de pétition

Dans un département, un dixième des électeurs inscrits sur les listes électorales peuvent demander à ce que soit inscrite à l'ordre du jour du conseil général l'organisation d'une consultation sur toute affaire relevant de sa compétence.

La décision d'organiser la consultation appartient au conseil général. Tous les électeurs inscrits peuvent participer au vote. Ils font connaître par « *oui* » ou par « *non* » s'ils approuvent le projet de délibération ou d'acte qui leur est présenté. Après avoir pris connaissance du résultat de la consultation, le conseil général arrête sa décision sur l'affaire qui en a fait l'objet.

Une nouvelle consultation portant sur le même objet ne peut être organisée avant le délai d'un an à compter de la consultation.

B – Le référendum local

Les électeurs du département peuvent être appelés à intervenir, par la voie du référendum, dans certaines décisions du conseil général.

L'initiative du référendum local appartient soit au conseil général pour tout projet de délibération tendant à régler une affaire de la compétence du département, soit au président du conseil général pour tout projet d'acte relevant de ses attributions et après autorisation du conseil général.

La délibération d'organiser le référendum est transmise dans un délai maximum de 8 jours au préfet. Si celui-ci l'estime illégale, il dispose d'un délai de 10 jours à compter de sa réception pour en saisir le juge administratif et assortir sa demande de conclusions de suspension. Le préfet la notifie dans un délai de 15 jours aux maires des communes dans le ressort de la collectivité, sauf s'il a été fait droit à sa demande de suspension. Les maires organisent le scrutin.

Le conseil général détermine les modalités de l'organisation du référendum local, fixe le jour du scrutin, qui ne peut intervenir moins de 2 mois après la transmission de la délibération au représentant de l'État, et convoque les électeurs.

Tous les électeurs inscrits peuvent participer au vote. Les électeurs font connaître par « *oui* » ou par « *non* » s'ils approuvent le projet de délibération ou d'acte qui leur est présenté.

Le projet soumis à référendum local est adopté si la moitié au moins des électeurs inscrits a pris part au scrutin et s'il réunit la majorité des suffrages exprimés.

L'organisation d'un référendum par une collectivité territoriale est interdite pendant les 6 mois précédant son renouvellement et pendant les campagnes électorales précédant des élections générales et des référendums nationaux.

6 Le préfet

Le préfet est nommé par décret du président de la République pris en Conseil des ministres. Il est placé sous l'autorité du ministre de l'Intérieur.

Dans l'accomplissement de sa mission, il est assisté :

– d'un chef de cabinet (ou directeur de cabinet) : il est le collaborateur direct du préfet ;
– d'un secrétaire général : il dirige les services administratifs de la préfecture et assure l'intérim en cas d'absence du préfet ;
– de sous-préfets au niveau des arrondissements.

Les bureaux de la préfecture regroupent les services traitant les affaires relevant de l'État.

Les attributions du préfet sont fonction de ses différents rôles :

– ***attributions en tant que représentant de l'État*** : il est le dépositaire de l'autorité de l'État : il passe les contrats engageant l'État ; il représente l'État en justice et auprès des entreprises bénéficiant d'un concours financier public... ;
– ***attributions en tant que délégué du Gouvernement*** : il est le représentant direct du Premier ministre et de chacun des ministres :
  • il dirige – sous leur autorité – la plupart des services extérieurs des ministères (sauf ceux de l'éducation nationale, de l'inspection du travail, des services financiers et fiscaux et des organismes juridictionnels). Il a un rôle d'information auprès des communes, du conseil général...,
  • il informe le Gouvernement de l'évolution de l'opinion publique dans son département (rôle politique) ;
– ***attributions en tant qu'organisme d'administration générale*** :
  • il est responsable du maintien de l'ordre (police administrative),
  • il est officier de police judiciaire,
  • il exerce un contrôle administratif *a posteriori* sur les collectivités territoriales et collabore avec leurs représentants.

Les actes du préfet prennent la forme d'arrêtés préfectoraux individuels (nomination, autorisation) ou réglementaires (police administrative). Certains sont soumis à l'approbation hiérarchique du ministre concerné (l'approbation est tacite si non-réponse dans les deux mois après communication de l'arrêté).

Il agit en liaison avec les organes du département. Par accord du président du conseil général et du préfet, celui-ci est entendu par le conseil général. En outre, sur demande du Premier ministre, le préfet est entendu par le conseil général.

Chaque année, le préfet informe le conseil général, par un rapport spécial, de l'activité des services de l'État dans le département. Ce rapport spécial donne lieu, éventuellement, à un débat en présence du représentant de l'État.

La région

Chapitre
11

1 Généralités

La région est une collectivité territoriale décentralisée. Elle est formée d'un territoire et d'une population administrée par :

– ***un organe délibératif*** : le conseil régional ;

– ***un organe exécutif*** : le président du conseil régional ;

– ***un organe consultatif*** : le conseil économique et social régional.

La région est aussi une circonscription administrative pour la gestion de certains services de l'État. Elle a à sa tête un représentant de l'État : le préfet de région.

La France compte 22 régions en métropole et 4 régions d'outre-mer.

2 Le conseil régional : organe délibératif

A – La composition et l'élection du conseil régional

Le conseil régional est composé de conseillers régionaux dont le nombre est fixé par la loi ainsi que la répartition des sièges à pourvoir entre les départements de la région.

Pour être éligible, il faut :

– ***être de nationalité française*** ;

– ***avoir 18 ans*** révolus ;

– ***jouir de ses droits civils et politiques*** ;

– ***justifier d'un lien avec la région*** : être domicilié dans la région ou être inscrit au rôle des contributions.

Sont inéligibles certains fonctionnaires (préfets, inspecteurs d'académie, ingénieurs, magistrats...) dans le ressort où s'exercent leurs compétences.

Des incompatibilités existent avec le mandat de conseiller général :

– on ne peut être membre de plus d'un conseil régional ;

- on ne peut cumuler plus de deux des mandats électoraux suivants : conseiller municipal, conseiller de Paris, conseiller général, conseiller régional, conseiller à l'assemblée de Corse.

Les conditions d'éligibilité et les incompatibilités sont analogues à celles qui sont définies pour l'élection du conseil général.

Les conseillers régionaux sont élus pour 6 ans, dans chaque région au scrutin de liste à deux tours sans adjonction ni suppression de noms et sans modification de l'ordre de présentation. Chaque liste est constituée d'autant de sections qu'il y a de départements dans la région. Chaque section départementale comptera un nombre de candidats égal au nombre de conseillers régionaux fixé par le Code électoral pour faire partie du collège électoral sénatorial de chaque département, augmenté de deux afin de pourvoir aux vacances survenant en cours de mandat.

Chaque électeur, en votant, vote pour l'ensemble d'une liste et non pour les candidats de la section correspondant à son département au sein de cette liste.

Si aucune liste n'a obtenu la majorité absolue, un 2e tour est organisé. Seules les listes ayant obtenu plus de 10 % des suffrages exprimés peuvent se maintenir. Elles peuvent être modifiées pour comprendre des candidats ayant figuré sur des listes ayant obtenu au moins 5 % des suffrages exprimés.

La liste qui obtient la majorité absolue des suffrages exprimés au 1er tour ou qui obtient le plus grand nombre de voix au 2e tour se voit attribuer un nombre de sièges égal au quart du nombre des sièges à pourvoir arrondi à l'unité supérieure. Le reste des sièges à pourvoir est réparti entre toutes les listes – ayant obtenu plus de 5 % des suffrages exprimés – à la représentation proportionnelle à la plus forte moyenne. Les sièges attribués à chaque liste sont répartis entre les sections départementales qui la composent au prorata des voix obtenues par la liste dans chaque département. Cette attribution opérée, les sièges restant à attribuer sont répartis entre les sections départementales selon la règle de la plus forte moyenne.

Les élections au conseil régional peuvent être contestées dans les 10 jours suivant la proclamation des résultats par tout candidat ou tout électeur de la région devant le Conseil d'État statuant au contentieux. Le même droit est ouvert au préfet de région.

B – Le fonctionnement du conseil régional

1) Les réunions

Le conseil régional est convoqué et présidé par le président du conseil au moins une fois par trimestre. Il peut être réuni :

- soit à la demande de la commission permanente ;
- soit à la demande du 1/3 des membres du conseil (pour un ordre du jour déterminé et pour une durée maximum de 2 jours) ;
- soit par décret en cas de circonstances exceptionnelles.

Il se réunit aussi de plein droit le premier vendredi qui suit son élection. Cette réunion est consacrée à l'élection du président du conseil régional et de la commission permanente.

Les séances du conseil sont publiques. Le conseil peut décider de siéger en comité secret.

2) Les délibérations

Le conseil régional ne peut délibérer que si la majorité absolue des conseillers en exercice est présente (présence des 2/3 des conseillers en cas de réunion de plein droit). Les décisions sont prises à la majorité des suffrages exprimés. En cas de partage égal des voix, la voix du président est prépondérante.

Une particularité concerne l'adoption du budget. En l'absence de quorum ou de majorité, le budget est considéré comme adopté si aucune motion de renvoi assortie d'un projet de budget alternatif n'est votée à la majorité absolue.

Un conseiller régional peut, pour une réunion, donner délégation à un autre conseiller (une seule délégation par conseiller).

Les délibérations du Conseil régional constituent – comme pour le conseil général – des décisions ou des avis sur tous les objets sur lesquels il est consulté en vertu des lois et règlements.

Les actes pris par les autorités régionales sont exécutoires de plein droit dès qu'il a été procédé à leur publication ou affichage ou à leur notification aux intéressés ainsi qu'à leur transmission au représentant de l'État dans la région.

3) Les commissions

Pour aider aux travaux du conseil régional, les conseillers régionaux se répartissent en commissions où ils étudient et expertisent les dossiers qui seront ensuite débattus lors des assemblées plénières.

Aucun texte de loi ne régit ces commissions, tant dans leur nombre que dans leur existence. Le Conseil régional les instaure donc en fonction de ses besoins.

Certaines commissions sont généralement permanentes comme celles des finances et du plan, de la formation professionnelle et de l'apprentissage, des lycées, de l'enseignement supérieur et de la recherche, des transports, du développement économique et de l'emploi, de l'environnement, des sports, des loisirs et du tourisme... L'intitulé des commissions peut changer d'un conseil régional à l'autre. D'autres commisions sont créées à l'occasion d'un besoin spécifique.

4) La représentation au sein d'organismes extérieurs

Le conseil régional désigne aussi ses membres appelés à siéger au sein d'organismes extérieurs dans les cas et conditions prévus par les dispositions régissant ces organismes.

5) Les groupes politiques

Les conseillers régionaux peuvent se constituer en groupes politiques au sein du conseil régional. Ces groupes peuvent se voir affecter, par le conseil régional, d'un local administratif avec le matériel de bureau nécessaire ainsi que la prise en charge des frais de documentation, de courrier et de télécommunications. Le plafond des dépenses ne doit pas excéder 30 % du montant total des indemnités versées chaque année aux membres du conseil régional.

Lorsque la région diffuse un bulletin d'information générale sur les réalisations et la gestion du conseil régional, un espace est réservé à l'expression des groupes d'élus.

C – Les attributions du conseil régional

Le conseil régional procède à l'élection du président et de la commission permanente et contrôle leurs activités.

Il règle par ses délibérations les affaires de la région et celles qui sont de sa compétence. D'une façon générale, il a compétence pour :

- promouvoir le développement économique, social, sanitaire, culturel et scientifique de la région et de l'aménagement du territoire ;
- assurer la préservation de son identité dans le respect de l'intégrité de l'autonomie et des attributions des départements et communes.

Il peut engager aussi des actions complémentaires de celles de l'État et des autres collectivités territoriales ou passer des conventions avec eux pour mener ensemble des actions de leur compétence.

Le conseil régional intervient principalement dans les domaines suivants :

- le vote du budget ;
- la planification régionale :
  - établir des programmes de développement économique, social et culturel dans le cadre du plan quinquennal national,
  - passer des contrats avec l'État pour la réalisation et le financement d'objectifs communs ;
- l'aménagement du territoire :
  - attributions des primes régionales à la création d'entreprise et/ou d'emploi,
  - interventions en matière économique et sociale (dans les mêmes limites que pour la commune ou le département). La région peut créer ou participer au capital de sociétés de développement régional,
  - établissement du plan régional des transports des services non urbains de transport de personnes d'intérêt régional, de convention avec la SNCF...,
  - création, aménagement et exploitation de canaux et ports fluviaux,
  - réaliser des études concernant le développement régional et émettre des propositions dans le but de coordonner les investissements des collectivités publiques,
  - l'État, les départements ou communes peuvent lui transférer certaines de leurs attributions intéressant le développement régional ;
- la formation :
  - mise en œuvre des actions d'apprentissage et de formation professionnelle,
  - construction, équipement, entretien et fonctionnement des lycées et établissement d'éducation spéciale.

Le conseil régional est aussi consulté pour avis concernant :

- l'élaboration du plan national et sur tout problème de développement et d'aménagement de la région. Le conseil régional participe à l'élaboration du plan national par l'intermédiaire de ses représentants à la commission nationale de planification ;

– l'utilisation des crédits de l'État destinés aux investissements régionaux et départementaux ;
– l'octroi par divers organismes nationaux de prêts sollicités par des collectivités de la région destinés à financer leurs investissements.

Les conseillers régionaux ont droit d'exposer en séance des questions orales ayant trait aux affaires de la région.

3 Le président du conseil régional : organe exécutif

Le président du conseil régional est l'organe exécutif de la région. Il est assisté d'une commission permanente composée par ses vice-présidents et éventuellement par d'autres membres élus par le conseil régional.

A – L'élection du président du conseil régional

L'élection du président a lieu après chaque renouvellement du conseil. Pour cette élection, le conseil est réuni de plein droit et il est présidé par le conseiller le plus âgé pour l'élection du président. Il ne peut dans ce cas délibérer que si les deux tiers de ses membres sont présents. Si cette condition n'est pas remplie, il se réunit de plein droit 3 jours plus tard sans condition de quorum.

Tout candidat doit remettre aux membres du conseil régional une déclaration écrite présentant les grandes orientations politiques, économiques et sociales de son action pour la durée de son mandat.

Le président est élu pour 6 ans à la majorité absolue des membres du conseil pour le 1er et le 2e tour, à la majorité relative pour le 3e tour. En cas d'égalité de voix, l'élection est acquise au bénéfice de l'âge.

Les fonctions de président de conseil régional sont incompatibles avec l'exercice d'une des fonctions exécutives locales suivantes : maire (quelle que soit la taille de la commune), président de conseil général.

B – L'élection de la commission permanente

Le conseil régional, présidé par le président nouvellement élu, élit les membres de la commission permanente. Elle est composée du président du conseil régional, de quatre à quinze vice-présidents, sous réserve que le nombre de ceux-ci ne soit pas supérieur à 30 % de l'effectif du conseil régional, et éventuellement d'un ou plusieurs autres membres.

Les vice-présidents et les autres membres de la commission sont soit désignés par accord général entre les groupes politiques s'il n'y a qu'une candidature par poste, soit élus au scrutin de liste à la représentation proportionnelle à la plus forte moyenne, sans panachage ni vote préférentiel.

La durée du mandat est la même que celle du président du conseil régional.

Après la répartition des sièges, le conseil régional procède à l'affectation des élus à chacun des postes de la commission au scrutin uninominal dans les mêmes conditions et pour la même durée que pour l'élection du président du conseil régional. Il détermine aussi l'ordre de leur nomination.

C – Les attributions du président du conseil régional

Le président du conseil régional est l'organe exécutif de la région. Il prépare et exécute les délibérations du conseil régional – dont il préside les séances – sous le contrôle de ce dernier :

- il élabore le budget de la région et le soumet au vote du conseil ;
- il procède à l'ordonnancement des dépenses ;
- il représente la région en justice ;
- il gère le domaine régional (à l'exception des attributions de police attachées à la gestion du domaine départemental) ;
- il conclut les marchés et contrats au nom de la région ;
- il est le chef des services régionaux.

Il peut déléguer certaines de ses fonctions à des vice-présidents.

Le président, pour permettre au conseil régional d'exercer son contrôle, doit :

- adresser aux conseillers régionaux, douze jours au moins avant la réunion du conseil régional, un rapport sur chacune des affaires soumises au conseil ;
- rendre compte, chaque année, au conseil régional par un rapport spécial de la situation de la région, de l'activité et du financement des différents services de la région et des organismes dépendant d'elle, de l'état d'exécution des délibérations du conseil et de la situation financière de la région.

Les services de la préfecture nécessaires à la préparation et à l'exécution des délibérations du conseil régional sont placés sous l'autorité du président du conseil régional.

C – Les attributions de la commission permanente

La commission permanente est présidée par le président du conseil régional. Elle exerce, entre les sessions, les attributions que le conseil général lui a délégué à l'exception du budget et l'arrêté des comptes.

Elle cesse ses fonctions à l'ouverture de chaque réunion du conseil régional et après chaque renouvellement.

E – Le bureau du conseil régional

Le bureau du conseil régional est formé du président du conseil régional et des vice-présidents et, le cas échéant, des membres de la commission permanente ayant reçu délégation. Le bureau est un organe exécutif pour les seules attributions déléguées par le président du conseil régional.

4 Les compétences de la région

Dans le cadre des différentes lois de décentralisation, la région se voit attribuer de nombreuses compétences.

Domaines	Compétences de la région
Aménagement du territoire et planification	– Participer à l'élaboration de la politique nationale d'aménagement et de développement durable. – Élaborer un schéma régional d'aménagement et de développement du territoire (SRADT), un schéma régional de transport et un schéma régional des infrastructures et des transports. – Signer les contrats de plan État-région, notamment pour la mise en œuvre du SRADT. – Organiser les services de transport routier non urbain des personnes et les transports ferroviaires de la région, sauf en Ile-de-France où le syndicat des transports d'Ile-de-France (STIF) remplit ces fonctions. – Aménager, entretenir, gérer les aérodromes civils (si la région s'est portée candidate). – Aménager, gérer tout port non autonome relevant de l'État (si la région a demandé à en être propriétaire).
Développement économique	– Élaborer un schéma régional de développement économique à titre expérimental pour 5 ans. – Déterminer le régime des aides directes et les attribuer (primes régionales à l'emploi, à la création d'entreprise et prêts et avances à taux bonifiés). – Mettre en œuvre et attribuer les aides indirectes (garanties d'emprunt aux entreprises, exonération de la taxe professionnelle). – Définir le régime des aides économiques aux entreprises et décider de leur octroi (distinction entre aides économiques et aides à l'immobilier).
Enseignement	– Construire, entretenir, équiper, financer les lycées, les établissements d'éducation spéciale et les lycées professionnels maritimes et en être propriétaire. – Financer une part significative des établissements universitaires. – Recruter, gérer les personnels techniciens, ouvriers et de service (TOS) des lycées.
Formation professionnelle	– Élaborer un plan régional de développement des formations professionnelles. – Adopter un programme d'apprentissage et de formation professionnelle continue dans le cadre du plan régional de développement des formations professionnelles. – Définir et mettre en œuvre la politique régionale d'apprentissage et de formation professionnelle des jeunes et des adultes.
Culture	– Organiser, financer les musées régionaux. – Conserver, mettre en valeur les archives régionales. – Organiser l'inventaire général du patrimoine culturel. – Gérer, à titre expérimental pour 4 ans, les crédits d'entretien et de restauration du patrimoine classé ou inscrit n'appartenant pas à l'État ou à ses établissements publics. – Devenir propriétaire de monuments classés ou inscrits appartenant à l'État ou au Centre des monuments nationaux (possibilité). – Organiser, financer le cycle d'enseignement artistique professionnel initial.
Santé	– Exercer des activités en matière de vaccination, de lutte contre la tuberculose, la lèpre, le sida et les infections sexuellement transmissibles (possibilité). – Participer, à titre expérimental pour 4 ans, au financement et à la réalisation d'équipements sanitaires (possibilité si la région en fait la demande).

5 La démocratie locale

A – Le droit de pétition

Dans une région, un dixième des électeurs inscrits sur les listes électorales peut demander à ce que soit inscrite à l'ordre du jour du conseil régional l'organisation d'une consultation sur toute affaire relevant de sa compétence.

La décision d'organiser la consultation appartient au conseil régional. Tous les électeurs inscrits peuvent participer au vote. Ils font connaître par « *oui* » ou par « *non* » s'ils approuvent le projet de délibération ou d'acte qui leur est présenté. Après avoir pris connaissance du résultat de la consultation, le conseil régional arrête sa décision sur l'affaire qui en a fait l'objet.

Une nouvelle consultation portant sur le même objet ne peut être organisée avant le délai d'un an à compter de la consultation.

B – Le référendum local

Les électeurs de la région peuvent être appelés à intervenir, par la voie du référendum, dans certaines décisions du conseil régional.

L'initiative du référendum local appartient :

- au conseil régional pour tout projet de délibération tendant à régler une affaire de la compétence de la région ;
- au président du conseil régional pour tout projet d'acte relevant de ses attributions et après autorisation du conseil régional.

La délibération d'organiser le référendum est transmise 2 mois au moins avant la date du scrutin au préfet. Si celui-ci l'estime illégale il dispose d'un délai de 10 jours à compter de sa réception pour en saisir le juge administratif et assortir sa demande de conclusions de suspension. Le préfet la notifie dans un délai de 15 jours aux maires des communes dans le ressort de la collectivité, sauf s'il a été fait droit à sa demande de suspension. Les maires organisent le scrutin.

Le conseil régional détermine les modalités de l'organisation du référendum local, fixe le jour du scrutin, qui ne peut intervenir moins de 2 mois après la transmission de la délibération au représentant de l'État, et convoque les électeurs.

Tous les électeurs inscrit peuvent participer au vote. Les électeurs font connaître par « *oui* » ou par « *non* » s'ils approuvent le projet de délibération ou d'acte qui leur est présenté.

Le projet soumis à référendum local est adopté si la moitié au moins des électeurs inscrits a pris part au scrutin et s'il réunit la majorité des suffrages exprimés.

L'organisation d'un référendum par une collectivité territoriale est interdite pendant les six mois précédant son renouvellement et pendant les campagnes électorales précédant des élections générales et des référendums nationaux.

6 Le conseil économique et social régional (CESR)

A – La composition du conseil économique et social régional

Le nombre des conseillers de chaque conseil économique et social régional, global et par collège, est fixé par décret en Conseil d'État. Il est fonction de la taille de la région et varie de 65 à 122 conseillers.

Le mandat des conseillers est de 6 ans renouvelable.

Nul ne peut être à la fois membre du conseil régional et du conseil économique et social régional.

Les membres du conseil économique et social régional sont répartis en 4 collèges :

- ***premier collège*** : les représentants des entreprises et activités professionnelles non salariées dans la région, quels que soient la nature de leur activité et leur statut juridique (environ 35 % de l'effectif total du conseil) ;
- ***deuxième collège*** : les représentants des organisations syndicales de salariés représentatives au niveau national (CGT, CFDT, FO, CFTC, CGC), de l'Union nationale des syndicats autonomes et de la Fédération syndicale unitaire (environ 35 % de l'effectif total du conseil) ;
- ***troisième collège*** : les représentants des organismes et associations qui participent à la vie collective de la région (environ 25 % de l'effectif total du conseil) ;
- ***quatrième collège*** : des personnalités qui, en raison de leur qualité ou de leurs activités, concourent au développement de la région (environ 35 % de l'effectif total du conseil).

Les membres des 3 premiers collèges sont désignés par leur organisation professionnelle ou sociale, et les membres du 4e collège sont directement nommées par arrêté du préfet de région.

B – Le fonctionnement du conseil économique et social régional

Le conseil économique et social régional élit son président et un bureau. Le mandat du président et des membres du bureau est de 3 ans (renouvelable).

Il se réunit sur convocation de son président. À l'initiative de son président, de son bureau ou de la majorité de ses membres, et après consultation du président du conseil régional, le conseil peut également se réunir 6 fois par an au plus pour une durée n'excédant pas 2 jours. Il se réunit en séance publique.

Les avis du conseil économique et social régional sont adoptés à la majorité des suffrages exprimés et mentionnent les positions des minorités. En cas de partage des voix, celle du président est prépondérante.

Chaque conseil économique et social régional comprend des sections dont le nombre, les attributions, la composition et le fonctionnement sont fixés par un décret en Conseil d'État sur sa proposition. Ces sections établissent des rapports et émettent des avis qui sont transmis à l'autorité compétente après que le conseil économique et social régional se soit prononcé à leurs sujets. Des commissions et des groupes de travail peuvent être créés pour suivre un problème ou un domaine particulier.

C – Les attributions du conseil économique et social régional

Le conseil économique et social régional est une assemblée consultative qui par ses avis concourt avec le conseil régional à l'administration de la région. Il est obligatoirement saisi pour avis préalable sur les orientations générales du projet de budget, sur le projet du plan régional de développement (et son bilan annuel d'exécution) et sur la préparation et l'exécution de plan national de la région. Il peut être saisi de demandes d'avis et d'études sur tout projet à caractère économique, social et culturel par le président ou le conseil régional.

Il peut, de sa propre initiative, émettre des avis sur toute question entrant dans les compétences de la région.

7 Le préfet de région

Le préfet de région est en même temps préfet du département où se trouve le chef-lieu de la région. Il est nommé par décret du président de la République pris en Conseil des ministres. Il est placé sous l'autorité du ministre de l'Intérieur.

Dans l'accomplissement de sa mission, il est assisté :

- d'un secrétaire général, de chargés de mission et des chefs des services de l'État à l'échelon régional ;
- d'une conférence administrative régionale : elle est un organe d'étude et de coordination chargée de suivre la vie économique et sociale et les incidences régionales des investissements publics. Elle est composée des préfets des départements de la région, du secrétaire général, du trésorier-payeur général et de fonctionnaires dont l'avis peut être utile. Elle se réunit sous la présidence du préfet de région. Elle n'a pas de pouvoir de décision.

Les attributions du préfet de région sont similaires à celles de préfet à l'exclusion des pouvoirs de police. Ses attributions s'exercent sous réserve des compétences des préfets.

Il a comme attributions en propre :

- la mise en œuvre de la politique de développement et d'aménagement du territoire dans la région ;
- la participation à l'élaboration du plan et son exécution dans la région. Il passe les conventions nécessaires avec les collectivités territoriales concernées pour l'exécution du plan ;
- l'intervention en matière d'investissement de l'État dans la région.

Le préfet de région est seul habilité à s'exprimer au nom de l'État devant le conseil régional.

Il agit en liaison avec les organes de la région. Par accord du président du conseil régional et du préfet de région, celui-ci est entendu par le conseil régional. En outre, sur demande du Premier ministre, le préfet de région est entendu par le conseil régional.

Chaque année, le préfet de région informe le conseil régional, par un rapport spécial, de l'activité des services de l'État dans la région. Ce rapport spécial donne lieu, éventuellement, à un débat en présence du représentant de l'État.

8 Les régions à statut particulier

A – La Corse

La Corse est une collectivité territoriale à statut particulier pour tenir compte de sa géographie et de son histoire. Elle est dotée :

– ***d'un organe délibératif*** : l'Assemblée de Corse ;

– ***d'un organe exécutif*** : le Conseil exécutif de la Corse ;

– ***d'un organe consultatif*** : le Conseil économique, social et culturel de la Corse.

1) L'Assemblée de Corse

Elle est composée de 51 membres. Ils sont élus pour 6 ans au scrutin de liste à 2 tours à la représentation proportionnelle à la plus forte moyenne dans le cadre d'une circonscription unique. La répartition des sièges se fait entre toutes les listes ayant obtenu au moins 5 % des suffrages exprimés. Une prime de 3 sièges est attribuée à la liste ayant obtenu la majorité absolue au premier tour ou qui est arrivée en tête au second tour.

Elle siège au chef-lieu de la collectivité territoriale de Corse.

Elle se réunit chaque année en deux sessions ordinaires d'une durée maximale de 3 mois s'ouvrant l'une le 1er février et l'autre le 1er septembre. Des sessions extraordinaires peuvent être organisées.

Elle se réunit de plein droit le premier jeudi suivant son élection pour élire la commission permanente puis le Conseil exécutif de Corse.

L'Assemblée de Corse dispose, outre des compétences d'un Conseil régional, de pouvoirs plus larges :

– elle peut adapter, de sa propre initiative ou à la demande du conseil exécutif, des dispositions législatives ou réglementaires en vigueur concernant les compétences, l'organisation et le fonctionnement de l'ensemble des collectivités territoriales de Corse, ainsi que toutes dispositions réglementaires concernant le développement économique, social et culturel de la Corse ;

– elle est consultée sur les projets et les propositions de loi ou de décret comportant des dispositions spécifiques à la Corse ;

– elle a des compétences renforcées dans plusieurs domaines : l'aménagement et le développement de la Corse, l'éducation, l'identité culturelle, la culture et la communication, les transports et la gestion des infrastructures, l'environnement, le logement… ;

– elle contrôle le Conseil exécutif de la Corse.

2) Le Conseil exécutif de la Corse

Le Conseil exécutif de la Corse est un organe exécutif collégial responsable. Il est composé d'un président assisté de 6 conseillers exécutifs. Ils sont élus par l'Assemblée de Corse au scrutin de liste. La totalité des sièges est attribuée à la liste qui a obtenu la majorité absolue des membres de l'Assemblée au 1er et au 2e tour ou qui a obtenu le plus de suffrages au 3e tour. Le président du

Conseil exécutif est le candidat figurant en tête de la liste élue. Les membres du Conseil exécutif doivent démissionner de leur mandat de membres de l'Assemblée.

Le président du Conseil exécutif de la Corse dispose, en plus des attributions classiques d'un exécutif, d'un pouvoir réglementaire.

Le Conseil exécutif est responsable devant l'Assemblée de Corse. Celle-ci peut mettre en cause la responsabilité du Conseil exécutif à démissionner par le vote d'une motion de défiance. La motion ne peut être déposée que si elle comporte la signature du tiers des conseillers de l'Assemblée et si elle est accompagnée d'une liste de candidats appelés à exercer la fonction de conseiller exécutif en cas d'adoption.

3) Le Conseil économique, social et culturel de Corse

Le Conseil économique, social et culturel de Corse est un organe consultatif. Il est composé de 51 membres. Il comprend deux sections : une section économique et sociale et une section de la culture, de l'éducation et du cadre de vie.

Il assiste le conseil exécutif de la Corse et l'Assemblée de Corse. Il doit être obligatoirement consulté dans certains domaines avant délibérations de l'Assemblée de Corse.

B – Les régions d'outre-mer

La Constitution distingue les départements et les régions d'outre-mer et les collectivités d'outre-mer :

- ***les départements et les régions d'outre-mer sont régis par le principe d'assimilation législative***. La règle est l'application de plein droit des lois et règlements. L'exception correspond à la possibilité pour les départements et les régions d'outre-mer d'assouplir ces normes, voire d'en édicter eux-mêmes, afin de mieux prendre en compte les spécificités et les attentes locales ;
- ***les collectivités d'outre-mer sont régies par le principe de spécialité législative***. La règle est l'habilitation de la collectivité à édicter elle-même la norme applicable sur son territoire, sous réserve cependant de ne pas intervenir dans le champ de compétence réservé à la loi par l'article 34 de la Constitution.

Quatre départements d'outre-mer sont érigés en régions d'outre-mer à statut particulier. Il s'agit de la Guadeloupe, la Guyane, la Martinique et la Réunion. Ils ont le même régime que les autres régions avec cependant certaines spécificités :

- l'existence, en plus du Conseil économique et social, d'un comité de la culture, de l'éducation et de l'environnement ;
- la possibilité d'adresser au Premier ministre des propositions de modification ou d'adaptation des lois et règlements en vigueur ou en cours d'élaboration les concernant.

L'organisation de la justice

Chapitre 12

1 Généralités

La justice remplit une mission fondamentale de l'État qu'il ne saurait ni concéder ni aliéner. Nul ne peut se faire justice lui-même. La justice est un service public, elle est rendue au nom du peuple français. Gardienne des libertés individuelles et de l'État de droit, elle veille à l'application de la Loi et garantit le respect des droits de chacun. C'est à elle seule qu'il appartient de trancher, en toute neutralité, les conflits entre les personnes et de sanctionner les comportements interdits (infractions).

La justice doit s'exercer en toute indépendance ; celle-ci est, en principe, garantie par :

- ***la Constitution*** : elle proclame l'indépendance de la justice ;
- ***la séparation des pouvoirs*** : un Gouvernement ne peut faire obstacle au cours de la justice tant dans son déroulement que dans son exécution ;
- ***l'inamovibilité des magistrats*** : aucun magistrat ne peut être révoqué, suspendu ou muté sans son accord (sauf les magistrats du parquet).

La justice est en principe collégiale. Cette collégialité garantit pour le justiciable l'impartialité et l'indépendance des juges. Dans certains cas, le justiciable peut récuser un magistrat.

La justice est organisée sous la règle du double degré de juridiction. Tout jugement du 1er degré est susceptible d'appel devant les juridictions du 2e degré et/ou de recours en cassation.

Les juridictions siègent en un lieu fixé par le législateur et sans discontinuer (sauf dimanches et jours fériés) à l'exception de la cour d'assises.

Les audiences des tribunaux sont tenues à jour fixe. Elles sont publiques (sauf huis clos).

La justice doit préserver l'égalité de tous les plaideurs (français ou étrangers) qui agissent devant elle.

La justice est en principe gratuite (gratuité de certains actes de justice...). Malgré ce principe de gratuité, un procès reste toujours pour les plaideurs une source de frais importante : avocats, huissiers... L'institution de l'aide judiciaire pour les personnes nécessiteuses doit permettre à chacun d'exercer ses droits en justice ou de s'y défendre si l'on est poursuivi.

2 L'organisation de la justice

Le système judiciaire est organisé en deux ordres :

– ***l'ordre judiciaire*** (les tribunaux de l'ordre judiciaire sont placés sous l'autorité de la Cour de cassation) se divise en :

  • *juridictions civiles* : trancher les litiges entre particuliers,

  • *juridictions pénales ou répressives* : réprimer les atteintes des particuliers aux règles de droit ;

– ***l'ordre administratif*** (les tribunaux de l'ordre administratif sont placés sous l'autorité du Conseil d'État) tranche les litiges nés de l'activité de l'administration.

La délimitation des compétences respectives entre les deux ordres est confiée au ***tribunal des conflits***. Il se prononce :

– lorsqu'une juridiction administrative et une juridiction judiciaire veulent juger le même procès (conflit positif) ;

– lorsqu'une juridiction administrative et une juridiction judiciaire se déclarent toutes les deux incompétentes et refusent de juger un procès (conflit négatif) ;

– lorsque les tribunaux de l'ordre administratif et judiciaire ont pris sur la même affaire des décisions contradictoires.

Il existe d'autres juridictions dans l'ordre judiciaire ou administratif :

– ***juridictions dans l'ordre judiciaire*** :

  • *juridiction civile* : le juge de l'expropriation pour cause d'intérêt public,

  • *juridictions pénales spéciales* :

    – la cour d'assises spéciale sans jurés pour les actes de terrorisme ;

    – les juridictions pour enfants (juge des enfants, tribunal pour enfants de moins de 16 ans et cour d'assises pour mineurs de plus de 16 ans) ;

    – les juridictions militaires ;

    – les tribunaux maritimes commerciaux ;

    – la Haute Cour ;

    – la Cour de justice de la République ;

– ***juridictions spécialisées dans l'ordre administratif*** :

  • *la cour de discipline budgétaire et financière*,

  • *les sections disciplinaires des conseils d'administration des universités* (1er degré) et le Conseil national de l'enseignement supérieur et de la recherche (2e degré),

  • *les juridictions des ordres professionnels* des 1er et 2e degrés (avocats, médecins...),

  • *les tribunaux départementaux des pensions militaires d'invalidité et des victimes civiles de la guerre* (1er degré) et les cours régionales des pensions (2e degré),

- *les commissions départementales d'aide sociale* (1er degré) et la Commission centrale d'aide sociale (2e degré),
- *les commissions départementales des travailleurs handicapés* (1er degré),
- *la Commission des recours des réfugiés* (1er degré).

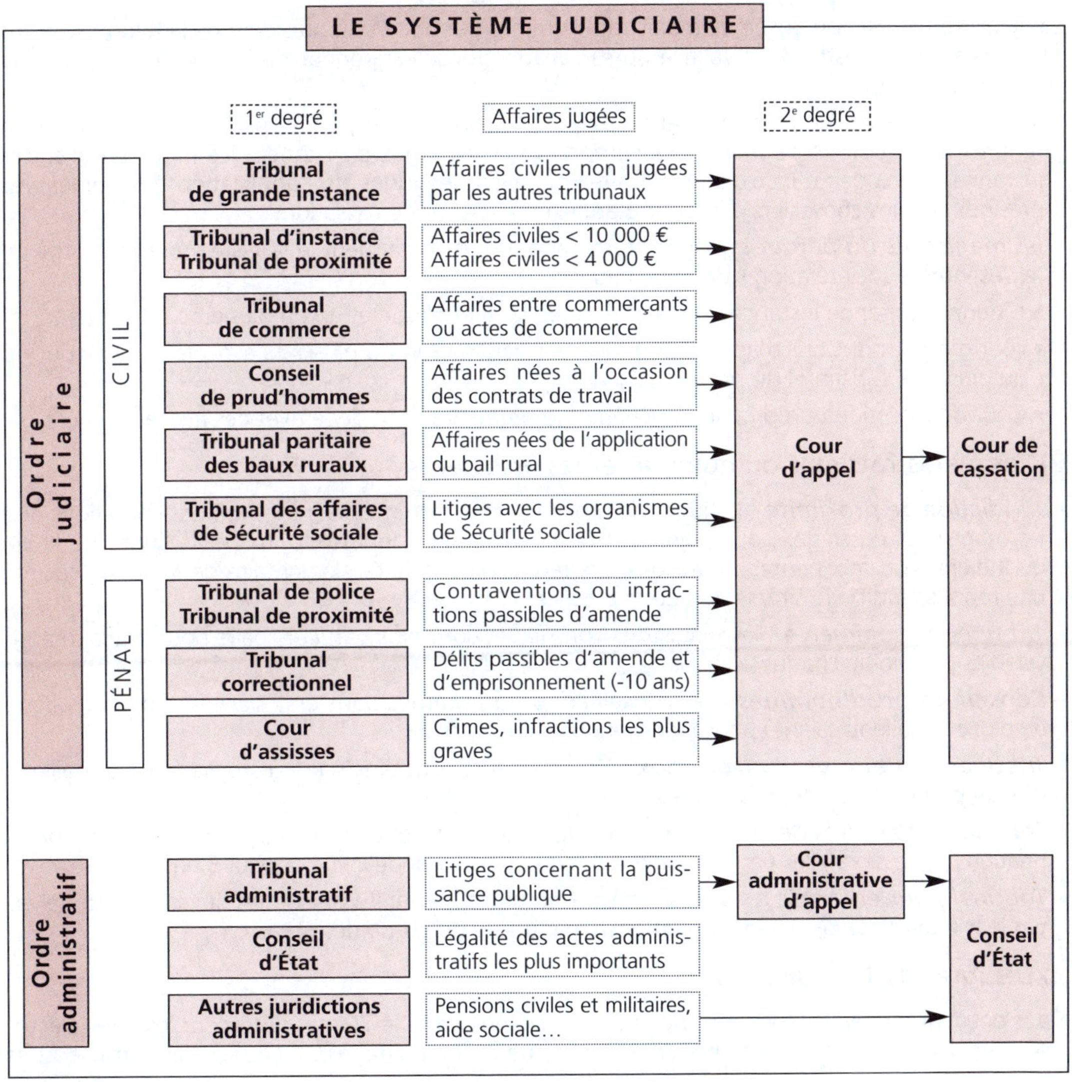

3 Le personnel judiciaire

A – Le personnel de l'ordre judiciaire

1) La magistrature

La magistrature est composée de magistrats nommés par décret du président de la République sur proposition du ministre de la Justice après avis du Conseil supérieur de la magistrature. Elle se divise en 2 catégories :

- ***les magistrats du siège*** (magistrature assise) : ils sont appelés, après instruction des affaires, à rendre des décisions de justice. Ils comprennent les juges d'instance, les juges de grandes instances, les juges d'instruction (affaires pénales), les juges de l'application des peines, les présidents et les conseillers à la Cour d'appel et à la Cour de cassation ;
- ***les magistrats du parquet*** (magistrature debout) : ils constituent le Ministère public chargé de représenter la société auprès des juridictions :
  - tribunal de grande instance : un procureur de la République et un ou plusieurs substituts ;
  - cour d'assises et Cour d'appel : un procureur général, un ou plusieurs avocats généraux et un ou plusieurs substituts du procureur général ;
  - Cour de cassation : un procureur général, un premier avocat général et des avocats généraux.

2) Les magistrats élus ou nommés et les assesseurs

- ***Juridiction de proximité*** : les juges de proximité sont nommés, dans les mêmes conditions que les magistrats du siège, pour 7 ans non renouvelable. Ils apportent aux petits litiges de la vie quotidienne ou aux petites infractions aux règles de conduite élémentaire de la vie en société une réponse judiciaire simple, rapide et efficace.
- ***Tribunal de commerce*** : les magistrats consulaires sont élus par leurs pairs pour 2 ans (renouvelables par moitié chaque année).
- ***Conseil de prud'hommes*** : les conseillers prud'hommes sont élus par leurs pairs (collège employeur, collège salarié) pour 5 ans renouvelables.
- ***Tribunal paritaire des baux ruraux*** : les assesseurs sont élus par leurs pairs (collège bailleur, collège preneur) pour 5 ans renouvelables.
- ***Tribunal des affaires de Sécurité sociale*** : les assesseurs sont désignés sur proposition des organisations professionnelles par le président du tribunal de grande instance pour 5 ans renouvelables.
- ***Tribunal pour enfants*** : les assesseurs sont nommés, parmi les personnes qui se sont signalées par leur intérêt aux questions de l'enfance, par arrêté du garde des Sceaux.

3) Les jurés de la cour d'assises

Seuls peuvent remplir les fonctions de jurés les citoyens de 23 à 70 ans inscrits sur les listes électorales non frappés d'incompatibilité (magistrats, policiers, militaires...). Le recrutement des jurés s'effectue par tirage au sort à partir des listes électorales. Un juré ne peut sans motif légitime déférer à la citation qui lui a été notifiée.

B – Les auxiliaires de la justice

1) Les avocats

L'avocat exerce une double fonction d'assistance (assister son client, le conseiller et plaider en son nom) et de représentation (accomplir les actes de procédure et faire connaître par voie de conclusion au juge et à la partie adverse les prétentions de son client). Il conseille aussi dans le domaine juridique (négociation de contrats, constitution de sociétés...). Il est couvert d'une immunité judiciaire et de l'inviolabilité de son cabinet et domicile. Il est tenu au secret professionnel. Il peut refuser de plaider une affaire, sauf en cas de commission d'office.

2) Les officiers ministériels

L'officier ministériel est titulaire d'une charge (le titre lui est conféré par l'État). Il bénéficie du monopole d'une profession. On distingue : les avoués près des cours d'appel, les avocats au Conseil d'État et à la Cour de cassation (avocats aux conseils), les huissiers de justice, les notaires et les commissaires-priseurs.

Au 1er janvier 2010, les professions d'avoué et d'avocat devraient être unifiées. Le recours à un avoué pour défendre les dossiers en appel ne serait plus obligatoire.

3) Les autres auxiliaires de la justice

Les greffiers sont des fonctionnaires assurant le secrétariat des juridictions. Ils assistent les magistrats à l'audience, dressent les actes du greffe et en délivrent des expéditions et copies.

Les administrateurs de biens d'autrui sont chargés d'assurer temporairement la conservation, la gestion de certains biens litigieux ou parfois leur liquidation.

Les experts judiciaires sont des particuliers désignés par les tribunaux, en fonction de leur compétence technique, pour leur fournir un avis technique sur certains litiges.

Les conciliateurs sont des personnes bénévoles nommées, pour un an, par le 1er président de la cour d'appel. Ils ont pour mission de faciliter, en dehors de toute procédure judiciaire, le règlement amiable des différends (le constat d'accord).

4) Les maisons de justice et du droit (MJD)

Les maisons de justice et du droit (MJD) permettent, dans les communes ou les quartiers éloignés des palais de justice, d'apporter une justice plus proche des habitants et plus rapide.

Elles assurent une présence judiciaire grâce à la mobilisation de différents acteurs : des magistrats, des avocats, des policiers, des élus, des associations, mais aussi des éducateurs, des enseignants, des travailleurs sociaux... Cette équipe est placée sous l'autorité du président du tribunal de grande instance et du procureur de la République.

La maison de justice et du droit répond de manière adaptée à la petite délinquance quotidienne :

- par des actions de prévention, notamment destinées aux jeunes ;
- par la mise en œuvre de mesures alternatives aux poursuites pénales : les rappels à la loi, les mesures de réparations, la médiation pénale, la composition pénale ;
- par des actions d'insertion et de réinsertion des personnes condamnées.

La maison de justice et du droit permet de répondre aux petits litiges d'ordre civil (consommation, voisinage, logement, surendettement…) en mettant en œuvre des solutions à l'amiable, rapides et de qualité : une conciliation ou une médiation civile, à la demande des personnes en conflit ou proposée par les magistrats. Elle est aussi un lieu d'accueil, d'écoute, d'orientation et d'information sur les droits et les obligations.

Un accueil et une écoute spécifiques sont réservés aux victimes d'infractions pour les aider, les soutenir, les conseiller, grâce, notamment, au service d'aide aux victimes.

Les prestations de la maison de justice et du droit sont gratuites et confidentielles.

Les juridictions de l'ordre judiciaire

Chapitre **13**

1 Généralités

Les juridictions de l'ordre judiciaire ont une organisation interne propre, une compétence territoriale (le ressort dans lequel le tribunal exerce sa juridiction) et une compétence d'attribution (selon la nature et l'importance du litige).

La procédure est orale, publique et contradictoire. Elle est différente selon les juridictions, mais elle comprend toujours trois étapes essentielles :

- ***l'engagement de la procédure*** (l'assignation) et la constitution du dossier : le demandeur est celui qui engage la procédure et le défenseur est celui contre qui la procédure est engagée. La constitution du dossier est réalisée par les 2 parties (ou leurs avocats) ;
- ***l'audience*** : audition des témoins et experts, réquisitoire du Ministère public, plaidoirie des avocats, délibération du tribunal, lecture du jugement ;
- ***le jugement*** : il est rendu immédiatement ou renvoyé à une date ultérieure ; il est alors mis en délibéré (le juge indique la date à laquelle il sera prononcé). Toute copie du jugement (l'expédition) est demandée au greffe du tribunal. L'expédition revêtue de la formule exécutoire s'appelle la grosse. Elle permet à la partie gagnante d'obtenir le recours à la force publique ou à un auxiliaire de la justice, de manière à ce que la décision soit exécutée.

Tout jugement est susceptible de recours :

- ***l'appel*** pour les jugements rendus en premier ressort par une juridiction du 1er degré. Il permet de refaire juger l'affaire par une autre juridiction, la Cour d'appel ;
- ***le pourvoi en cassation*** pour les jugements rendus en premier et dernier ressort par une juridiction du 1er degré et pour les jugements de la Cour d'appel. La Cour de cassation veille à l'exacte application de la loi, elle ne juge pas sur le fond.

2 Les juridictions civiles

A – La juridiction de proximité

Des juridictions de proximité sont instituées dans le ressort de chaque cour d'appel. Le siège et le ressort de ces juridictions sont fixés par décret en Conseil d'État.

La juridiction de proximité statue à juge unique : le juge de proximité. Il statue selon les règles de procédure applicables devant le tribunal d'instance. Il se prononce après avoir cherché à concilier les parties par lui-même ou, le cas échéant et avec l'accord de celles-ci, en désignant une personne chargée de la conciliation. Il peut aussi enjoindre aux parties de procéder aux tentatives de conciliation en rencontrant la personne qu'il a désigné à cet effet.

La juridiction de proximité a pour objectif d'apporter aux petits litiges de la vie quotidienne, dont le montant n'excède pas 4 000 €, une réponse judiciaire simple, rapide et efficace. L'assistance d'un avocat n'est pas obligatoire.

Elle statue en dernier ressort jusqu'à 4 000 € et à charge d'appel s'il s'agit d'une demande indéterminée qui a pour origine l'exécution d'une obligation dont le montant n'excède pas 4 000 €.

B – Le tribunal d'instance (TI)

Il existe au moins un tribunal d'instance par arrondissement. Il comprend :

- ***un juge*** ou plusieurs si l'arrondissement est important ;
- un secrétariat-greffe.

Il n'existe pas de Ministère public organisé dans le cadre du tribunal d'instance. Le Ministère public n'est pas nécessairement présent aux audiences, mais il y exerce ses attributions civiles : requérir l'application de la loi et veiller aux intérêts généraux de la société.

Les jugements sont rendus par un seul juge. Le juge d'instance a des attributions extrajudiciaires :

- en matière de droit de la famille et de la personnalité : conseil de famille, conseil de tutelle, adoption, émancipation, certificats de notoriété, de nationalité ;
- il exerce les fonctions de juge des tutelles. À ce titre, il statue sur les demandes d'ouverture d'un régime de protection des mineurs ou de certains majeurs, qui ont besoin d'être assistés ou représentés pour accomplir des actes de la vie courante.

Le juge d'instance peut recourir à la conciliation ou à la médiation.

L'assistance d'un avocat n'est pas obligatoire.

Le tribunal d'instance est compétent pour tout litige qui n'est pas attribué, par la loi, à une autre juridiction :

- ***compétence générale*** : toute action personnelle ou immobilière dont le montant est inférieur à 10 000 €. Il connaît aussi des demandes indéterminées qui ont pour origine l'exécution d'une obligation dont le montant n'excède pas 10 000 € ;
- ***compétences exclusives quel que soit le montant de la demande*** :
  - *actions relatives aux baux à loyers* (différends entre propriétaires et locataires...), aux fins d'expulsion des occupants sans droit ni titre des immeubles à usage d'habitation,
  - *actions concernant les crédits à la consommation* d'un montant inférieur ou égal à 21 500 €,
  - *en matière d'injonction à payer* – saisie-arrêt, saisie-exécution, saisie-conservatoire – dans la limite de sa compétence, de paiement de pensions alimentaires (non liées au divorce), de paiement de frais de scolarité ou d'internat...,

- *actions de bornage, d'élagage des arbres et des haies, consécutives aux dommages des cultures et aux récoltes, à la perte ou détérioration de colis ou bagages par un transporteur, en matière de funérailles…,*
- *actions pour diffamations et injures publiques ou non* autrement que par voie de presse,
- *contentieux électoral* : établissement des listes électorales, élections professionnelles, élections des tribunaux de commerce, des conseils de prud'hommes…

Il statue en dernier ressort jusqu'à 4 000 €, et à charge d'appel lorsque la demande excède cette somme ou est indéterminée, des actions relatives aux crédits à la consommation et des actions aux fins d'expulsion des occupants sans droit ni titre des immeubles à usage d'habitation.

C – Le tribunal de grande instance (TGI)

Il existe au moins un tribunal de grande instance par département. Il comprend :

– ***trois juges*** : le président du tribunal de grande instance et deux juges ;

– ***un Ministère public*** : un procureur de la République (avec parfois des adjoints) et un ou plusieurs substituts ;

– un secrétariat-greffe.

Le tribunal de grande instance peut être divisé en chambres comprenant chacune trois juges. L'une est présidée par le président du tribunal de grande instance, les autres par des vice-présidents.

En principe, le tribunal de grande instance statue en formation collégiale, composé de trois magistrats du siège. Pour certaines affaires, il statue à juge unique :

– ***le juge aux affaires familiales*** en matière de conflits familiaux (divorce, autorité parentale, obligation alimentaire…) ;

– ***le juge de la mise en état*** : il veille au bon déroulement de la procédure et fait en sorte que les affaires soient en état d'être jugées dans un délai raisonnable ;

– ***le juge de l'exécution*** : il tranche les difficultés nées de l'exécution des décisions de justice ;

– ***le juge des enfants*** : il intervient pour protéger les mineurs en danger et les jeunes majeurs.

Le président du tribunal de grande instance peut aussi enjoindre aux parties de procéder aux tentatives de conciliation ou de médiation en rencontrant la personne qu'il a désignée à cet effet.

L'assistance d'un avocat est, en principe, obligatoire.

Le tribunal de grande instance est un tribunal de droit commun. Il est compétent pour tout litige qui n'est pas attribué, par la loi, à une autre juridiction :

– ***compétence générale*** : toute action personnelle ou immobilière dont le montant est supérieur à 10 000 € ;

– ***compétences exclusives quel que soit le montant de la demande*** :

  - *en matière d'état des personnes* : nullité de mariage, divorce, filiation, nationalité, de régimes matrimoniaux et de successions,

- *en matière de propriété immobilière,*
- *en actions possessoires,*
- *en matière d'exécution des jugements* (quelle que soit l'origine du jugement),
- *en matière de brevets d'invention, de marques de fabrique, d'appellations d'origine...,*
- *en matière de redressement et liquidation judiciaires* (non-commerçante).

L'assistance d'un avocat est, en principe, obligatoire.

Il statue :

– pour sa compétence générale à charge d'appel ;

– pour ses compétences exclusives en dernier ressort jusqu'à 4 000 € à charge d'appel au-dessus ou quand le montant est indéterminé.

D – Le tribunal de commerce

Il existe au moins un tribunal de commerce dans le ressort du tribunal d'instance. Il comprend :

– ***un président*** ;

– ***des juges titulaires et suppléants*** ;

– un secrétariat-greffe.

Le tribunal de commerce est composé de juges bénévoles, élus pour 2 ans (1er mandat) ou 4 ans (renouvellement) parmi les commerçants, ou représentants de sociétés commerciales électeurs aux Chambres de commerce et d'industrie. Il peut être divisé en chambres.

Le greffe du tribunal de commerce assure des fonctions diverses et spécifiques : il conserve les actes et délivre les copies des décisions du tribunal permettant leur exécution, tient le Registre du Commerce et des Sociétés, assure la côte et le paraphe des livres des commerçants et sociétés commerciales...

Les jugements sont rendus par trois juges (sauf dispositions particulières prévoyant un juge).

L'assistance d'un avocat n'est pas obligatoire.

Le tribunal de commerce est compétent :

– pour les contestations entre commerçants ;

– pour les contestations relatives aux actes de commerce entre toutes personnes. En cas d'acte mixte, si le demandeur est non-commerçant, il a la possibilité de saisir soit le tribunal de commerce, soit le tribunal de grande instance ou le tribunal d'instance ;

– en matière de règlement judiciaire et de liquidations de biens.

Il statue en dernier ressort jusqu'à 4 000 €, à charge d'appel au-dessus.

E – Le conseil de prud'hommes

Il existe au moins un conseil de prud'hommes dans le ressort du tribunal de grande instance. C'est une juridiction paritaire composée de ***conseillers prud'hommes salariés et employeurs***.

Le conseil des prud'hommes est une formation paritaire élue collégialement : chaque collège (employeurs et salariés inscrits sur les listes prud'homales) élit le même nombre de conseillers. Le mandat de conseiller est de 5 ans et il est reconductible.

Il est divisé en 5 sections – encadrement, industrie, commerce, agriculture et activités diverses – comprenant chacune au moins 4 conseillers (2 salariés et 2 employeurs). Le président est alternativement un salarié ou un employeur. Une formation de référé composée de 2 conseillers (un salarié et un employeur) est commune à toutes les sections.

Tout plaideur doit comparaître devant le bureau de conciliation (un salarié et un employeur) avant de passer éventuellement au bureau du jugement (2 salariés et 2 employeurs) ; en cas d'égalité, le juge d'instance est juge départiteur.

L'assistance d'un avocat n'est pas obligatoire.

Le conseil de prud'hommes est compétent :

- pour tous litiges individuels nés à l'occasion de l'exécution du contrat de travail (soumis au Code du travail) ;
- pour les différends entre salariés à l'occasion du travail.

Il statue en dernier ressort jusqu'à 4 000 €, à charge d'appel au-dessus.

F – Le tribunal des affaires de Sécurité sociale

Il existe au moins un tribunal des affaires de Sécurité sociale dans le ressort du tribunal de grande instance. Il est composé :

- ***d'un magistrat du tribunal de grande instance*** (le président) ;
- ***de deux assesseurs*** (un salarié et un employeur) ;
- d'un secrétariat-greffe.

C'est le système de l'échevinage. L'échevinage désigne une juridiction mixte c'est-à-dire une juridiction composée de magistrats professionnels et de juges citoyens.

Le tribunal des affaires de Sécurité sociale est composé de 2 juges non professionnels représentant, l'un les salariés, l'autre les employeurs ou les travailleurs indépendants, sous la présidence d'un juge du tribunal de grande instance. Les juges non professionnels (les assesseurs) sont désignés par le président du tribunal de grande instance, sur proposition des organisations syndicales.

Tout plaideur doit avoir recours au préalable à la commission de recours gracieux.

L'assistance d'un avocat n'est pas obligatoire.

Le tribunal des affaires de Sécurité sociale est compétent :

- pour tous litiges entre les organismes de Sécurité sociale et les assujettis ou les bénéficiaires de prestations de Sécurité sociale ;
- pour les contentieux techniques (état d'invalidité, incapacité permanente...) qui ne relèvent pas de ce tribunal mais de commissions régionales avec appel devant la commission nationale technique.

Il statue en dernier ressort jusqu'à 4 000 €, à charge d'appel au-dessus.

G – Le tribunal paritaire des baux ruraux

Il existe au moins un tribunal paritaire des baux ruraux dans le ressort du tribunal d'instance. Il est composé :

- ***du juge d'instance*** (le président) ;
- ***de quatre assesseurs*** (deux bailleurs et deux preneurs) ;
- d'un secrétariat-greffe.

C'est le système de l'échevinage.

Le tribunal paritaire des baux ruraux est composé du juge d'instance qui préside les audiences, et de 4 juges non professionnels élus : 2 représentants des propriétaires (bailleurs) et 2 représentants des exploitants (preneurs).

L'assistance d'un avocat n'est pas obligatoire.

Le tribunal paritaire des baux ruraux est compétent pour tous litiges nés entre bailleurs et preneurs de baux ruraux.

Il statue en dernier ressort jusqu'à 4 000 €, à charge d'appel au-dessus.

3 Les juridictions pénales

A – La juridiction de proximité

La juridiction de proximité qui statue en matière pénale est la même que celle qui statue en matière civile. Elle a pour objectif d'apporter aux petites infractions aux règles de conduite élémentaire de la vie en société, une réponse judiciaire simple, rapide et efficace.

La juridiction de proximité est compétente pour juger les contraventions de police suivantes, lorsqu'elles sont commises par des personnes physiques :

- les infractions, commises par les mineurs ou les majeurs, réprimées par le Code pénal pour les contraventions des 4 premières classes : les menaces de violence, les violences légères ou ayant entraîné une incapacité totale de travail d'une durée inférieure ou égale à 8 jours, les tapages nocturnes ou injurieux, les mauvais traitements envers un animal… ;
- les infractions sanctionnées par le Code de la route pour les contraventions des 4 premières classes ;
- les infractions réprimées par le Code de la santé publique : la lutte contre les bruits de voisinage, l'interdiction de fumer dans les lieux affectés à un usage collectif, les mesures contre l'alcoolisme et relatives à la répression de l'ivresse publique ;
- les infractions réprimées par le Code forestier : la lutte contre les incendies, la protection de tous bois et forêts ;
- les infractions liées au transport en commun…

La juridiction de proximité statue alors selon la procédure applicable devant le tribunal de police. Pour le jugement des contraventions relevant des 4 premières classes, les fonctions du Ministère public sont exercées par un officier du Ministère public. Les parties peuvent se faire assister et représenter devant elle dans les mêmes conditions que devant le tribunal de police.

Elle statue en dernier ressort.

B – Le tribunal de police

Il existe au moins un tribunal de police par arrondissement (c'est le tribunal d'instance qui siège en matière pénale). Il comprend :

– ***un juge d'instance*** (le président) ;

– ***un représentant du Ministère public*** : le commissaire de police pour les contraventions des 4 premières classes et le procureur de la République du TGI ou son substitut pour les contraventions de 5e classe ;

– un secrétariat-greffe.

L'assistance d'un avocat n'est pas obligatoire.

Le tribunal de police est compétent pour toutes les infractions pénales punies de peines de police qui n'exèdent pas 1 500 €, 3 000 € en cas de récidive (les peines contraventionnelles), et de peines restrictives ou privatives de droit (exemples : suspension du permis de conduire, interdiction de vote). Les contraventions sont des infractions que la loi punit d'une peine d'amende.

Exemples de contraventions : infractions au Code de la route, tapage nocturne..., coups et blessures volontaires (arrêt de 8 jours au plus) ou involontaires (arrêt de 3 mois au plus).

Il statue en dernier ressort pour les amendes des 4 premières classes et en premier ressort pour les amendes de 5e classe ainsi que pour les dommages-intérêts.

C – Le tribunal correctionnel

Il existe au moins un tribunal correctionnel par département (c'est le tribunal de grande instance qui siège en matière pénale). Il comprend :

– ***trois juges*** : le président du tribunal de grande instance et deux juges ;

– ***un représentant du Ministère public*** : le procureur de la République ou un des substituts ;

– un secrétariat-greffe.

L'assistance d'un avocat est obligatoire.

Le tribunal correctionnel est compétent pour toutes les infractions punies de peines correctionnelles. Les délits sont des infractions que la loi punit d'une peine d'emprisonnement ainsi que d'une peine d'amende lorsque celle-ci est connexe au délit.

Exemples de délits : chèques sans provision, abus de confiance, escroquerie, vol simple (ni violence ni effraction), délit de fuite, coups et blessures volontaires (arrêt de plus de 8 jours) ou involontaires (arrêt de plus de 3 mois)...

Le tribunal statue en premier ressort dans tous les cas. Le jugement est immédiatement exécutoire sauf opposition ou appel.

D – La cour d'assises

Il existe une cour d'assises par département. Elle comprend :

– ***la cour*** : le président des assises et deux assesseurs (désignés par le 1er président de la cour d'appel parmi les juges de la cour d'appel et du tribunal de grande instance) ;

– ***le jury*** : le nombre de jurés varie selon que la cour juge en premier ressort ou en appel :

 • la cour juge en premier ressort : le jury est composé de 9 jurés. Lors de la constitution du jury, le Ministère public peut récuser 4 jurés et la personne poursuivie 5 jurés,

 • la cour juge en appel : le jury est composé de 12 jurés. Lors de la constitution du jury, le Ministère public peut récuser 5 jurés et la personne poursuivie 6 jurés ;

– ***un représentant du Ministère public*** (le procureur général, un avocat général ou un substitut) ;

– un secrétariat-greffe.

Elle n'est pas permanente. Elle tient, en principe, une session tous les 3 mois.

L'assistance d'un avocat est obligatoire.

La cour d'assises est compétente pour toutes les infractions punies de peines criminelles.

Exemples de crimes : meurtre, assassinat (meurtre prémédité), vols avec violence, émission de fausse monnaie, viol…

Elle statue en premier ressort. Les arrêts sont immédiatement applicables. Les arrêts de condamnation rendus par la cour d'assises en premier ressort peuvent faire l'objet d'un appel porté devant une autre cour d'assises désignée par la chambre criminelle de la Cour de cassation.

4 Les voies de recours

Les procédures de voies de recours ont pour but d'attaquer le jugement rendu en vue de le faire modifier ou réformer (partiellement ou totalement). Elles sont des garanties contre les possibilités d'erreurs judiciaires :

– ***les voies de recours ordinaires*** ont pour but de faire procéder à un nouvel examen de l'affaire civile ou pénale :

 • *l'opposition* (voie de rétractation) : l'affaire est soumise à la même juridiction qui a rendu la décision. L'opposition n'est possible que pour la partie contre laquelle un jugement par défaut a été rendu (absence non fautive),

 • *l'appel* (voie de réformation) : l'affaire est soumise à une juridiction supérieure : la Cour d'appel. L'appel n'est possible que pour les parties ayant un intérêt à l'affaire et pour les jugements rendus en premier ressort ;

– ***les voies de recours extraordinaires*** :

 • *la tierce opposition et le recours en révision* : ils ont pour but de faire procéder à un nouvel examen de l'affaire civile devant la juridiction qui a rendu le jugement attaqué,

- *le pourvoi en cassation* : il a pour but de faire juger la régularité de la décision attaquée devant la juridiction la plus élevée, la Cour de cassation.

A – La Cour d'appel

Il existe une Cour d'appel pour deux ou plusieurs départements. Elle est divisée en :

– ***chambres civiles*** dont au moins une chambre sociale ;

– ***chambres correctionnelles*** dont une chambre des mises en accusation.

Chaque chambre peut se diviser en sections.

La Cour d'appel comprend :

– ***le premier président de la Cour d'appel*** ;

– ***les présidents de chambre*** ;

– ***les conseillers à la Cour d'appel*** ;

– ***le Ministère public*** : le procureur général, des avocats généraux et des substituts du procureur général ;

– le secrétariat-greffe.

Elle siège, en principe, en audience publique :

– soit en ***audience ordinaire*** par la chambre concernée comprenant 3 conseillers dont le président de la chambre ;

– soit en ***audience solennelle*** composée par 2 chambres présidées par le premier président lorsque l'affaire fait l'objet d'un renvoi de la Cour de cassation.

La Cour d'appel est compétente pour statuer sur les décisions rendues en premier ressort par les juridictions de l'ordre judiciaire de première instance de son ressort (sauf la cour d'assises).

La Cour d'appel est juge du droit et du fait. Son rôle est de réexaminer l'affaire.

Seules les parties concernées et ayant un intérêt à l'affaire sont susceptibles de former un appel.

L'assistance d'un avoué est obligatoire pour les appels concernant le tribunal d'instance, le tribunal de grande instance et le tribunal de commerce.

Les arrêts sont rendus par 3 magistrats au moins, président compris.

Pour le jugement des affaires qui doivent être portées en audience solennelle, les arrêts sont rendus par 5 magistrats au moins, président compris.

La Cour d'appel statue en rendant un arrêt motivé :

– ***un arrêt d'irrecevabilité***, si l'appel est tardif ou irrégulièrement formé ;

– ***un arrêt qui confirme*** (approuve) ***ou infirme*** (réforme) totalement ou partiellement le premier jugement. La cour peut confirmer certains points et en infirmer d'autres (en pénal l'arrêt rendu est de relaxe, d'absolution ou de condamnation).

Les arrêts de la Cour d'appel sont susceptibles de recours : le pourvoi en cassation (l'opposition, la tierce opposition ou le recours en révision sont possibles).

B – La Cour de cassation

Il n'existe, pour toute la République, qu'une Cour de cassation. Elle assure, en tant que juge suprême des juridictions de l'ordre judiciaire, l'unité de la jurisprudence sur le plan national.

La Cour de cassation siège à Paris. Elle est divisée en :

- ***cinq chambres civiles*** : 3 chambres civiles, une chambre commerciale et financière et une chambre sociale ;
- ***une chambre criminelle***.

La Cour de cassation comprend :

- ***le premier président de la Cour de cassation*** ;
- ***les 6 présidents de chambre*** ;
- ***84 conseillers plus 37 conseillers référendaires*** (avec voix consultatives) ;
- ***le Ministère public*** : le procureur général, le premier avocat général et 21 avocats généraux ;
- le secrétariat-greffe.

Elle siège, en principe, en audience publique :

- ***soit en audience ordinaire*** par une des chambres. La présence de 5 membres avec voix délibératives est nécessaire pour statuer. Certaines affaires peuvent être examinées en formation restreinte : 3 membres ;
- ***soit en chambre mixte*** composée de magistrats appartenant à au moins 3 chambres et présidée par le premier président. Elle est saisie soit en cas de partage de voix en audience ordinaire soit sur demande du procureur général avant l'ouverture des débats ;
- ***soit en assemblée plénière*** composée du premier président et du président, du doyen plus 2 membres de chacune des 6 chambres. Elle est saisie lorsqu'une décision rendue par une juridiction de renvoi est attaquée par les mêmes moyens que ceux qui avaient entraîné la cassation.

La Cour de cassation est compétente pour statuer sur les décisions rendues en dernier ressort par les juridictions de l'ordre judiciaire. Elle est juge du droit et non du fait, sauf disposition législative contraire. Son rôle est de vérifier que le jugement a été légalement rendu.

Seules les parties concernées et ayant un intérêt à l'affaire sont susceptibles de former un pourvoi en cassation. L'assistance d'un avocat au Conseil d'État et à la Cour de cassation est obligatoire (sauf en affaire prud'homale).

Elle statue en rendant un arrêt motivé :

- ***un arrêt de rejet*** : la Cour estime le pourvoi non fondé. Le jugement attaqué acquiert définitivement l'autorité de la chose jugée ;
- ***un arrêt de cassation avec ou sans renvoi*** : la Cour estime le pourvoi fondé (partiellement ou totalement). Le jugement est cassé. L'affaire est renvoyée ou non devant une autre juridiction de la même nature que la précédente selon que la Cour estime nécessaire qu'il soit à nouveau statué ou non sur le fond.

Ses arrêts ne peuvent faire l'objet de recours (sauf le pourvoi en révision en matière pénale).

Les juridictions de l'ordre administratif

Chapitre **14**

1 Généralités

Tout litige né d'une décision prise par l'État, une collectivité locale décentralisée, un établissement public ou un organisme privé investi d'une mission de service public et doté de prérogatives exceptionnelles (ordre professionnel, fédération sportive…) est jugé par une juridiction administrative.

Les tribunaux administratifs se divisent en deux sortes de juridictions :

- ***les juridictions de droit commun*** : elles sont compétentes pour tous les litiges – entrant dans la sphère de compétence de la juridiction administrative – non attribués par la loi à une juridiction particulière ;
- ***les juridictions d'attribution*** : elles sont compétentes seulement pour les litiges qui leur sont attribués par la loi.

Certaines juridictions statuent sans appel, en premier et dernier ressort, d'autres possèdent leur hiérarchie propre. Toutes sont cependant subordonnées au Conseil d'État par la voie de la cassation (sauf les juridictions de pensions de guerre qui possèdent leur propre commission supérieure de cassation).

Une procédure préalable de recours administratif ou de contentieux est prévue avant toute instance arbitrale ou contentieuse portant sur des litiges contractuels ou mettant en jeu la responsabilité de l'État, des collectivités territoriales ou de leurs établissements publics.

2 Les juridictions administratives

A – Le tribunal administratif (TA)

Il existe au moins un tribunal administratif (TA) pour 2 ou 6 départements au maximum.

Chaque tribunal comprend plusieurs chambres. Chaque chambre est composée :

- ***du président du tribunal*** ;
- ***de 3 ou 4 conseillers*** (dont un conseiller rapporteur) ;
- du secrétariat-greffe.

Un des conseillers remplit les fonctions de commissaire du Gouvernement. Celui-ci est chargé de présenter dans les affaires contentieuses les solutions qui lui paraissent les plus conformes au droit.

En présence d'une question nouvelle de droit, présentant une difficulté sérieuse et se posant dans de nombreux cas, le juge du tribunal administratif peut surseoir à statuer et la renvoyer au Conseil d'État pour avis.

L'assistance d'un avocat est, en principe, obligatoire.

Le tribunal administratif a une compétence :

- ***administrative*** : il joue un rôle de conseil auprès du préfet ;
- ***juridictionnelle*** : il juge tous les litiges administratifs hormis ceux qui sont attribués par la loi à une autre juridiction.

Il statue en premier et dernier ressort jusqu'à 8 000 € à charge d'appel au-dessus soit devant la cour administrative d'appel, soit devant le Conseil d'État (contentieux en matière électorale, recours en appréciation de légalité...).

B – La cour administrative d'appel

Il existe 8 cours administratives d'appel sur l'ensemble du territoire (Bordeaux, Douai, Lyon, Marseille, Nancy, Nantes, Paris et Versailles).

Chaque cour est divisée en chambres. Chaque chambre est composée :

- ***du président de chambre*** ;
- ***de 4 conseillers*** (dont un conseiller rapporteur) ;
- ***du commissaire du Gouvernement*** ;
- du secrétariat-greffe.

Le président de la cour administrative d'appel est un conseiller d'État.

En présence d'une question nouvelle de droit, présentant une difficulté sérieuse et se posant dans de nombreux cas, le président de la cour administrative d'appel peut surseoir à statuer et la renvoyer au Conseil d'État pour avis.

L'assistance d'un avocat est, en principe, obligatoire.

La cour administrative d'appel statue sur les appels formés contre les jugements des tribunaux administratifs de son ressort, sauf ceux portant sur les recours en appréciation de la légalité, sur les litiges relatifs aux élections municipales et cantonales et sur les recours pour excès de pouvoir formés contre les actes réglementaires.

Les arrêts de la cour administrative d'appel sont susceptibles de pourvoi en cassation devant le Conseil d'État.

C – La chambre régionale des comptes

Il existe une chambre régionale des comptes par région et une chambre territoriale des comptes par collectivite d'outre-mer (*cf.* chapitre 8).

La chambre régionale ou territoriale des comptes a une compétence :

- ***administrative*** : elle vérifie la régularité des comptes publics des collectivités territoriales ainsi que de leurs établissements publics et s'assure du bon emploi des deniers publics. Elle peut adresser à celles-ci des observations sur leur gestion.

  En matière budgétaire, elle est saisie par le préfet si une collectivité locale n'a pas voté son budget dans les délais légaux, a voté son budget en déséquilibre, n'a pas inscrit à son budget une dépense obligatoire ou a un arrêté des comptes de l'exercice précédent en déficit. Elle émet des propositions, la décision appartenant au représentant de l'État ;
- ***juridictionnelle*** : elle juge les comptes des comptables des collectivités locales, des établissements publics, des organismes bénéficiant de concours financiers publics…

Les décisions de la chambre régionale des comptes sont susceptibles, en matière juridictionnelle, d'appel devant la Cour des comptes.

D – La Cour des comptes

Il existe une Cour des comptes pour toute la République ; elle est divisée en 7 chambres spécialisées (*cf.* chapitre 6).

La Cour des comptes a une double compétence :

- ***une compétence administrative*** : elle vérifie la régularité des comptes des comptables publics ainsi que celle des recettes et des dépenses décrites dans les comptabilités publiques, sous réserve de la compétence attribuer, en premier ressort, aux chambres régionales et territoriales des comptes. Elle peut faire des observations aux ministres, aux autorités et aux organismes concernées.

  Elle assiste le Parlement dans le contrôle de l'action du Gouvernement. Elle assiste le Parlement et le Gouvernement dans le contrôle de l'exécution des lois de finances et de l'application des lois de financement de la Sécurité sociale ainsi que dans l'évaluation des politiques publiques.
- ***une compétence juridictionnelle*** : elle rend des arrêts relatifs aux comptes de l'administration et des organismes susceptibles d'être contrôlés par elle. La Cour des comptes peut déférer devant la Cour de discipline budgétaire et financière toute personne exerçant une fonction publique et commettant des fautes dans la gestion des finances publiques.

  Elle juge en appel les décisions des chambres régionales des comptes.

Les décisions de la Cour des comptes sont susceptibles, en matière juridictionnelle, de pourvoi en cassation devant le Conseil d'État pour motifs de droits.

E – La Cour de discipline budgétaire et financière

Il existe une Cour de discipline budgétaire et financière pour toute la République.

La Cour de discipline budgétaire et financière est composée :

- du ***premier président de la Cour des comptes,*** président ;
- du ***président de la section des finances du Conseil d'État,*** vice-président ;
- de ***5 conseillers d'État au Conseil d'État*** et de ***5 conseillers maîtres à la Cour des comptes,*** nommés par décret pris en Conseil des ministres pour une durée de 5 ans.

Les fonctions du Ministère public sont remplies par le procureur général de la Cour des comptes, assisté d'un avocat général et, s'il y a lieu, de commissaires du Gouvernement.

La Cour de discipline budgétaire et financière comporte deux sections composées chacune de 5 membres et présidées respectivement par le président et le vice-président de la Cour.

La Cour de discipline budgétaire et financière a pour rôle de sanctionner certains types de fautes personnelles commises, dans les actes de leurs fonctions, par les fonctionnaires, les agents publics ou les personnes assimilées, au préjudice de l'État, de diverses collectivités publiques ou de certains organismes financés sur fonds publics.

Les personnes susceptibles d'être renvoyées devant la Cour sont les ordonnateurs, les comptables, les agents chargés d'exercer une tutelle ou des contrôles relatifs aux recettes ou aux dépenses (tels que les contrôleurs d'État ou les contrôleurs financiers), ainsi que toutes personnes ayant participé à des actes de gestion au sein d'une collectivité ou d'un organisme public.

Ne sont pas des personnes justiciables :

- les membres du Gouvernement ;
- les gestionnaires élus des collectivités locales agissant dans l'exercice de leur fonctions, sauf dans trois cas : lorsque l'élu a réquisitionné un comptable public en procurant un avantage injustifié à autrui au préjudice de sa collectivité, lorsque ses agissements ont entraîné la condamnation à l'astreinte de cette collectivité, et lorsqu'il a manqué à l'obligation d'exécuter une décision de justice qui l'avait condamné au paiement d'une somme d'argent ;
- les personnes exerçant leurs fonctions à titre bénévole (exemple : administrateur élu d'un organisme de Sécurité sociale ou d'une association de bienfaisance).

La Cour de discipline budgétaire et financière peut être saisie :

- par la Cour des comptes ou par une chambre régionale des comptes ;
- par les présidents des assemblées parlementaires, le Premier ministre, le ministre chargé des Finances ou les autres membres du Gouvernement pour les faits relevés à l'encontre des fonctionnaires placés sous leur autorité ;
- par les particuliers, uniquement pour des faits relatifs à l'inexécution de décisions de justice les concernant.

Les affaires portées devant la Cour sont délibérées en section. Le président de la Cour ou le président de la section devant laquelle elle est portée peut renvoyer une affaire en formation plénière. Le président de la Cour peut décider l'inscription directe d'une affaire en formation plénière.

L'instruction des affaires est confiée à des rapporteurs.

La Cour ne peut valablement délibérer en formation plénière ou en section que si 4 au moins des membres de la formation de jugement sont présents, dont au moins un membre du Conseil d'État et un membre de la Cour des comptes.

Les arrêts de la Cour sont revêtus de la formule exécutoire. Ils sont sans appel.

Ils peuvent faire l'objet soit d'un recours en cassation devant le Conseil d'État exercé par l'intéressé ou par le procureur général, soit d'un recours en révision s'il survient des faits nouveaux ou s'il est découvert des documents de nature à établir la non-responsabilité de l'intéressé.

F – Le Conseil d'État

Il existe un Conseil d'État pour toute la République. Il est divisé en 6 sections : 4 sections administratives, une section du rapport et des études et une section du contentieux (*cf.* chapitre 6).

Le Conseil d'État a une double fonction :

– il est la juridiction administrative suprême ;

– il est le conseiller du Gouvernement (*cf.* chapitre 6).

Il est chargé aussi d'une mission permanente d'inspection à l'égard des juridictions administratives.

1) La fonction de contentieux du Conseil d'État

Tous les litiges impliquant une personne publique (les communes, les départements, les régions, les établissements publics et l'État) ou une personne privée chargée d'un service public (par exemple : une fédération sportive) relèvent de la compétence des juridictions administratives et donc, en dernier ressort, du Conseil d'État.

Le Conseil d'État, en tant que juge suprême des juridictions administratives, assure, à l'instar de la Cour de cassation dans l'ordre judiciaire, l'unité de la jurisprudence sur le plan national.

2) Les compétences en matière de contentieux du Conseil d'État

Le Conseil d'État statue :

– ***en qualité de juge de premier ressort*** en ce qui concerne :

- les recours en annulation contre les actes réglementaires des ministres et les actes des ministres pris sur avis du Conseil d'État,
- les recours pour excès de pouvoir tendant à l'annulation de tout décret réglementaire ou individuel,
- les recours contre les actes administratifs unilatéraux,
- les recours contre des actes dont le champ d'application excède le ressort d'un seul tribunal administratif,
- les décisions des organismes collégiaux à compétence nationale (par exemple : la décision prise par un jury d'un concours national ou par le Conseil supérieur de l'audiovisuel),

- le contentieux relatif à la carrière des fonctionnaires nommés par décret du président de la République,
- le contentieux des élections régionales et européennes,
- les litiges d'ordre administratif nés hors du territoire national du fait des autorités administratives françaises ;

– ***en qualité de juge d'appel*** pour les recours formés contre les décisions des tribunaux administratifs concernant le contentieux des élections municipales et cantonales, les recours en appréciation de légalité ;

– ***sur les recours en cassation*** dirigés contre les décisions rendues en dernier ressort par les diverses juridictions administratives : les cours administratives d'appel, la Cour des comptes, la Cour de discipline budgétaire et financière, les juridictions administratives spécialisées (juridictions des ordres professionnels, juridictions de l'aide sociale...).

L'appel et la cassation ne peuvent concerner le même litige.

Les décisions rendues par le Conseil d'État statuant au contentieux sont souveraines et ne sont donc susceptibles d'aucun recours (sauf certaines voies de recours exceptionnelles comme le recours en révision ou le recours en rectification d'erreur matérielle).

3) Les formations de jugement du Conseil d'État

La section du contentieux, présidée par un président assisté de 3 présidents adjoints, est divisée en 10 sous-sections. L'instruction des affaires est confiée à la section ou à une de ses sous-sections.

Il existe 4 niveaux différents de formations de jugement au sein du Conseil d'État :

– ***la sous-section*** : la sous-section siégeant en formation de jugement est composée de son président, de l'un de ses deux assesseurs, du rapporteur et du commissaire du Gouvernement ;

– ***les formations de sous-sections réunies*** : la formation de jugement des sous-sections réunies regroupe 2 sous-sections. Elle est composée :
  - du président de la section du contentieux ou de l'un des trois présidents adjoints,
  - pour la sous-section qui a instruit l'affaire : le président, deux assesseurs et le rapporteur,
  - pour l'autre sous-section : le président et deux assesseurs,
  - un conseiller d'État, membre de l'une des quatre sections administratives ou de la section du rapport et des études,
  - du commissaire du Gouvernement ;

– ***la section du contentieux*** : la formation de jugement de la section du contentieux est composée de son président, des 3 présidents adjoints, des 10 présidents de sous-section, du rapporteur de l'affaire, de 2 conseillers d'État représentant les autres sections du Conseil d'État, et du commissaire du Gouvernement ;

– ***l'Assemblée du contentieux*** : elle est composée du vice-président du Conseil d'État, des présidents des 6 sections, des 3 présidents adjoints de la section du contentieux, du président de la sous-section qui a instruit l'affaire, du rapporteur et du commissaire du Gouvernement.

Les affaires qui présentent une difficulté juridique particulière ou une importance remarquable sont jugées, soit par la section du contentieux, soit par l'Assemblée du contentieux.

Le président de la section du contentieux (ou les conseillers d'État désignés par lui à cet effet) est juge des référés.

4) La section du rapport et des études

La section du rapport et des études a, en dehors de la préparation du rapport annuel du Conseil d'État et des études de fond à la demande du Premier ministre (*cf.* chapitre 6), une compétence en matière de contentieux.

La section du rapport et des études peut être saisie de demandes destinées à accélérer l'exécution par l'administration des décisions du juge administratif. Ces procédures sont :

– ***la demande d'aide à l'exécution*** ouverte à toute partie intéressée ;

– ***la demande d'éclaircissement*** ouverte aux ministres.

Ces demandes la conduisent à intervenir auprès des administrations concernées. En cas de refus persistant d'exécution, elle peut faire mention de l'affaire dans le rapport annuel du Conseil d'État.

Le bénéficiaire d'une décision du Conseil d'État statuant au contentieux qui se heurte à la mauvaise volonté de l'administration dans l'exécution de cette décision peut saisir la section du rapport et des études. Cette dernière prend alors contact avec l'administration concernée. En cas de non-exécution, passé un délai de 6 mois après la notification de la décision du Conseil d'État, le justiciable peut saisir la section du contentieux d'une demande d'astreinte. Cette demande est instruite par la section du rapport et des études qui s'efforce d'obtenir l'exécution de la décision. En cas de refus, elle peut proposer à la section du contentieux de prononcer l'astreinte.

La section du rapport et des études peut faire mention dans son rapport annuel du Conseil d'État des difficultés auxquelles ont pu se heurter les tribunaux administratifs et les cours administratives d'appel dans l'exécution de leurs décisions juridictionnelles.

3 Les recours

Les recours sont des réclamations adressées aux autorités compétentes en vue d'obtenir satisfaction sur un point précis. Il existe des recours administratifs ou contentieux, on relève aussi le recours au Défenseur des droits.

A – Le recours administratif

Le recours administratif est porté devant l'administration par l'administré qui a un litige avec elle. On distingue :

– ***le recours gracieux*** : l'administré le formule auprès de l'auteur qui a pris la décision contestée dans le but d'obtenir de celui-ci qu'il reconsidère sa décision ;

– ***le recours hiérarchisé*** : l'administré le formule auprès du supérieur hiérarchique de l'auteur de la décision afin que celui-ci reconsidère la décision de son subordonné.

Il est possible d'exercer l'un ou l'autre de ces recours mais non les deux à la fois ou successivement.

Le recours administratif n'est soumis à aucune condition de forme ou de délai.

L'autorité administrative peut y répondre ou non. Le recours administratif n'exclut pas le recours contentieux.

B – Le recours contentieux

Le recours contentieux est porté devant une juridiction administrative dans le but d'obtenir qu'elle statue à propos d'un litige précis.

On distingue : le recours en annulation et le recours de pleine juridiction.

1) Le recours en annulation

L'auteur du recours cherche à obtenir de la juridiction administrative l'annulation d'une décision administrative au motif que celle-ci a violé une règle de droit.

Le recours peut être exercé contre toute décision administrative unilatérale. Le plus fréquent est le recours pour excès de pouvoir.

Pour que le recours soit admis, il faut :

- que la décision attaquée fasse grief ;
- que l'auteur du recours ait un intérêt pour agir ;
- que le recours soit présenté dans le délai prescrit, le délai est en principe de 2 mois à compter de la notification (s'il s'agit d'une décision individuelle) ou de la publication de l'acte attaqué (s'il s'agit d'un acte réglementaire). Le délai est de 5 jours en matière d'élections municipales ou cantonales. Si pendant ces 2 mois le demandeur a formé un recours gracieux ou hiérarchique, le délai des 2 mois court soit à partir de la réponse de l'administration (rejet explicite) soit en l'absence de réponse à l'expiration des 4 mois (rejet implicite).

2) Le recours de pleine juridiction

L'auteur du recours cherche à obtenir de la juridiction administrative l'annulation d'une décision et éventuellement l'octroi d'une réparation. L'auteur du recours doit :

- justifier qu'il a subi un préjudice personnel (s'il s'agit d'un préjudice d'ordre financier il doit l'évaluer) ;
- obtenir une décision préalable de l'administration (sauf si la demande porte sur une indemnité pour dommages causés par des travaux publics) en formulant auprès de celle-ci une réclamation ;
- respecter le délai pour formuler le recours : le délai est de 2 mois à compter de la notification de la décision litigieuse. Il peut être prolongé en cas de recours gracieux ou hiérarchique. Le délai de 2 mois court à partir du rejet explicite : aucun délai en cas de rejet implicite.

PARTIE 2

Les institutions de l'Union européenne

L'Union européenne (UE)

Chapitre 15

1 Présentation

L'Union européenne (UE), après son dernier élargissement, comprend 27 États membres et constitue un marché de près de 500 millions d'habitants.

L'Europe des 27

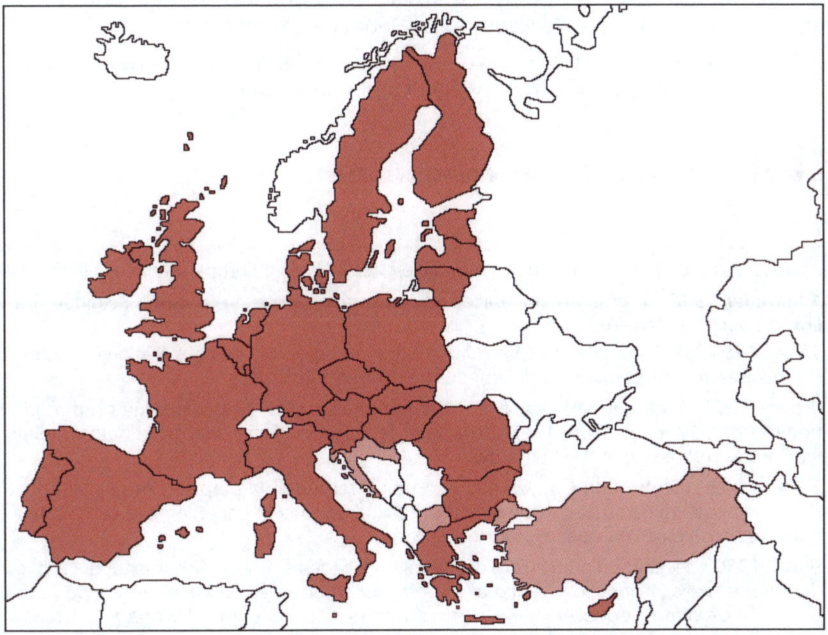

Europe des 27

Pays candidats : Turquie et Croatie, ouverture de négociations d'adhésion ; République de Macédoine, en attente de l'ouverture de négociations d'adhésion.

– ***1958 : Europe des Six*** : Allemagne, Belgique, France, Italie, Luxembourg et Pays-Bas.
– ***1973 : Europe des Neuf*** : adhésions du Danemark, de l'Irlande et du Royaume-Uni.
– ***1981 : Europe des Dix*** : adhésion de la Grèce.
– ***1986 : Europe des Douze*** : adhésions de l'Espagne et du Portugal.
– ***1995 : Europe des Quinze*** : adhésions de l'Autriche, de la Suède et de la Finlande.
– ***2004 : Europe des Vingt-cinq*** : adhésions de Chypre, de l'Estonie, de la Hongrie, de la Lettonie, de la Lituanie, de Malte, de la Pologne, de la Slovaquie, de la Slovénie et de la République tchèque.
– ***2007 : Europe des Vingt-sept*** : adhésions de la Bulgarie et de la Roumanie.

L'Union européenne a ouvert, le 3 octobre 2005, des négociations d'adhésion avec la Turquie et la Croatie. La République de Macédoine est en attente de l'ouverture de négociations.

Les langues officielles de l'Union européenne sont, depuis le 1er janvier 2007, au nombre de 23 : l'allemand, l'anglais, le bulgare, le danois, l'espagnol, l'estonien, le finnois, le français, le grec, le hongrois, l'irlandais, l'italien, le letton, le lituanien, le maltais, le néerlandais, le polonais, le portugais, le roumain, le slovaque, le slovène, le suédois et le tchèque.

La législation communautaire est publiée dans toutes ces langues officielles et il est loisible au citoyen de correspondre avec les institutions de l'Union dans celle de son choix.

2 L'historique de l'Union européenne

Au lendemain de la Seconde Guerre mondiale (1939-1945), l'Europe affaiblie cherche à s'organiser.

1948 ***1er janvier 1948*** : entrée en vigueur de la convention douanière entre la Belgique, les Pays-Bas et le Luxembourg : le Benelux.

16 avril 1948 : création de l'OECE : l'Organisation européenne de coopération économique est chargée d'organiser la répartition de l'aide américaine du Plan Marshall.

1949 ***4 avril 1949*** : création de l'OTAN : l'Organisation du traité de l'atlantique nord regroupe un certain nombre de pays européens, les États-Unis et le Canada. C'est une organisation politico-militaire. La France s'est retirée de l'OTAN en 1966.

5 mai 1949 : création du Conseil de l'Europe : il regroupe la plupart des pays européens. C'est une institution politique – organisée sous la forme d'une assemblée parlementaire consultative – s'intéressant à tous les problèmes européens (sauf militaires).

1950 ***9 mai 1950*** : déclaration du ministre des Affaires étrangères, Robert Schumann, qui propose : « *de placer l'ensemble de la production franco-allemande du charbon et de l'acier sous une autorité commune, dans une organisation ouverte à la participation des autres pays d'Europe* ». Cette déclaration a été préparée par Jean Monet, commissaire au Plan.

1951 ***18 avril 1951*** : le ***Traité de Paris*** : la Communauté européenne du charbon et de l'acier (CECA) a pour but la création d'un marché commun du charbon et de l'acier et l'adaptation de la main-d'œuvre aux conditions du marché.

1954 *23 octobre 1954* : création de l'UEO : l'Union de l'Europe occidentale regroupe les 6 États membres de la CECA et le Royaume-Uni. Elle a pour objet de traiter les problèmes de défense (aucune autonomie opérationnelle par rapport à l'OTAN).

1957 *25 mars 1957* : les ***Traités de Rome*** : le Traité de Rome instituant la CEE et le Traité instituant l'EURATOM :

- la CEE : la Communauté Économique Européenne a pour but la libre circulation des personnes, marchandises et capitaux entre les pays membres.
  Le Traité de Rome a créé aussi la Banque européenne d'investissement (BEI) ;
- l'EURATOM : la Communauté européenne de l'énergie atomique (CEEA) a pour but de promouvoir l'exploitation pacifique de l'énergie atomique, de coordonner et stimuler les recherches, et d'élaborer les règles de protection concernant la construction et l'exploitation de centrales nucléaires.

1958 *1er janvier 1958* : l'Europe des 6 (CECA, EURATOM et CEE) regroupe 6 pays : l'Allemagne (la République Fédérale Allemande), la Belgique, l'Italie, la France, le Luxembourg et les Pays-Bas.

1960 *14 décembre 1960* : création de l'OCDE : l'Organisation de Coopération et de Développement Économique remplace l'OECE. Elle regroupe la plupart des pays de l'Europe de l'Ouest, les États-Unis et le Canada. Son but est de confronter les politiques des États membres et de coordonner l'aide de l'Europe aux pays du tiers-monde.

1962 *30 janvier 1962* : entrée en vigueur de la Politique agricole commune (la PAC) ou l'Europe verte met en œuvre trois principes : l'unité du marché (libre circulation et fixation de prix communs pour certains produits), la préférence communautaire et la solidarité financière.

1965 *8 avril 1965* : ***le Traité de fusion des exécutifs des trois communautés*** (CECA, EURATOM et CEE).

1967 *1er juillet 1967* : entrée en vigueur du Traité de fusion des exécutifs des trois communautés : on parle dorénavant de la Communauté européenne et non plus des Communautés européennes.

1968 *1er juillet 1968* : réalisation de l'Union douanière : elle entraîne l'élimination des droits de douane entre les Six et la mise en place d'un tarif douanier commun.

1973 *1er janvier 1973* : l'Europe des 9 : la Communauté européenne s'élargit au Danemark, à l'Irlande et au Royaume-Uni.

1974 *9 – 10 décembre 1974* : les chefs d'États ou de Gouvernement de l'Europe des 9 décident, au ***Sommet de Paris***, de l'élection au suffrage universel direct du Parlement européen et de se réunir en Conseil européen plusieurs fois par an pour traiter des affaires communautaires et de la coopération politique.

1979 *1er janvier 1979* : instauration du Système monétaire européen (le SME).

7-10 juin 1979 : première élection du Parlement européen au suffrage universel direct.

1981 *1er janvier 1981* : l'Europe des 10 : la communauté européenne s'élargit à la Grèce.

1986 *1er janvier 1986* : l'Europe des 12 : la communauté européenne s'élargit à l'Espagne et au Portugal.

28 février 1986 : signature de l'***Acte unique européen*** : il étend les compétences de la Communauté européenne, modifie les règles de fonctionnement et les rapports des institutions européennes et donne un statut juridique à la coopération politique européenne. Il précise certains objectifs de la Communauté européenne : parachèvement du marché intérieur européen, réalisation d'un grand espace sans frontière pour 1992, développement des capacités technologiques, progrès vers l'Union économique et monétaire, renforcement de la cohésion économique et sociale, amélioration de l'environnement et du milieu de travail.

1987 *1er juillet 1987* : entrée en vigueur de l'Acte unique européen.

1989 *9 décembre 1989* : adoption de la ***Charte communautaire des droits sociaux fondamentaux des travailleurs***.

1990 *1er juillet 1990* : entrée en vigueur de la première étape de l'Union économique et monétaire (UEM).

3 octobre 1990 : réalisation de l'unité allemande (République Fédérale Allemande et République Démocratique Allemande).

1991 ***21 octobre 1991*** : accord politique du Conseil européen sur la création de l'Espace économique européen, à l'intérieur duquel les personnes, les marchandises, les capitaux et les services pourront circuler librement.

1992 ***7 février 1992*** : signature à Maastricht, par les ministres des Affaires étrangères, du ***Traité sur l'Union européenne (TUE)***. Ce traité prévoit en particulier :

- une union politique : instauration d'une citoyenneté européenne, une politique étrangère et de sécurité commune (PESC), et une coopération en matière d'affaires intérieures et de justice (JAI) ;
- un renforcement des pouvoirs du Parlement européen (introduction de la procédure de codécision, extension du champ d'application des procédures de coopération et d'avis conforme) ;
- un surcroît de légitimité pour la Commission européenne ;
- la création d'un Comité des régions...

20 septembre 1992 : les français se prononcent par référendum pour la ratification du Traité de Maastricht.

1993 ***1er novembre 1993*** : entrée en vigueur du Traité sur l'Union européenne. Le Traité instituant la Communauté économique européenne (Traité CEE), devient le ***Traité instituant la Communauté européenne (TCE)***.

1994 ***1er janvier 1994*** : entrée en vigueur de l'***Espace économique européen*** et début de la 2e phase de la réalisation de l'Union économique et monétaire avec la création de l'Institut monétaire européen (IME).

1995 ***1er janvier 1995*** : l'Europe des 15 : l'Union européenne s'élargit à l'Autriche, à la Finlande et à la Suède.

1997 ***2 octobre 1997*** : signature du ***Traité d'Amsterdam*** qui prévoit notamment un développement de la coopération judiciaire, policière et douanière, le renforcement de la politique sociale, la création d'une politique de l'emploi, un accroissement des pouvoirs du Parlement européen et de ceux du président de la Commission européenne, une extension des compétences de la Cour de justice européenne...

1998 ***1er juin 1998*** : création de la Banque centrale européenne (BCE) et du système européen de banques centrales (SEBC).

1999 ***1er janvier 1999*** : entrée en vigueur du Traité d'Amsterdam et création d'une monnaie unique : l'***euro***, pour 11 États membres de l'Union européenne (Allemagne, Autriche, Belgique, Espagne, France, Finlande, Irlande, Italie, Luxembourg, Pays-Bas et Portugal), fixation irrévocable des taux de conversion et entrée en vigueur de la législation relative à l'introduction de l'euro (3e et dernière phase de la réalisation de l'Union économique et monétaire).

2000 ***7 décembre 2000*** : proclamation de la ***Charte européenne des droits fondamentaux de l'Union européenne***.

2001 ***26 janvier 2001*** : suite au Conseil européen tenu à Nice en décembre 2000, un nouveau traité est signé modifiant le Traité sur l'Union européenne et les traités établissant les Communautés européennes : le ***Traité de Nice***. Ce traité aborde les questions institutionnelles qui n'avaient pas été réglées à Amsterdam et qui devaient l'être avant l'élargissement. La Grèce devient le 12e membre de la zone euro.

15 décembre 2001 : le Conseil européen, réuni à Laeken en Belgique, convoque une Convention chargée de réfléchir aux possibles réformes du fonctionnement de l'Union européenne, dans la perspective de son élargissement.

2002 ***1er janvier 2002*** : mise en circulation des billets et des pièces en euros et retrait progressif des billets et pièces en monnaies nationales.

28 février 2002 : début des travaux de la Convention sur l'avenir de l'Europe présidée par Valéry Giscard d'Estaing.

2003 ***1er février 2003*** : entrée en vigueur du Traité de Nice.

20 juin 2003 : le président de la Convention sur l'avenir de l'Europe, Valéry Giscard d'Estaing, présente le projet de traité instituant une Constitution pour l'Europe au Conseil européen réuni à Thessalonique, en Grèce.

4 octobre 2003 : réunion, à Rome, de la Conférence intergouvernementale chargée de modifier les traités et d'adopter le traité constitutionnel.

2004 *1er mai 2004* : l'Europe des 25 : l'Union européenne s'élargit à Chypre, à l'Estonie, à la Hongrie, à la Lettonie, à la Lituanie, à Malte, à la Pologne, à la slovaquie, à la Slovénie et à la République tchèque.

18 juin 2004 : les chefs d'État ou de Gouvernement des 25 États membres adoptent, à l'unanimité, le ***Traité établissant une Constitution pour l'Europe***.

29 octobre 2004 : les chefs d'État ou de Gouvernement des 25 États membres signent officiellement, à Rome, le Traité établissant une Constitution pour l'Europe. Le Traité doit être adopté par chacun des pays signataires selon ses propres procédures constitutionnelles : c'est ce qu'on appelle la ratification. Le processus de ratification de la Constitution européenne devait, initialement, se dérouler sur 2 ans, de 2004 à 2006. Le *Non* de la France et des Pays-Bas lors des référendums organisés par ces pays a mis un terme au Traité établissant une Constitution pour l'Europe.

2005 *3 octobre 2005*, l'Union européenne a ouvert, le 3 octobre, des négociations d'adhésion avec la Turquie et la Croatie.

2007 *1er janvier 2007* : l'Europe des 27 : l'Union européenne s'élargit à la Bulgarie et à la Roumanie.

1er janvier 2007 : la Slovénie rejoint la zone euro (13 pays sur 27).

18 et 19 octobre 2007 : les chefs d'État ou de Gouvernement des 27 États membres parviennent à un accord sur le ***Traité modificatif européen*** (ou Traité simplifié), dit ***Traité de Lisbonne*** qui opère la mise à niveau institutionnelle des structures européennes, que l'échec de la Constitution européenne n'a pas permis d'effectuer.

13 décembre 2007 : les chefs d'État ou de Gouvernement des 27 États membres signent officiellement, à Lisbonne, le ***Traité de Lisbonne***. Pour entrer en application, le Traité de Lisbonne doit être adopté par chacun des pays signataires. La voie parlementaire a été privilégiée, sauf pour l'Irlande qui a choisi le référendum. L'entrée en vigueur du Traité de Lisbonne est théoriquement prévu pour le 1er janvier 2009. À ce jour, 24 États membres ont ratifié le Traité de Lisbonne par la voie parlementaire. La procédure de ratification est en cours pour la République tchèque (voie parlementaire). La Suède, qui a aussi recourt à la voie parlementaire, ne s'est pas encore prononcée. Seule l'Irlande a rejeté le Traité de Lisbonne par référendum le 12 juin 2008. Une solution au *Non* irlandais doit être trouvée afin de permettre l'entrée en vigueur du Traité de Lisbonne.

2008 *1er janvier 2008* : Chypre et Malte rejoignent la zone euro (15 pays sur 27).

2009 *1er janvier 2009* : la Slovaquie rejoint la zone euro (16 pays sur 27).

juin 2009 : élection du Parlement européen.

3 Les 3 piliers de l'Union européenne

L'Union européenne prend des décisions dans trois domaines distincts appelés les 3 piliers de l'Union :

- ***le 1er pilier : les Communautés européennes*** : le domaine communautaire couvre la plupart des politiques communes, dans lequel les décisions sont prises selon la méthode communautaire, qui fait intervenir la Commission européenne, le Parlement européen et le Conseil de l'Union européenne ;
- ***le 2e pilier : la Politique étrangère et de sécurité commune (PESC)*** : dans le domaine de la politique étrangère et de sécurité commune les décisions sont prises par le Conseil uniquement ;
- ***le 3e pilier : la coopération policière et judiciaire en matière pénale*** : dans le domaine de la coopération policière et judiciaire en matière pénale les décisions sont prises, tout comme pour la PESC, par le Conseil.

  Si le Conseil le décide, il peut utiliser la passerelle communautaire pour transférer certaines matières du 3e pilier au 1er pilier.

Dans le 1er pilier, le Conseil prend normalement ses décisions par vote à la majorité qualifiée. Dans le 2e pilier et le 3e pilier, la décision du Conseil doit être unanime ; elle peut donc être bloquée par le droit de veto d'un seul pays.

4 Le droit communautaire

Le droit communautaire est constitué par :

- ***le droit originaire ou primaire*** : il comprend les traités constitutifs (traités originaires), les traités et les actes modifiant ou complétant les traités constitutifs et les traités et les actes d'adhésion qui modifient les traités constitutifs et sont dotés de la même valeur juridique que ces derniers ;
- ***le droit dérivé*** : il comprend l'ensemble des actes pris par les institutions communautaires en application de ces traités.

  Dans le cadre du 1er pilier communautaire, le Conseil, la Commission et le Parlement européen conjointement avec le Conseil arrêtent, pour l'accomplissement de leur mission, des règlements et des directives, prennent des décisions et formulent des recommandations ou des avis. il existe 2 types d'actes :

  • *les actes obligatoires* :

    - ***le règlement communautaire*** : il a une portée générale. Il est obligatoire dans tous ses éléments et il est directement applicable dans tout État membre. Il peut laisser le soin aux autorités nationales ou communautaires de prendre les mesures nécessaires à sa mise en œuvre ;
    - ***la directive communautaire*** : elle lie tout État membre destinataire quant au résultat à atteindre, tout en laissant aux instances nationales la compétence quant à la forme et aux

moyens. Les États disposent d'un certain délai pour transposer complètement la directive dans leur ordre juridique interne ;

– ***la décision communautaire*** : elle est obligatoire dans tous ses éléments pour les destinataires qu'elle désigne. C'est un acte de portée individuelle dont les destinataires peuvent être soit les États membres soit des personnes physiques ou morales ;

- *les actes sans portée obligatoire* : il s'agit des ***recommandations*** et des ***avis***. En principe, ils ne lient pas les États membres. Les institutions européennes les utilisent pour exprimer une opinion, donner une information, annoncer des textes contraignants ou inciter les destinataires à adopter un comportement déterminé ;

Dans le cadre du 2e pilier, la politique étrangère et de sécurité commune (PESC), le Conseil adopte :

- *les principes et orientations générales* : ils définissent les principaux aspects et choix fondamentaux de la PESC,
- *les stratégies communes* : elles prévoient dans le temps, la réalisation d'objectifs soit dans un secteur géographique particulier, soit dans un domaine spécifique, dont elles déterminent la durée et les moyens à mobiliser,
- *les positions communes* : elles définissent les positions de l'Union sur des questions particulières de nature géographique ou thématique. Les États membres doivent veiller à ce que leurs politiques nationales y soient conformes,
- *les actions communes* : elles fixent les objectifs à atteindre, les moyens devant être mis à la disposition de l'Union, les conditions d'exécution et la durée des opérations. Les États doivent s'y conformer et prendre toutes les mesures de transposition nationales nécessaires,
- *les décisions* : elles désignent plus spécifiquement les actes relatifs à la mise en œuvre d'une position ou d'une action commune ;

Dans dans le cadre du 3e pilier, la coopération policière et judiciaire en matière pénale, le Conseil adopte :

- *les positions communes* : elles définissent les positions de l'Union européenne sur des questions particulières,
- *les décisions-cadre* : elles lient les États membres quant au résultat à atteindre tout en leur laissant le choix de la forme et des moyens. Les États doivent prendre toutes les mesures de transposition nationales nécessaires,
- *les décisions* : elles sont obligatoires dans tous leurs éléments pour les États membres ;

Le droit communautaire englobe aussi :

– ***le droit international et le droit issu des engagements extérieurs de l'Union et des Communautés européennes*** : l'Union européenne et les Communautés européennes peuvent conclure des accords et traités internationaux avec des États tiers ou des organisations internationales ;

- ***le droit complémentaire*** : il s'agit des actes conventionnels conclus entre les États membres pour l'application des traités ;
- ***les principes généraux*** : il s'agit des principes généraux du droit international, du droit des États membres, des traités constitutifs... Ces principes font partie intégrante de l'ordre juridique communautaire. Ils s'imposent aux institutions communautaires et aux États membres lorsqu'ils mettent en œuvre ou exécutent le droit communautaire ;
- ***la jurisprudence*** : la Cour de justice a le monopole de l'interprétation des traités et du droit dérivé et ses interprétations sont juridiquement obligatoires. Même en l'absence d'une règle communautaire, la Cour de justice est obligée de statuer notamment en ayant recours aux principes généraux. Ainsi, elle est amenée à compléter le droit communautaire et à lui donner sa véritable portée.

Le droit communautaire, droit autonome, s'intègre dans les ordres juridiques internes des États membres. Cette intégration a pour conséquences l'applicabilité immédiate et directe du droit communautaire ainsi que sa primauté sur le droit national. Ces principes permettent l'application uniforme du droit communautaire dans tous les États membres.

L'acquis communautaire se définit comme l'ensemble des droits et obligations qui découlent de l'appartenance à l'Union européenne. L'acquis communautaire inclut à la fois le droit originaire, le droit dérivé et la jurisprudence de la Cour de justice. L'Union européenne s'est donnée pour objectif de maintenir intégralement l'acquis communautaire et de le développer. Tout pays candidat doit accepter cet acquis communautaire. Pour intégrer l'Union européenne, le pays candidat se trouve dans l'obligation de transposer l'acquis communautaire dans sa législation nationale et de l'appliquer dès son adhésion effective.

5 L'organigramme des institutions européennes

L'Union européenne (UE) est un ensemble de pays démocratiques européens décidés à œuvrer ensemble à la paix et à la prospérité.

L'Union européenne est une organisation unique en son genre. Les États qui la composent ont mis en place des institutions communes auxquelles ils délèguent une partie de leur souveraineté, afin que les décisions sur des questions spécifiques d'intérêt commun puissent se prendre démocratiquement au niveau européen. Cette mise en commun de souveraineté est aussi appelée « *intégration européenne* ».

Le fonctionnement institutionnel actuel de l'Union européenne

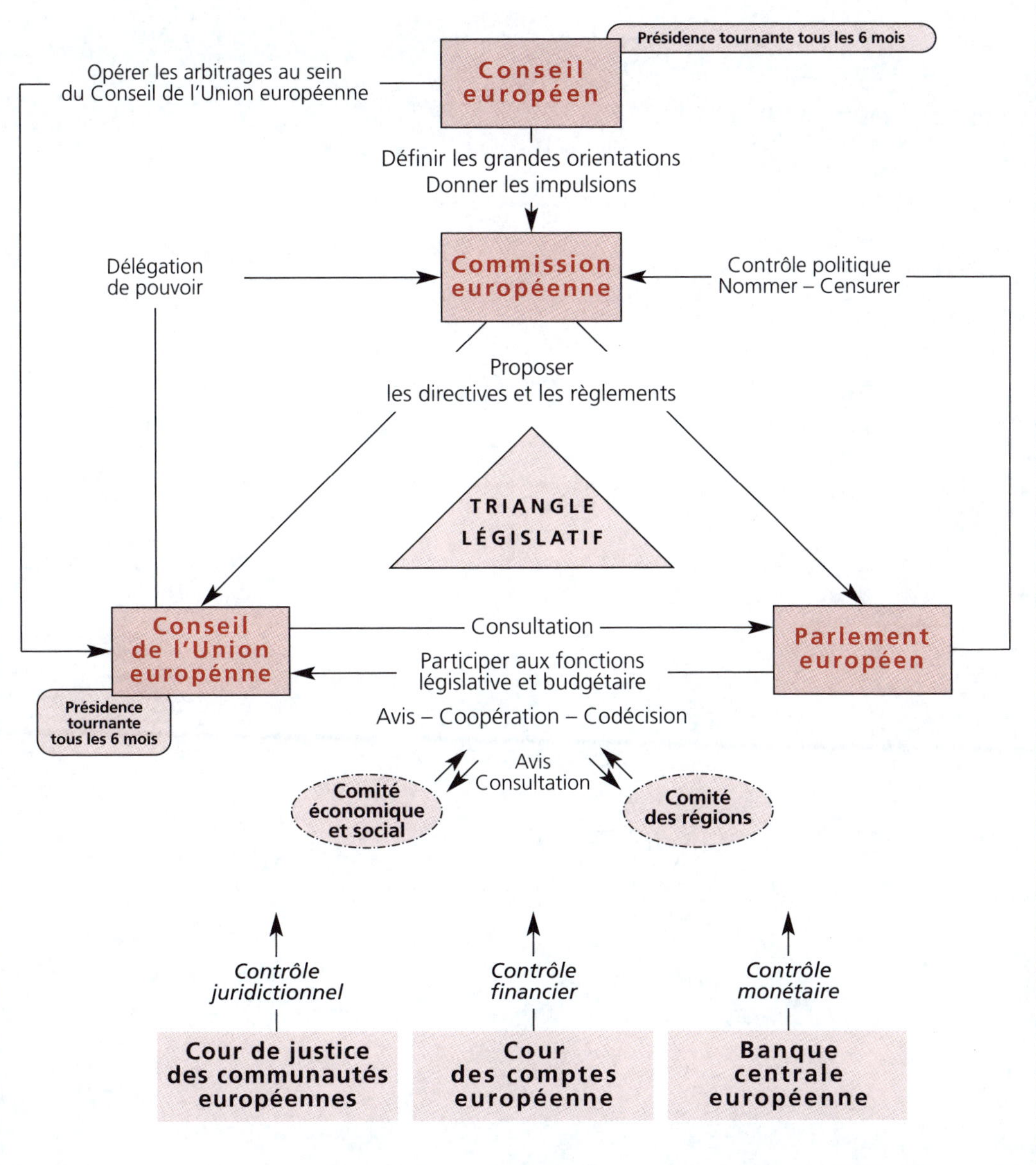

Le Conseil européen

Chapitre **16**

1 Généralités

Le Conseil européen est l'héritier des conférences au sommet réunissant les chefs d'État ou de Gouvernement des États membres de la Communauté. Pour permettre une approche globale des problèmes de la construction européenne et assurer la cohésion d'ensemble des activités communautaires, les chefs d'État ou de Gouvernement ont décidé, à l'occasion du Sommet européen de Paris de février 1974, que ces réunions se tiendraient désormais régulièrement et prendraient le nom de « *Conseil européen* ».

Le Conseil européen a été consacré par l'Acte unique européen (février 1986) qui, pour la première fois, insère le Conseil européen dans le dispositif des traités communautaires en fixant sa composition et en lui donnant un rythme de 2 réunions par an. Le Traité de Maastricht (1992) a formalisé son rôle dans le dispositif institutionnel de l'Union européenne.

2 La composition du Conseil européen

Le Conseil européen réunit les chefs d'État ou de Gouvernement des États membres ainsi que le président de la Commission européenne. Ceux-ci sont assistés par les ministres chargés des affaires étrangères des États membres et par un membre de la Commission européenne.

Les ministres des Affaires économiques et des Finances sont invités à participer aux sessions du Conseil européen lorsque ce dernier examine les questions relatives à l'Union économique et monétaire.

Le Conseil européen est ***présidé par le chef d'État ou de Gouvernement dont le pays exerce, pour 6 mois*** (de janvier à juin ou de juillet à décembre), ***la présidence du Conseil de l'Union européenne***.

L'État membre détenteur de la présidence doit :

– organiser et diriger les réunions du Conseil européen et des différentes formations du Conseil de l'Union européenne ;
– représenter le Conseil, à la fois dans son travail avec les autres institutions et organismes de l'Union européenne et au niveau international, par exemple au sein des Nations unies et de

l'Organisation mondiale du commerce. La présidence représente aussi l'Union européenne dans ses relations avec les pays tiers, non-membres de l'Union ;

– assurer la poursuite des négociations encore en cours entamées lors de la présidence précédente et, au besoin, les confier à la présidence suivante.

La présidence est assistée par le Secrétariat général du Conseil de l'Union européenne, qui prépare et assure le bon déroulement des travaux du Conseil européen à tous les échelons.

L'ordre de succession pour la présidence est fixé par le Conseil européen, statuant à l'unanimité. Pour la période comprise entre 2008 et 2012, l'ordre de succession pour la présidence du Conseil est le suivant :

Ordre de succession pour la présidence du Conseil européen pour la période comprise entre 2005 et 2012					
2008	janvier à juin	Slovénie	2010	janvier à juin	Espagne
	juillet à décembre	France		juillet à décembre	Belgique
2009	janvier à juin	République tchèque	2011	janvier à juin	Hongrie
	juillet à décembre	Suède		juillet à décembre	Pologne

Le Conseil européen se réunit au minimum 2 fois par an, en juin et décembre, à la fin de chaque présidence semestrielle. Dans la pratique le Conseil européen se réunit 4 fois par an. En effet, le chef d'État ou de gouvernement, dont le pays exerce pour 6 mois la présidence du Conseil de l'Union européenne, réunit 2 fois le Conseil européen, une première fois au début de sa présidence et une deuxième fois à la fin.

En cas de circonstances exceptionnelles, le président du Conseil européen peut décider de le réunir en session extraordinaire.

Depuis l'élargissement du 1er mai 2004, les réunions du Conseil européen doivent avoir lieu à Bruxelles. Le président du Conseil européen reste cependant libre d'organiser des réunions européennes informelles où il le souhaite.

Le Conseil européen peut se réunir en tant que ***conférence intergouvernementale*** en vue de la révision des traités communautaires.

3 Les compétences du Conseil européen

Le Conseil européen ***donne à l'Union européenne les impulsions nécessaires à son développement et en définit les orientations politiques générales***.

Le Conseil européen est compétent sur toute question concernant l'Union européenne. Cependant, il n'est pas un organe décisionnel au sens juridique du terme. La traduction concrète des décisions, qui résultent dans la majorité des cas d'un consensus, s'opère au niveau des autres institutions communautaires (Conseil de l'Union européenne, Commission européenne...). Le Conseil européen est donc essentiellement un organe intergouvernemental qui prend, le plus souvent, ses décisions à l'unanimité.

Le Conseil européen prend ses décisions de manière totalement indépendante. Ces décisions ne supposent ni l'initiative de la Commission européenne ni la participation du Parlement européen. De plus, il n'est pas soumis au contrôle de la Cour de Justice des communautés européennes.

Le Conseil européen présente au Parlement européen un rapport à la suite de chacune de ses réunions, ainsi qu'un rapport écrit annuel concernant les progrès réalisés par l'Union européenne.

Le Conseil européen dispose de compétences qui touchent les 3 piliers de l'Union européenne :

– ***1er pilier : les Communautés européennes*** :

- *dans le cadre général de l'Union européenne* : le Conseil européen définit les orientations générales et prononce des arbitrages sur les questions communautaires qui n'ont pas trouver de solution au niveau du Conseil de l'Union européenne. Leur mise en œuvre s'opère dans le cadre du processus décisionnel normal de l'Union européenne.

  Il peut être amené, dans des cas exceptionnels, à prendre des décisions ayant des conséquences juridiques pour l'Union. Dans ce cas, il agit en tant que Conseil au sens communautaire du mot et non en tant que Conseil européen. C'est le cas notamment pour :

  – le choix du siège des institutions européennes ;

  – les décisions ultimes d'autorisation de coopérations renforcées dans le domaine communautaire ;

  – le choix des États membres qui remplissent les conditions d'accès à la monnaie unique ;

  – la décision de déclencher la procédure de suspension des droits d'un État membre par constatation d'une violation grave des principes de l'Union... ;

- *dans le domaine de la politique économique* : le Conseil européen, sur la base du rapport du Conseil de l'Union européenne, débat d'une conclusion sur les grandes orientations des politiques économiques des États membres et de la Communauté. C'est sur la base de cette conclusion que le Conseil de l'Union européenne adopte une recommandation fixant les grandes orientations,

- *dans le domaine de l'emploi* : le Conseil européen examine, chaque année, sur la base d'un rapport annuel conjoint du Conseil de l'Union européenne et de la Commission européenne, la situation de l'emploi dans l'Union européenne et adopte des conclusions à ce sujet. C'est sur la base de ces conclusions que le Conseil de l'Union européenne élabore chaque année des lignes directrices, dont les États membres tiennent compte dans leurs politiques de l'emploi ;

– ***2e pilier : la Politique étrangère et de sécurité commune (PESC)*** : le Conseil européen définit les principes et les orientations générales de la politique étrangère et de sécurité commune, y compris les matières ayant des implications en matière de défense et décide de stratégies communes qui seront mises en œuvre par l'Union européenne dans les domaines où les États membres ont des intérêts communs importants. C'est sur ces bases que le Conseil de l'Union européenne prend les décisions nécessaires à la définition et à la mise en œuvre de la politique étrangère et de sécurité commune et met en œuvre les stratégies communes en arrêtant des actions et des positions communes. De façon générale, le Conseil européen intervient sur tous les problèmes d'actualité internationale.

Le Secrétaire général du Conseil est également Haut Représentant pour la politique étrangère et de sécurité commune et, à ce titre, il aide le Conseil européen à élaborer et à exécuter ses décisions politiques. Il entretient en outre, au nom du Conseil, un dialogue politique avec des pays tiers ;

– ***3e pilier : la coopération policière et judiciaire en matière pénale*** : le Conseil européen, dans le cadre de sa mission générale, donne des impulsions ou indique des orientations.

Le Conseil de l'Union européenne

Chapitre **17**

1 Généralités

Le Conseil de l'Union européenne, appelé aussi ***Conseil des ministres*** ou ***Conseil***, est ***une des institutions de l'Union européenne***. Il en est l'institution décisionnelle la plus importante. Il assure la représentation et la défense des intérêts des États membres de l'Union européenne.

Le Conseil de l'Union européenne est formé par un représentant de chaque État membre au niveau ministériel habilité à engager le gouvernement de cet État membre.

Le Conseil se réunit – en fonction des domaines traités – en différentes formations, dans lesquelles se réunissent les ministres des États membres, compétents pour les domaines concernés. Il reste néanmoins une seule et même institution. Quelle que soit la formation du Conseil qui adopte une décision, c'est une décision du Conseil de l'Union européenne sans mention de la formation.

Le siège du Conseil de l'Union européenne est à Bruxelles, où il se réunit plusieurs fois par mois (les réunions ont lieu à Luxembourg pendant les mois d'avril, de juin et d'octobre).

2 La composition du Conseil de l'Union européenne

Le Conseil de l'Union européenne est constitué par les ministres des États membres. Chaque ministre du Conseil est habilité à engager son gouvernement. Les ministres sont accompagnés de fonctionnaires qui les assistent.

Il se réunit en 9 formations différentes en fonction des sujets abordés :

- ***le Conseil Affaires générales et relations extérieures (CAGRE)*** : il réunit les ministres des Affaires étrangères des États membres. Les ministres des Affaires européennes, de la Défense, du Développement ou du Commerce y participent également en fonction de l'ordre du jour. Ce Conseil se réunit une fois par mois ;
- ***le Conseil Affaires économiques et financière (ECOFIN)*** : il réunit les ministres de l'Économie et des Finances des États membres, ainsi que les ministres compétents en matière de budget lorsque des questions budgétaires sont à l'ordre du jour. Ce Conseil se réunit une fois par mois ;
- ***le Conseil Justice et affaires intérieures (JAI)*** : il réunit les ministres de la Justice et les ministres de l'Intérieur. Ce Conseil se réunit environ tous les 2 mois ;

- ***le Conseil Emploi, Politique sociale, Santé et Consommateurs (EPSCO)*** : il réunit les ministres de l'Emploi, de la Protection sociale, de la Protection des consommateurs, de la Santé et de l'égalité des chances. Ce Conseil se réunit environ 4 fois par an ;
- ***le Conseil Compétitivité*** : il réunit, en fonction des points inscrits à l'ordre du jour, les ministres chargés des Affaires européennes, de l'Industrie, de la Recherche… Ce Conseil se réunit environ 5 ou 6 fois par an ;
- le ***Conseil Transports, télécommunications et l'énergie (TTE)*** : il réunit, en fonction des points inscrits à l'ordre du jour, les ministres chargés des Transports, des Télécommunications ou de l'Énergie. Ce Conseil se réunit environ tous les 2 mois ;
- ***le Conseil Agriculture et Pêche*** : il réunit les ministres de l'Agriculture et de la Pêche, ainsi que les Commissaires européens responsables de l'agriculture et du développement rural, de la pêche et des affaires maritimes ainsi que de la santé et de la protection des consommateurs. Ce Conseil se réunit une fois par mois ;
- ***le Conseil Environnement*** : il réunit les ministres de l'Environnement. Ce Conseil se réunit environ 4 fois par an ;
- ***le Conseil Éducation, Jeunesse et Culture (EJC)*** : il réunit les ministres de l'Éducation, de la Culture, de la Jeunesse et de la Communication. Ce Conseil se réunit environ 3 ou 4 fois par an.

Chaque formation du Conseil se réunit en présence du ou des commissaires européens compétents pour les domaines concernés. La présence de la Commission européenne n'est pas un droit propre mais une faculté laissée à l'appréciation du Conseil qui peut décider de délibérer hors de la présence des Commissaires européens.

La présidence du Conseil de l'Union européenne est exercée à tour de rôle par chaque État membre du Conseil pour une durée de six mois (janvier / juin et juillet / décembre), selon un ordre fixé par le Conseil européen, statuant à l'unanimité. Chaque formation du Conseil est donc présidée par le ministre appartenant à l'État membre ayant en charge la présidence.

La présidence du Conseil joue un rôle primordial dans l'organisation des travaux de l'institution, notamment dans l'impulsion du processus de décision législatif et politique :

- elle est chargée d'organiser et de présider l'ensemble des réunions, y compris les nombreux groupes de travail ainsi que d'élaborer des compromis ;
- elle représente le Conseil, à la fois dans son travail avec les autres institutions et organismes de l'Union européenne et au niveau international, par exemple au sein des Nations unies et de l'Organisation mondiale du commerce. La présidence représente aussi l'Union européenne dans ses relations avec les pays tiers, non-membres de l'Union ;
- elle assure la poursuite des négociations encore en cours entamées lors de la présidence précédente et, au besoin, les confier à la présidence suivante.

Le Conseil de l'Union européenne est assisté dans son fonctionnement par un Secrétariat général et par le comité des représentants permanents des États auprès de l'Union européenne (COREPER) qui prépare tous les dossiers figurant à l'ordre du jour des différentes formations du Conseil et s'efforce de trouver des accords sur les différents points de divergence.

3 Les compétences du Conseil de l'Union européenne

Le Conseil de l'Union européenne dispose de compétences qui touchent les 3 piliers de l'Union européenne :

– *1er pilier : les Communautés européennes* :

- le Conseil adopte la législation européenne. Lorsqu'il agit en tant que législateur, c'est en principe la Commission européenne qui formule les propositions. Celles-ci sont examinées par le Conseil, qui peut les modifier avant de les adopter. Dans de nombreux domaines, les actes législatifs communautaires sont adoptés soit en association avec le Parlement européen par une procédure de consultation, soit conjointement avec lui par une procédure de codécision,
- le Conseil coordonne les politiques économiques générales des États membres et prend, sans préjudice des compétences de la Banque centrale européenne, les décisions politiques dans le domaine monétaire. La décision d'admettre un État membre à accéder à la monnaie unique est prise par le Conseil européen,
- le Conseil dispose du pouvoir exécutif. Il délègue souvent l'exécution des actes à la Commission européenne,
- le Conseil et le Parlement européen constituent l'autorité budgétaire qui arrête le budget de la Communauté,
- le Conseil nomme les membres de la Cour des comptes, du Comité économique et social et du Comité des régions,
- le Conseil conclut au nom de la Communauté les accords internationaux entre celle-ci et d'autres États ou organisations internationales. Les accords sont négociés par la Commission européenne et requièrent l'intervention du Parlement européen dans certains cas ;

– *2e pilier : la Politique étrangère et de sécurité commune (PESC)* : le Conseil prend les décisions nécessaires à la définition et à la mise en œuvre de la la politique étrangère et de sécurité commune sur la base des orientations générales définies par le Conseil européen. Il recommande des stratégies communes au Conseil européen et les met en œuvre notamment en arrêtant des actions communes et des positions communes ;

– *3e pilier : la coopération policière et judiciaire en matière pénale* : le Conseil adopte les actions et les mesures communes et favorise la coopération en vue de contribuer à la poursuite des objectifs de l'Union. Il peut arrêter des positions communes, des décisions-cadres, des décisions ou établir des conventions aux fins du rapprochement des dispositions législatives et réglementaires des États membres. Il fixe les conditions et les limites dans lesquelles les autorités compétentes (judiciaires, policières et douanières) peuvent intervenir sur le territoire d'un autre État membre en liaison et en accord avec les autorités de celui-ci. Au sein du Conseil, les États membres s'informent et se consultent mutuellement en vue de coordonner leur action. Ils instituent à cet effet une collaboration entre les services compétents de leurs administrations.

Les actes du Conseil de l'Union européenne peuvent prendre la forme de règlements, de directives, de décisions, d'actions ou positions communes, de recommandations ou d'avis. Le Conseil peut aussi adopter des conclusions, déclarations ou résolutions.

4 Les modalités de prise de décision du Conseil de l'Union européenne

Les décisions du Conseil de l'Union européenne sont prises selon 3 modes de scrutins : majorité simple, majorité qualifiée, unanimité. Le choix du mode de scrutin dépend du domaine concerné.

En cas de vote, chaque membre du Conseil peut recevoir délégation d'un seul des autres membres.

A – Le vote à la majorité simple

Le vote à la majorité simple s'applique pour les décisions de procédure, tel le règlement intérieur, l'organisation du Secrétariat général du Conseil ou le statut des comités…

La majorité simple signifie qu'une décision est acquise lorsque le nombre de voix en sa faveur l'emporte sur les voix en sa défaveur, chaque membre du Conseil disposant en l'occurrence d'une voix.

B – Le vote à la majorité qualifiée

Le vote à la majorité qualifiée est très largement utilisé. Il concerne notamment :

- le marché intérieur, la coordination des politiques économiques, les politiques monétaires, la politique sociale, la politique industrielle, la politique de l'emploi, l'éducation, la santé, l'environnement, l'aide au développement, la recherche, les mesures visant à faciliter la libre circulation des citoyens de l'Union, la coopération judiciaire en matière civile, la lutte contre la fraude, les décisions de nature technique… ;
- la nomination du Président et des membres de la Commission, la nomination des membres de la Cour des comptes, du Comité économique et social européen et du Comité des régions, la nomination du Secrétaire générale du Conseil et de son adjoint… ;
- certaines décisions concernant la politique étrangère et de sécurité commune comme l'adoption des actions communes et des positions communes sur la base d'une stratégie commune décidée à l'unanimité par le Conseil européen ou la nomination des représentants spéciaux avec un mandat en liaison avec des questions politiques particulières. Si un membre du Conseil déclare que, pour des raisons de politique nationale importantes et qu'il expose, il a l'intention de s'opposer à l'adoption d'une décision devant être prise à la majorité qualifiée, il n'est pas procédé au vote. Le Conseil, statuant à la majorité qualifiée, peut demander que le Conseil européen soit saisi de la question en vue d'une décision à l'unanimité ;
- certaines décisions concernant la coopération policière et judiciaire en matière pénale comme l'adoption des mesures nécessaires pour mettre en œuvre les décisions au niveau de l'Union ou l'autorisation donnée par le Conseil aux États membres concernés d'instaurer une coopération renforcée. Si un membre du Conseil déclare que, pour des raisons de politique nationale importantes et qu'il expose, il a l'intention de s'opposer à l'octroi d'une autorisation décidée à la majorité qualifiée, il n'est pas procédé au vote. Le Conseil, statuant à la majorité qualifiée, peut demander que le Conseil européen soit saisi de la question en vue d'une décision à l'unanimité.

La majorité qualifiée correspond au nombre de voix qui doit être atteint, au sein du Conseil, pour qu'une décision soit adoptée. Dans ce cas, chaque État membre ne dispose plus d'une voix mais d'un nombre déterminé de voix.

Le nombre de voix attribué aux États membres est notamment déterminé par les tailles respectives des populations et par un ajustement menant à une surreprésentation relative des États dont la population est numériquement faible.

Pour les délibérations du Conseil qui requièrent une majorité qualifiée, les voix des membres sont affectées de la pondération suivante :

États membres	Voix au Conseil
Allemagne, Italie, France, Royaume-Uni	29
Espagne, Pologne	27
Roumanie	14
Pays-Bas	13
Belgique, Grèce, Hongrie, Portugal, République tchèque	12
Autriche, Bulgarie, Suède	10
Danemark, Irlande, Lituanie, Finlande, Slovaquie	7
Chypre, Estonie, Lettonie, Luxembourg, Slovénie	4
Malte	3
Total	**345**

La majorité qualifiée est atteinte lorsque la décision recueille au moins 255 voix sur 345 exprimant le vote favorable :

– de la majorité des membres (soit 14 membres sur 27), lorsqu'elles doivent être prises sur proposition de la Commission ;

– d'au moins deux tiers des membres dans les autres cas ainsi que pour les délibérations concernant la politique étrangère et de sécurité commune et la coopération policière et judiciaire en matière pénale.

Les 255 voix doivent être positives, l'abstention étant assimilée à un vote négatif.

Un membre du Conseil peut demander que, lors de la prise d'une décision par le Conseil à la majorité qualifiée, il soit vérifié que les États membres constituant cette majorité qualifiée représentent au moins 62 % de la population totale de l'Union. S'il s'avère que cette condition n'est pas remplie, la décision en cause n'est pas adoptée. Toutefois, cette condition ne joue que si la vérification est demandée.

C – Le vote à l'unanimité

Le vote à l'unanimité s'applique :

- aux décisions concernant la politique étrangère et de sécurité commune, la coopération policière et judiciaire en matière pénale, la fiscalité, la politique sociale (pour certains domaines) ;
- aux décisions visant à amender une proposition de la Commission ;
- aux décisions d'ordre constitutionnel (révision des traités, adhésion de nouveaux États, ressources propres du budget...).

Dans le cas du vote à l'unanimité, aucun État membre ne doit s'opposer à la décision. Les abstentions des membres présents ou représentés ne font pas obstacle à l'adoption des délibérations du Conseil qui requièrent l'unanimité. Le veto exige un acte positif.

Pour les délibérations concernant la politique étrangère et de sécurité commune, tout membre du Conseil qui s'abstient lors d'un vote peut assortir son abstention d'une déclaration formelle (l'abstention constructive). Dans ce cas, il n'est pas tenu d'appliquer la décision, mais il accepte que la décision engage l'Union. L'État membre concerné s'abstient de toute action susceptible d'entrer en conflit avec l'action de l'Union fondée sur cette décision ou d'y faire obstacle et les autres États membres respectent sa position. Si les membres du Conseil qui assortissent leur abstention d'une telle déclaration représentent plus du tiers des voix affectées de la pondération prévue, la décision n'est pas adoptée.

5 Les organismes préparant les travaux du Conseil de l'Union européenne

A – Le secrétariat général du Conseil

Le Conseil est assisté d'un secrétariat général, placé sous la responsabilité d'un Secrétaire général, haut représentant pour la politique étrangère et de sécurité commune, assisté d'un secrétaire général adjoint chargé de la gestion du secrétariat général.

Le Secrétaire général et le secrétaire général adjoint sont nommés par le Conseil statuant à la majorité qualifiée.

Le Conseil décide de l'organisation du secrétariat général.

Le secrétariat général est associé étroitement et en permanence à l'organisation, à la coordination et au contrôle de la cohérence des travaux du Conseil à tous les échelons. Sous la responsabilité et la direction de la présidence, il assiste celle-ci dans la recherche de solutions.

Le Secrétaire général du Conseil, Haut représentant pour la politique étrangère et de sécurité commune, contribue à la formulation, à l'élaboration et à la mise en œuvre des décisions politiques du Conseil. Il assiste aussi la présidence dans la coordination des travaux des représentants spéciaux. En agissant au nom du Conseil et à la demande de la présidence, il peut conduire le dialogue politique avec des tiers.

B – Le Comité des représentants permanents (COREPER)

Le Comité des représentants permanents (COREPER) est composé des représentants permanents (les ambassadeurs) et de leurs adjoints des États membres auprès de l'Union européenne.

Le COREPER a pour tâche de préparer les travaux du Conseil de l'Union européenne (à l'exception des questions agricoles, lesquelles sont gérées par le Comité spécial sur l'agriculture) et d'exécuter les mandats qui lui sont confiés par celui-ci. Il veille, en tout état de cause, à la cohérence des politiques et actions de l'Union et au respect des principes et règles suivants :

– les principes de l'égalité, de subsidiarité, de proportionnalité et de motivation des actes ;

– les règles fixant les attributions des institutions et organes de l'Union ;

– les dispositions budgétaires ;

– les règles de procédure, de transparence et de qualité rédactionnelle.

Tous les points inscrits à l'ordre du jour d'une session du Conseil font l'objet d'un examen préalable du COREPER, sauf décision contraire de ce dernier. Le COREPER s'efforce de trouver un accord à son niveau, qui sera soumis à l'adoption du Conseil. Il assure une présentation adéquate des dossiers au Conseil et, le cas échéant, lui présente des orientations, des options ou des propositions de solution. En cas d'urgence, le Conseil peut décider à l'unanimité de délibérer sans que cet examen préalable ait eu lieu.

Le COREPER est subdivisé en 2 formations afin de faire face à l'ensemble des tâches qui lui sont confiées :

– ***le COREPER I*** : il est composé des représentants permanents adjoints et a en charge les dossiers à caractère plus technique. Il s'occupe de la préparation :

- du Conseil Emploi, politique sociale, santé et consommateurs,
- du Conseil Compétitivité (marché intérieur, industrie, recherche, tourisme),
- du Conseil Transports, télécommunications et énergie,
- du Conseil Agriculture (domaines vétérinaire et phytosanitaire, les autres dossiers agricoles sont préparés par le Comité spécial Agriculture) et pêche,
- du Conseil Environnement,
- du Conseil Éducation, jeunesse et culture (y inclus audiovisuel) ;

– l***e COREPER II*** : il est composé des représentants permanents (les ambassadeurs) et a en charge les dossiers à caractère politique. Il s'occupe de la préparation :

- du Conseil Affaires générales et relations extérieures (y compris la politique européenne de sécurité et de défense et la coopération au développement),
- du Conseil Affaires économiques et financières (y compris le budget),
- du Conseil Justice et affaires intérieures (y compris la protection civile).

Le COREPER se réunit au moins une fois par semaine. Il est présidé, selon les sujets inscrits à son ordre du jour, par le représentant permanent ou le représentant permanent adjoint de l'État membre qui exerce la présidence du Conseil.

Des comités ou des groupes de travail, en plus de ceux instaurés par les différents traités, peuvent être institués par le COREPER, ou avec son aval, pour l'accomplissement de certaines tâches de préparation ou d'étude préalablement définies. Ces différents comités ou groupes de travail sont composés de délégués des États membres.

Il existe quelques 250 comités et groupes de travail. Parmi ceux-ci, certains comités ont un rôle spécifique de coordination et d'expertise dans un domaine donné, tels que, par exemple, le Comité économique et financier, le Comité spécial sur l'agriculture, le Comité de l'emploi, le Comité politique et de sécurité (chargé de suivre la situation internationale dans les domaines de la politique étrangère et de sécurité commune et d'assurer, sous la responsabilité du Conseil, le contrôle politique et la direction stratégique des opérations de gestion de crise) et le Comité de coordination de l'article 36 du traité de l'Union européenne (chargé de préparer les travaux dans le domaine de la coopération policière et judiciaire en matière pénale).

La présidence organise les réunions des différents comités et groupes de travail de façon que leurs rapports soient disponibles avant la réunion du COREPER qui les examine.

Les comités ou les groupes de travail sont présidés, sauf décision contraire du Conseil, par les délégués de l'État membre qui exerce la présidence du Conseil. Pour la préparation des sessions des formations du Conseil se réunissant une fois par semestre et lorsque ces sessions se tiennent au cours de la première moitié du semestre, les réunions des comités autres que le COREPER, ainsi que celles des groupes de travail, se tenant au cours du semestre précédent sont présidées par un délégué de l'État membre appelé à exercer la présidence desdites sessions du Conseil.

Le COREPER détient une place centrale dans le système de prise de décision communautaire où il est à la fois une instance de dialogue (dialogue entre les représentants permanents et de chacun d'entre eux avec sa capitale) ainsi que de contrôle politique (orientation et supervision des travaux des groupes d'experts).

La Commission européenne

Chapitre **18**

1 Généralités

La Commission européenne est une des institutions de l'Union européenne. C'est une institution politiquement indépendante qui représente et défend les intérêts de l'Union européenne dans son ensemble.

La Commission européenne est à la fois une instance chargée de veiller à la bonne application du droit communautaire (elle est la gardienne des traités) et une instance chargée de l'exécution des décisions communautaires. Elle dispose du droit d'initiative en matière législative. C'est à elle qu'il appartient de proposer au Conseil de l'Union européenne des propositions de réglementation communautaire.

La Commission européenne est composée de commissaires choisis en raison de leur compétence générale et exerçant leurs fonctions en pleine indépendance dans l'intérêt général européen.

Le siège de la Commission européenne se trouve à Bruxelles (Belgique), mais elle a aussi des bureaux à Luxembourg, des représentations dans tous les pays de l'Union européenne et des délégations dans de nombreuses capitales des pays tiers.

2 La composition de la Commission européenne

La Commission européenne comprend un national de chaque État membre, soit 27 commissaires dont le président. Les membres de la Commission européenne sont choisis en raison de leur compétence générale et offrent toutes garanties d'indépendance. Seuls les nationaux des États membres peuvent être membres de la Commission européenne.

En principe, à partir du moment où l'Union européenne compte 27 États membres, le nombre des membres de la Commission doit être inférieur au nombre d'États membres. Cette modification devrait être appliquée à partir de la date d'entrée en fonction de la première Commission postérieure à la date d'adhésion du 27e État membre de l'Union, soit lors du renouvellement de la Commission qui aura lieu après l'élection du Parlement européen en juin 2009 (le traité de Maastricht ayant aligné les mandats du Parlement européen et de la Commission). En outre, le nombre des membres de la Commission européenne peut être modifié par le Conseil, statuant à l'unanimité.

Le Conseil, statuant à l'unanimité après la signature du traité d'adhésion du 27e État membre de l'Union, doit arrêter :

– le nombre des membres de la Commission européenne ;
– les modalités de la rotation égalitaire contenant l'ensemble des critères et des règles nécessaires à la fixation automatique de la composition des collèges successifs, sur la base des principes suivants :
  - les États membres seront traités sur un strict pied d'égalité en ce qui concerne la détermination de l'ordre de passage et du temps de présence de leurs nationaux au sein de la Commission européenne ; en conséquence, l'écart entre le nombre total des mandats détenus par des nationaux de 2 États membres donnés ne pourra jamais être supérieur à un,
  - sous réserve du point précédent, chacun des collèges successifs sera constitué de manière à refléter d'une manière satisfaisante l'éventail démographique et géographique de l'ensemble des États membres de l'Union.

Tout État qui adhère à l'Union européenne a le droit d'avoir, au moment de son adhésion, un national comme membre de la Commission européenne jusqu'à ce que cette nouvelle règle s'applique.

3 La nomination de la Commission européenne

A – La procédure de nomination de la Commission européenne

Les membres de la Commission européenne sont nommés pour une durée de 5 ans. Leur mandat est renouvelable.

1) L'élection du président de la Commission européenne

Le Conseil, réuni au niveau des chefs d'État ou de gouvernement et statuant à la majorité qualifiée, désigne la personnalité qu'il envisage de nommer président de la Commission européenne.

Cette désignation doit être approuvée par le Parlement européen. Le président du Parlement invite le candidat proposé à faire une déclaration et à présenter ses orientations politiques devant le Parlement. Cette déclaration est suivie d'un débat. Le Conseil est invité à participer au débat. Le Parlement approuve ou rejette la désignation proposée à la majorité des suffrages exprimés.

Si le candidat est élu, le président du Parlement européen en informe le Conseil, invitant ce dernier, ainsi que le président élu de la Commission européenne, à proposer d'un commun accord les candidats aux différents postes de commissaire.

Si le Parlement européen n'approuve pas la désignation, le président du Parlement invite le Conseil à désigner un nouveau candidat.

2) L'élection de la Commission européenne

Le Conseil, statuant à la majorité qualifiée et d'un commun accord avec le président de la Commission européenne désigné, adopte la liste des autres personnalités qu'il envisage de nommer membres de la Commission, établie conformément aux propositions faites par chaque État membre. Chaque État membre propose une liste de 3 candidats.

Le président et les autres membres de la Commission européenne ainsi désignés sont soumis, en tant que collège, à un vote d'approbation par le Parlement européen. Le président du Parlement européen, après consultation du président élu de la Commission, invite les candidats proposés par le président élu de la Commission européenne et par le Conseil aux différents postes de commissaire à se présenter devant les différentes commissions parlementaires en fonction de leur domaine d'activité probable. Ces auditions sont publiques. Chaque commission invite le candidat désigné à faire une déclaration et à répondre à des questions.

Le président de la Commission européenne élu présente le Collège des commissaires et le programme de celui-ci au cours d'une séance du Parlement à laquelle tous les membres du Conseil sont invités. Cette déclaration est suivie d'un débat. En conclusion du débat, tout groupe politique ou 37 députés au moins peuvent déposer une proposition de résolution. À la suite du vote sur la proposition de résolution, le Parlement européen élit ou rejette la Commission européenne à la majorité des suffrages exprimés. Le président du Parlement européen informe le Conseil de l'élection ou du rejet de la Commission européenne.

Après l'approbation du Parlement européen, le président et les autres membres de la Commission européenne sont nommés par le Conseil, statuant à la majorité qualifiée.

Dans tous les cas, la majorité qualifiée est acquise si la désignation ou la nomination a recueilli au moins 232 voix sur 321 exprimant le vote favorable d'au moins deux tiers des membres du Conseil.

B – La cessation de la fonction de commissaire européen

1) La fin des fonctions de la Commission européenne

La Commission européenne cesse collectivement d'exercer ses fonctions dans les trois cas suivants :

- le mandat de 5 ans imparti à la Commission européenne arrive à son terme ;
- le Parlement européen a adopté une motion de censure sur la gestion de la Commission. Le Parlement européen, saisi d'une motion de censure sur la gestion de la Commission, ne peut se prononcer sur cette motion que 3 jours au moins après son dépôt et par un scrutin public. Si la motion de censure est adoptée à la majorité des 2/3 des voix exprimées représentant au moins la majorité des membres composant le Parlement européen, les membres de la Commission doivent abandonner collectivement leurs fonctions ;
- la Commission européenne décide de démissionner collectivement.

Dans les 2 derniers cas, la Commission reste en place jusqu'à la désignation d'une nouvelle commission. Son rôle se limite toutefois à la gestion des affaires courantes lorsqu'elle a été renversée par une motion de censure.

Le mandat des membres de la nouvelle Commission expire à la date à laquelle aurait dû normalement expirer le mandat des membres de la Commission censurée ou démissionnaire.

2) La fin des fonctions de membre de la Commission européenne

En dehors des renouvellements réguliers et des décès, les fonctions de membre de la Commission européenne prennent fin individuellement par démission volontaire ou d'office.

Tout membre de la Commission, s'il ne remplit plus les conditions nécessaires à l'exercice de ses fonctions ou s'il a commis une faute grave, peut être déclaré démissionnaire par la Cour de justice, à la requête du Conseil ou de la Commission.

Un membre de la Commission présente sa démission si le président, après approbation du collège, le lui demande.

Le membre démissionnaire ou décédé est remplacé pour la durée du mandat restant à courir par un nouveau membre nommé par le Conseil, statuant à la majorité qualifiée. Le Conseil, statuant à l'unanimité, peut décider qu'il n'y a pas lieu à remplacement.

Sauf en cas de démission d'office, le membre de la Commission reste en fonctions jusqu'à ce qu'il soit pourvu à son remplacement ou jusqu'à ce que le Conseil décide qu'il n'y a pas lieu à remplacement.

En cas de démission volontaire, de démission d'office ou de décès, le président de la Commission est remplacé pour la durée du mandat restant à courir selon la procédure appliquée pour la nomination initiale.

4 Le statut des membres de la Commission européenne

Les membres de la Commission européenne exercent leurs fonctions en pleine indépendance, dans l'intérêt général de la Communauté :

- ils ne doivent solliciter ni accepter d'instructions d'aucun gouvernement ni d'aucun organisme. Ils s'abstiennent de tout acte incompatible avec le caractère de leurs fonctions.

  Chaque État membre s'engage à respecter ce caractère et à ne pas chercher à influencer les membres de la Commission dans l'exécution de leur tâche ;
- ils ne peuvent, pendant la durée de leurs fonctions, exercer aucune autre activité professionnelle, rémunérée ou non. Ils prennent, lors de leur installation, l'engagement solennel de respecter, pendant la durée de leurs fonctions et après la cessation de celles-ci, les obligations découlant de leur charge, notamment les devoirs d'honnêteté et de délicatesse quant à l'acceptation, après cette cessation, de certaines fonctions ou de certains avantages.

  Leur traitement, fixé par un règlement du Conseil, est pris en charge par le budget communautaire. Leur fonction leur donne également un droit à pension ;

– ils ne peuvent exercer de mandat public, de quelque nature qu'il soit.

En cas de violation de ces obligations, la Cour de justice sur saisine du Conseil ou de la Commission, peut, selon le cas, prononcer la démission d'office ou la déchéance du droit à pension de l'intéressé ou d'autres avantages en tenant lieu.

Les membres de la Commission doivent prêter serment devant la Cour de justice des Communautés européennes et respecter le code de conduite des commissaires.

Les membres de la Commission ainsi que les fonctionnaires de la Commission bénéficient d'une immunité que seule la Commission est habilité à lever.

<table>
<tr><th colspan="3">Directions générales (DG) et services</th></tr>
<tr><th colspan="2">Directions générales (DG)</th><th>Services généraux</th></tr>
<tr><td rowspan="3">Politiques
• Affaires économiques et monétaires
• Agriculture et développement rural
• Centre commun de recherche
• Concurrence
• Éducation et culture
• Emploi, affaires sociales et égalité des chances
• Entreprises et industrie
• Environnement
• Fiscalité et union douanière
• Justice, liberté et sécurité
• Marché intérieur et services
• Pêche et affaires maritimes
• Politique régionale
• Recherche
• Santé et protection des consommateurs
• Société de l'information et médias
• Transports et énergie</td><td rowspan="3">Relations extérieures
• Commerce
• Développement
• Élargissement
• EuropeAid – Office de Coopération
• Office d'aide humanitaire – ECHO
• Relations extérieures</td><td>• Office statistique
• Office des publications
• Office européen de lutte antifraude
• Presse et communication
• Secrétariat général</td></tr>
<tr><th>Services internes</th></tr>
<tr><td>• Budget
• Bureau des Conseillers de Politique européenne
• Informatique
• Infrastructures et logistique
• Interprétation
• Personnel et administration
• Service d'audit interne
• Service juridique
• Traduction</td></tr>
</table>

5 L'organisation et le fonctionnement de la Commission européenne

A – L'organisation de la Commission européenne

La Commission européenne dispose, pour préparer et mettre en œuvre son action, d'un ensemble de services structurés en directions générales (DG) et services assimilés qui à leur tour, sont subdivisés en directions et ces directions en unités.

Pour répondre à des besoins particuliers, la Commission peut créer des structures spécifiques chargées de missions précises, dont elle détermine les attributions et les modalités de fonctionnement.

Un secrétariat général est chargé de l'organisation concrète du travail de la Commission et de ses relations avec les autres institutions, ainsi que de la coordination entre les services de la Commission.

Le secrétaire général assiste le président dans la préparation des travaux et des réunions de la Commission.

1) Le président de la Commission européenne

La Commission européenne remplit sa mission dans le respect des orientations politiques définies par son président, qui décide de son organisation interne afin d'assurer la cohérence, l'efficacité et la collégialité de son action.

Les attributions du président de la Commission européenne sont nombreuses :

- il a autorité sur les membres de la Commission. Les responsabilités incombant à la Commission sont structurées et réparties entre ses membres par le président :
  - il répartit les portefeuilles entre les commissaires et procède à tous les remaniements nécessaires en cours de mandat,
  - toute action d'un commissaire est réalisée sous son autorité. Il peut demander et obtenir, après approbation du collège, la démission d'un membre de la Commission,
  - il peut attribuer aux membres de la Commission des domaines d'activité particuliers pour lesquels ils sont spécifiquement responsables de la préparation des travaux de la Commission et de l'exécution de ses décisions. Il peut, à tout moment, modifier les attributions ainsi décidées ;
- il peut s'attribuer certaines tâches jugées, par lui, importantes ou sensibles ;
- il coordonne le travail de la Commission. Il convoque et préside les réunions des membres de la Commission ;
- il nomme des vice-présidents parmi les membres de la Commission ;
- il assure la représentation de la Commission. Il désigne les membres de la Commission chargés de l'assister dans cette fonction. Il participe aux Conseils européens ainsi qu'aux grands débats du Parlement européen et du Conseil de l'Union européenne. Il prend aux sommets du G7 (réunions des 7 pays les plus industrialisés : Allemagne, Canada, États-Unis, France, Italie, Japon, Royaume-Uni) et du G8 (le G7 plus la Russie).

Le secrétariat général, chargé notamment de l'assister, et le service juridique (saisi obligatoirement de tous les projets ou propositions d'actes) sont placés sous ses ordres.

2) Le Collège des commissaires

Le président répartit les secteurs d'activité entre les membres. Chaque membre de la Commission se voit confier la responsabilité d'un portefeuille. L'attribution d'un domaine de compétence ne confère pas au commissaire de pouvoir de décision propre. Il est seulement chargé de la préparation des travaux de la commission dans ce secteur et de l'application des décisions qui y sont prises. Pour l'exécution des tâches qui lui sont assignées, il donne ses instructions aux services concernés. Il exerce les fonctions qui lui sont dévolues par le président sous l'autorité de celui-ci.

Les membres de la Commission peuvent constituer des cabinets chargés de les assister dans l'accomplissement de leurs tâches et dans la préparation des décisions de la Commission. Par ailleurs, une ou plusieurs directions générales et services correspondant à leur domaine de compétence concerné sont mis à leur disposition.

Le président peut aussi constituer parmi les membres de la Commission des groupes de travail dont il désigne le président. Ces groupes de commissaires peuvent être constitués sur une base permanente ou non. L'objectif de ces groupes est de contribuer à une meilleure préparation et coordination des activités de la Commission et de ses services, en tenant compte des priorités fixées par la Commission et de l'orientation politique donné par son président.

La Commission agit en collège. Elle fixe ses priorités et adopte chaque année son programme de travail dans le respect des orientations politiques définies par son président. La chaîne de responsabilité commence au niveau du Collège et se poursuit au niveau du membre de la Commission, qui est responsable devant le Collège de son activité ainsi que de celle de ses services. Le membre de la Commission définit, dans le respect des orientations et du programme de travail du Collège ainsi que du principe de collégialité, les orientations et les priorités de la politique concernant son portefeuille. Il veille à sa mise en œuvre par ses services.

B – Le fonctionnement de la Commission européenne

La Commission européenne agit en collège. Le respect du principe de collégialité implique que tous les actes, déclarations ou prises de positions de chacun de ses membres soient l'expression de la volonté d'un collège et engagent la responsabilité de la Commission toute entière. Le principe de collégialité explique la responsabilité politique solidaire et collective de la Commission devant le Parlement européen.

Tous les membres de la Commission sont donc collectivement responsables, tant politiquement que juridiquement, de l'ensemble des décisions arrêtées.

1) Les réunions de la Commission européenne

La Commission européenne est convoquée en réunion par le président. En règle générale, la Commission se réunit au moins une fois par semaine, le mercredi à Bruxelles. Durant les sessions plénières du Parlement européen, la réunion se tient le mardi, à Strasbourg. Les réunions de la Commission ne sont pas publiques. Les débats sont confidentiels.

Elle peut, en plus de ses réunions hebdomadaires, décider de tenir des séances spéciales :

- pour traiter un dossier particulier ;
- avant ou en marge d'une réunion importante du Conseil ;
- en cas d'urgence, à l'initiative du président ou à la demande d'un ou de plusieurs membres de la Commission.

Le président arrête l'ordre du jour de chaque réunion de la Commission en tenant compte notamment du programme de travail fixé par elle. Sans préjudice du pouvoir du président d'arrêter l'ordre du jour, toute proposition impliquant des dépenses significatives doit être présentée en accord avec le membre de la Commission chargé du budget. Toute question dont un membre de la Commission propose l'inscription à l'ordre du jour doit être communiquée au président moyennant, sauf cas exceptionnel, un préavis de 9 jours.

L'ordre du jour et les documents de travail nécessaires sont communiqués aux membres de la Commission dans les délais et dans les langues de travail fixés par celle-ci.

Toute question dont un membre de la Commission demande le retrait de l'ordre du jour est reportée, avec l'accord du président, à la réunion suivante. La Commission peut, sur proposition de son président, délibérer sur une question non inscrite à l'ordre du jour ou au sujet de laquelle les documents de travail nécessaires ont été distribués tardivement. Elle peut décider à la majorité de ne pas délibérer sur une question inscrite à l'ordre du jour.

Les membres de la Commission sont tenus d'assister à la totalité des réunions. Le président juge de toute situation qui pourrait les conduire à ne pas respecter cette obligation. En cas d'absence d'un membre de la Commission, son chef de cabinet peut assister à la réunion et, à l'invitation du président, y exposer l'opinion du membre absent.

Sauf décision contraire de la Commission, le secrétaire général assiste aux réunions. La Commission peut décider d'entendre toute autre personne.

2) Les décisions de la Commission européenne

Les décisions de la Commission européenne sont acquises :

- ***soit en réunion*** : la Commission décide sur proposition d'un ou de plusieurs de ses membres. La Commission procède à un vote sur demande d'un de ses membres. Ce vote porte sur la proposition initiale ou sur une proposition modifiée par le ou les membres responsables ou par le président. Les décisions de la Commission sont acquises à la majorité des membres constituant la Commission. Cette majorité est requise quels que soient le sens et la nature de la décision.

  Le nombre de membres dont la présence est nécessaire pour que la Commission délibère valablement est égal à la majorité des membres constituant la Commission.

  Toutefois, la Commission prend la plupart de ses décisions en dehors de ses réunions, principalement par le biais de la procédure écrite ;
- ***soit par procédure écrite*** : l'accord des membres de la Commission sur une proposition émanant de l'un ou de plusieurs d'entre eux peut être constaté par une procédure écrite, sous

réserve qu'elle ait reçu l'accord des directions générales directement associées et l'avis favorable du service juridique.

À cet effet, le texte de la proposition est communiqué par écrit à tous les membres de la Commission, avec le délai imparti pour faire connaître les réserves ou amendements éventuellement suscités par la proposition.

Tout membre de la Commission peut demander au cours de la procédure écrite que la proposition fasse l'objet d'un débat. Il adresse alors au président une demande motivée en ce sens.

Une proposition sur laquelle aucun membre de la Commission n'a formulé ou maintenu une réserve à l'issue du délai imparti pour une procédure écrite est réputée adoptée par la Commission.

Il est pris acte des propositions adoptées dans une note journalière dont il est fait mention au procès-verbal de la réunion de la Commission la plus proche ;

– ***soit par procédure d'habilitation*** : la Commission peut, à condition que le principe de sa responsabilité collégiale soit pleinement respecté, habiliter un ou plusieurs de ses membres à prendre des mesures de gestion ou d'administration, en son nom et dans les limites et conditions qu'elle fixe.

  La Commission peut également charger un ou plusieurs de ses membres, en accord avec le président, d'adopter le texte définitif d'un acte ou d'une proposition à soumettre aux autres institutions, dont elle a défini la substance lors de ses délibérations.

  Les compétences ainsi attribuées peuvent faire l'objet d'une subdélégation aux directeurs généraux et chefs de service, sauf interdiction expresse figurant dans la décision d'habilitation.

  Les dispositions s'appliquent sans préjudice des règles relatives aux délégations en matière financière et aux pouvoirs dévolus à l'autorité investie du pouvoir de nomination et à l'autorité habilitée à conclure les contrats d'engagement ;

– ***soit par procédure de délégation*** : la Commission peut, à condition que le principe de sa responsabilité collégiale soit pleinement respecté, déléguer l'adoption de mesures de gestion ou d'administration aux directeurs généraux et chefs de service en son nom et dans les limites et conditions qu'elle fixe.

Il est pris acte des décisions adoptées par la procédure d'habilitation et de délégation dans une note journalière dont il est fait mention au procès-verbal de la réunion de la Commission la plus proche.

6 Les attributions de la Commission européenne

La Commission européenne est à la fois la garante de l'application du droit communautaire, une instance d'impulsion dans la construction communautaire et un organe d'exécution du droit communautaire. Elle a aussi un rôle de représentation de la Communauté.

La Commission publie tous les ans, un mois au moins avant l'ouverture de la session du Parlement européen, un rapport général sur l'activité de la Communauté.

A – La Commission européenne, gardienne de la légalité communautaire

La Commission européenne doit veiller, avec la Cour de justice, à l'application des traités communautaires et à celle des décisions prises pour les mettre en œuvre (droit dérivé). Elle dispose à cet effet de pouvoirs :

- ***un droit à l'information*** : la Commission est en droit d'exiger de la part des États membres toutes les informations nécessaires à la vérification de la bonne application du droit communautaire par les autorités nationales. Les États membres sont aussi tenus de notifier à la Commission certaines des mesures qu'ils prennent, par exemple : les mesures d'aides accordées par les États membres aux entreprises, les mesures constituant une dérogation aux règles d'harmonisation des législations nationales adoptées par le Conseil ;
- ***des pouvoirs d'investigation et d'enquête*** : la Commission peut procéder à des vérifications sur pièces et sur place notamment dans les entreprises pour s'assurer qu'elles respectent bien les règles de la concurrence.

  La Commission établit tous les ans un rapport sur l'application du droit communautaire. Ce rapport, transmis à tous les États membres et au Parlement européen, dresse la liste des infractions commises par les États membres ;
- ***le pouvoir d'émettre des recommandations ou des avis*** : la Commission peut émettre des recommandations ou des avis pour éclairer les États membres sur certaines dispositions du droit communautaire ou pour les inciter à adopter un comportement déterminé ;
- ***le pouvoir d'autoriser des dérogations*** : la Commission peut autoriser un État membre à déroger, temporairement et à titre exceptionnel, aux obligations découlant des traités par l'adoption de mesures de sauvegarde ;
- ***le pouvoir de répression*** : si la Commission estime qu'un État membre a manqué à une des obligations qui lui incombent, elle peut déclencher la procédure en manquement. La Commission envoie à l'État membre concerné une lettre de mise en demeure, identifiant la violation présumée et fixant un délai pour qu'il formule ses observations. Si l'État membre n'élimine pas le manquement ou si la Commission n'est pas convaincue par les explications fournies, elle émet un avis motivé. Cet avis motivé comprend l'indication des mesures que la Commission juge nécessaires pour mettre fin à ce manquement et le délai imposé à l'État membre pour s'y conformer. Si l'État membre concerné ne se conforme pas à cet avis dans le délai déterminé, la Commission peut saisir la Cour de justice des Communautés européennes.

  La Commission peut aussi engager des poursuites pour réprimer les infractions au droit communautaire, tant à l'égard des autres institutions (introduction d'un recours en carence ou en annulation) qu'à l'égard des entreprises (prononcé de sanctions administratives et pécuniaires).

B – La Commission européenne, organe moteur de la construction européenne

La Commission européenne dispose, en règle générale, du monopole de l'initiative des décisions communautaires. Elle élabore à ce titre les propositions sur lesquelles trancheront les 2 institutions décisionnelles que sont le Conseil de l'Union européenne et le Parlement européen.

1) Dans le cadre du 1er pilier

Dans le cadre des Communautés européennes, la Commission européenne dispose, en principe, de la pleine initiative. Le pouvoir de proposition est toujours exclusif. L'autorité décisionnelle ne peut décider sans proposition de la Commission ni sur d'autres bases que la proposition présentée :

– ***initiative législative*** : la Commission élabore et présente au Conseil et au Parlement européen toutes les propositions législatives (règlements et directives) que requiert la mise en œuvre des traités.

  Cependant, certaines limites au monopole d'initiative de la Commission existent :

  • *au profit du Conseil* : le Conseil peut demander à la Commission de procéder à toutes études qu'il juge opportunes pour la réalisation des objectifs communs et de lui soumettre toutes propositions appropriées,

  • *au profit du Parlement européen* : le Parlement européen peut, à la majorité de ses membres, demander à la Commission de soumettre toute proposition appropriée sur les questions qui lui paraissent nécessiter l'élaboration d'un acte communautaire pour la mise en œuvre du traité instituant la Communauté européenne (TCE),

  • *au profit du Conseil et du Parlement européen* : dans le cadre de la réunion du comité de conciliation au sein de la procédure de codécision, le comité de conciliation – qui réunit les membres du Conseil et autant de représentants du Parlement européen – examine la position commune du Conseil sur la base des amendements proposés par le Parlement européen sans que la Commission puisse émettre un avis négatif sur ces amendements,

  • *au profit des États membres* : pour les questions traitant des visas, de l'asile, de l'immigration et autres politiques liées à la libre circulation des personnes, la Commission doit examiner toute demande d'un État membre visant à ce qu'elle soumette une proposition au Conseil,

  • *au profit de la Banque centrale européenne* : dans le cadre de l'Union économique et monétaire, la Commission n'a pas l'exclusivité de l'initiative mais elle dispose d'un pouvoir de recommandation ou d'avis. Dans ce domaine, le Conseil statue soit sur recommandation de la Banque centrale européenne, soit sur recommandation de la Commission et après consultation de la Banque centrale européenne. Pour l'accès de nouveaux États membres à la monnaie unique, le Conseil statue sur recommandation de la Commission ;

– ***initiative budgétaire*** : la Commission élabore l'avant-projet de budget qui est soumis au Conseil puis au Parlement européen ;

– ***initiative dans la conduite des relations de la Communauté avec les pays tiers*** : dans les cas où les dispositions du traité instituant la Communauté européenne (TCE) prévoient la conclusion d'accords entre la Communauté et un ou plusieurs États ou organisations internationales, la Commission présente des recommandations au Conseil, qui l'autorise à ouvrir les négociations nécessaires. Le projet d'accord est ensuite soumis au Conseil pour conclusion.

2) Dans le cadre des 2e et 3e piliers

Dans le cadre de la politique étrangère et de sécurité commune, la Commission peut (concurremment avec les États membres) saisir le Conseil et lui soumettre des propositions. Elle peut, comme tout État membre, demander à la présidence de convoquer une réunion extraordinaire du Conseil, et la présidence est tenue de convoquer cette réunion. La Commission est pleinement associée aux travaux du Conseil dans ce domaine.

Dans le cadre de la politique de la coopération policière et judiciaire, la Commission peut (concurremment avec les États membres) proposer au Conseil d'arrêter des positions communes, des décisions-cadres, des décisions ou d'établir des conventions. La Commission est pleinement associée aux travaux du Conseil dans ce domaine.

C – La Commission européenne, organe d'exécution du droit communautaire

1) La compétence d'exécution conférée par les traités

La Commission a la compétence, de par les traités eux-mêmes, pour prendre les décisions nécessaires à la mise en œuvre de certaines de leurs dispositions :

- ***l'exécution du budget*** : la Commission exécute le budget sous sa propre responsabilité et dans la limite des crédits alloués, conformément au principe de la bonne gestion financière. Les États membres coopèrent avec la Commission pour faire en sorte que les crédits soient utilisés conformément aux principes de la bonne gestion financière ;
- ***la gestion des fonds structurels*** : la Commission est chargée de gérer les fonds structurels, principaux instruments financiers de la politique régionale de la Communauté ;
- ***la gestion du fonds social européen*** : la Commission est chargée de gérer le fonds social européen destiné à promouvoir à l'intérieur de la Communauté les facilités d'emploi et la mobilité géographique et professionnelle des travailleurs, ainsi qu'à faciliter l'adaptation aux mutations industrielles et à l'évolution des systèmes de production, notamment par la formation et la reconversion professionnelles ;
- ***le pouvoir d'autoriser les États membres à prendre les mesures de sauvegarde*** que les traités prévoient, en particulier ***pendant les périodes de transition*** ;
- ***la mise en œuvre des règles de concurrence et le contrôle des aides d'État*** : la Commission procède avec les États membres à l'examen permanent des régimes d'aides existant dans ces États. Si la Commission constate qu'une aide accordée par un État n'est pas compatible avec le marché commun, ou que cette aide est appliquée de façon abusive, elle décide que l'État intéressé doit la supprimer ou la modifier dans le délai qu'elle détermine. Si l'État en cause ne se conforme pas à cette décision dans le délai imparti, la Commission ou tout autre État intéressé peut saisir directement la Cour de justice.

  La Commission veille aussi à l'application des règles communautaires aux entreprises publiques et aux entreprises de service public et adresse, en tant que de besoin, les directives ou décisions appropriées aux États membres.

2) La compétence d'exécution conférée par le Conseil

La Commission exerce les compétences que le Conseil lui confère pour l'exécution des règles qu'il établit. Le Conseil peut soumettre l'exercice de ces compétences à certaines modalités. Il peut décider d'associer les administrations des États membres à l'exercice de la compétence déléguée à la Commission à travers la procédure de comitologie. Cette procédure amène la Commission à soumettre ses projets de décision à l'un des comités créés par le Conseil (comité consultatif, comité de gestion et comité de réglementation) composés de représentants des États membres :

- ***la procédure consultative*** : l'avis du comité consultatif sur le projet de décision de la Commission est indicatif. Le vote est acquis à la majorité simple des membres du comité. La Commission doit tenir le plus grand compte de cet avis dans la décision qu'elle adopte ;
- ***la procédure de gestion*** : les comités de gestion interviennent surtout pour la mise en œuvre de la politique agricole commune. Le vote est acquis à la majorité qualifiée. Si le comité se prononce contre le projet de décision de la Commission, celle-ci peut l'adopter quand même mais doit en saisir le Conseil. Ce dernier peut modifier la décision adoptée par la Commission à la majorité qualifiée ;
- ***la procédure de réglementation*** : les comités de réglementation interviennent notamment dans le domaine des douanes, de la politique commerciale... Le vote est acquis à la majorité qualifiée. Si le comité se prononce contre le projet de décision de la Commission, celle-ci ne peut pas statuer. Elle présente un projet de décision au Conseil qui dispose d'un délai de 3 mois pour statuer à la majorité qualifiée. Si le Conseil ne s'est pas prononcé dans le délai imparti, la Commission adopte son projet de décision. Si le Conseil a exprimé son opposition au projet de décision par un vote à la majorité qualifiée, la Commission peut soit soumettre un nouveau projet de décision soit abandonner la procédure.

D – La Commission européenne, organe de représentation de la Communauté

La Commission participe à l'exercice du droit de délégation actif et passif de la Communauté :

- elle dispose de représentations auprès des États membres et de délégations auprès des États tiers ou des organisations internationales pour représenter la Communauté ;
- le président de la Commission reçoit conjointement avec le président du Conseil de l'Union européenne les lettres de créances des délégations des États tiers.

Dans le cadre des Communautés européennes, la Commission, mandatée par le Conseil et les États membres (dans l'hypothèse d'actes mixtes), négocie les accords internationaux. Ces négociations sont conduites par la Commission, en consultation avec des comités spéciaux (composés de fonctionnaires des États membres) désignés par le Conseil pour l'assister dans cette tâche et dans le cadre des directives que le Conseil peut lui adresser. Le projet d'accord est ensuite soumis au Conseil pour conclusion.

La Commission est compétente, par ailleurs, pour conclure certains accords soit de sa propre initiative (les accords administratifs), soit sur délégation du Conseil de l'Union européenne.

Dans le cadre de la politique étrangère et de sécurité commune, les délégations de la Commission, présentes dans les États tiers et les conférences internationales, assistent la présidence du Conseil de l'Union européenne, notamment lors de la négociation d'accords internationaux. Son président étant membre du Conseil européen, il participe à ses travaux.

Le Parlement européen

Chapitre
19

1 Généralités

Le Parlement européen est une des institutions de l'Union européenne. Il est le ***représentant des peuples des États membres de l'Union européenne***. Cette formule suppose une répartition des sièges du Parlement européen entre les États membres. Les membres du Parlement européen sont investis d'une légitimité démocratique du fait de leur élection au suffrage universel direct.

Le Parlement européen a des compétences dans 3 domaines :

- ***des compétences législatives*** : il participe à l'adoption des actes communautaires aux côtés du Conseil de l'Union européenne ;
- ***des compétences budgétaires*** : le projet de budget communautaire est soumis au Parlement qui a le dernier mot pour les dépenses non-obligatoires ;
- ***des compétences de contrôle de l'exécutif*** : le choix de la Commission européenne est soumis à son approbation et il peut la censurer. Il peut poser des questions écrites ou orales au Conseil et à la Commission, recevoir des pétitions, constituer des commissions d'enquête temporaires…

Le siège du Parlement européen se trouve à Strasbourg. Il dispose cependant de 3 lieux de travail :

- Strasbourg, pour les sessions mensuelles, y compris la session budgétaire ;
- Bruxelles, pour les sessions supplémentaires ou additionnelles et les commissions parlementaires ;
- Luxembourg, pour le secrétariat général du Parlement européen et ses services.

2 La composition et l'élection du Parlement européen

A – La composition du Parlement européen

Le Parlement européen est composé de représentants des peuples des États membres de l'Union européenne. Le nombre des membres du Parlement européen ne dépasse pas 732.

La répartition des sièges entre les États membres se fonde, pour l'essentiel, sur le poids démographique des actuels et futurs États membres ; cependant, le nombre de sièges attribué à chaque État membre n'est pas strictement proportionnel à sa population.

À titre transitoire, pour la législature 2004-2009, les sièges attribués à la Bulgarie et à la Roumanie (50 sièges) sont répartis entre chaque État membre jusqu'à ce que le plafond de 732 membres soit atteint. Lors de leur adhésion, au 1er janvier 2007, ces pays ont élu leurs députés ; le plafond de 732 a alors été temporairement dépassé.

Le prochain renouvellement du Parlement européen a lieu en juin 2009. Dans le cadre du Traité de Nice, la répartition des sièges au Parlement européen est la suivante :

Législature 2004 - 2009	
État membre	**Députés**
Allemagne	99
France, Italie, Royaume-Uni	78
Espagne, Pologne	50
Roumanie	35
Pays-Bas	27
Belgique, Grèce, Portugal	24
Hongrie, République tchèque	24
Suède	19
Autriche, Bulgarie	18
Finlande, Slovaquie	14
Danemark, Irlande, Lituanie	13
Lettonie	9
Slovénie	7
Chypre, Estonie, Luxembourg	6
Malte	5
Total	**785**

Législature 2009 - 20014	
État membre	**Députés**
Allemagne	99
France, Italie, Royaume-Uni	72
Espagne, Pologne	50
Roumanie	33
Pays-Bas	25
Belgique, Grèce, Portugal	22
Hongrie, République tchèque	20
Suède	18
Autriche, Bulgarie	17
Finlande, Slovaquie	13
Danemark, Irlande, Lituanie	12
Lettonie	8
Slovénie	7
Chypre, Estonie, Luxembourg	6
Malte	5
Total	**732**

B – L'élection des membres du Parlement européen

Contrairement aux dispositions des traités, les élections des membres du Parlement européen se déroulent selon des modalités propres à chaque État membre et non pas selon une procédure uniforme dans tous les États membres.

Néanmoins, la procédure électorale de chaque État membre doit respecter un certain nombre de principes communs :

– l'élection du Parlement européen se déroule au ***suffrage universel direct***, libre, et secret ;

– le ***droit de vote*** est fixé à ***18 ans*** ;

– les députés européens sont élus au ***scrutin*** de liste ou de vote unique transférable, ***de type proportionnel***. En fonction de leurs spécificités nationales, les États membres peuvent constituer des circonscriptions pour l'élection au Parlement européen ou prévoir d'autres subdivisions électorales, sans porter globalement atteinte au caractère proportionnel du mode de scrutin ;
– ***tout citoyen de l'Union résidant dans un État membre dont il n'est pas ressortissant a le droit de vote et d'éligibilité*** aux élections du Parlement européen dans l'État membre où il réside dans les mêmes conditions que les ressortissants de cet État et à condition de ne pas avoir été déchu de ses droits civiques dans son État d'origine. Le vote dans l'État de résidence exclut le vote et l'exercice du droit d'éligibilité dans l'État d'origine.

  Les droits de vote et d'éligibilité peuvent cependant être subordonnés à une condition de durée de la résidence au-dessus de 20 % d'électeurs ressortissants d'autres États membres dans la limite de 5 ans pour le droit de vote et 10 ans pour le droit d'éligibilité ;
– les États membres peuvent prévoir la ***fixation d'un seuil minimal pour l'attribution de sièges***. Ce seuil ne doit pas être fixé, au niveau national, à plus de 5 % des suffrages exprimés.

En dehors de ces règles communes, les modalités électorales sont régies par les dispositions nationales qui sont parfois nettement différentes.

L'élection au Parlement européen a lieu à la date et aux heures fixées par chaque État membre, cette date se situant pour tous les États membres au cours d'une même période débutant le jeudi matin et s'achevant le dimanche immédiatement suivant.

Les prochaines élections au Parlement européen se tiendront en juin 2009.

En France, l'élection des députés au Parlement européen se déroule un dimanche. Elle a lieu au scrutin de liste à la représentation proportionnelle à la plus forte moyenne, sans panachage ni vote préférentiel, en un seul tour. Les sièges sont répartis entre les listes ayant obtenu plus de 5 % des suffrages exprimés. Ils sont attribués selon l'ordre de présentation sur la liste.

Pour cette élection, la France est divisée en 8 circonscriptions : 7 pour la métropole, comprenant une ou plusieurs régions, et une regroupant les départements, collectivités et territoires d'outre- mer.

3 Le mandat et le statut des membres du Parlement européen

A – Le mandat des membres du Parlement européen

1) La durée du mandat parlementaire

La durée du mandat de député européen est de 5 ans. Il est rééligible. Le mandat de chaque membre du Parlement européen commence et expire à l'ouverture de la première session tenue après chaque élection.

2) La vacance

Un siège devient vacant quand le mandat d'un membre du Parlement européen expire en cas de démission ou de décès ou de déchéance de son mandat.

Chaque État membre établit les procédures appropriées pour que, au cas où un siège devient vacant, il soit pourvu pour le reste de la période quinquennale. Pour la France, le siège devenu vacant est attribué au premier candidat non élu de la liste à laquelle appartenait le parlementaire.

B – Le statut des membres du Parlement européen

Un statut des députés au Parlement européen a été adopté en septembre 2005. Ce statut entrera en vigueur au début de la prochaine législature, en juin 2009.

1) L'indépendance du mandat

Les députés européens exercent leur mandat de façon indépendante. Ils votent individuellement et personnellement. Ils ne peuvent être liés par des instructions ni recevoir de mandat impératif.

2) Les incompatibilités

Le mandat de parlementaire européen est incompatible avec la qualité de membre du Gouvernement d'un État membre, de membre de la Commission, de médiateur des Communautés européennes, de juge, avocat général ou greffier de la Cour de justice des Communautés européennes ou du Tribunal de première instance, de membre de la Cour des comptes, de membre du Comité économique et social européen, de membre du Comité de régions, de membre de comités ou d'organismes créés en vertu ou en application des traités communautaires en vue de l'administration de fonds communautaires ou d'une tâche permanente et directe de gestion administrative, de membre du conseil d'administration, du comité de direction ou d'employé de la Banque européenne d'investissement, de membre du directoire de la Banque centrale européenne et en général de fonctionnaire ou agent en activité des institutions des Communautés européennes ou des organismes spécialisés qui leur sont rattachés ou de la Banque centrale européenne.

En outre, chaque État membre peut étendre les incompatibilités applicables sur le plan national.

Pour la France, les incompatibilités applicables au mandat de représentant au Parlement européen sont les mêmes que celles applicables à un parlementaire national.

Il n'y a pas d'incompatibilité, au plan communautaire, entre un mandat parlementaire et une activité privée. Mais les députés européens sont tenus de consigner dans un registre public leurs activités professionnelles et toute autre fonction ou activité rémunérée. Par ailleurs, ils déclarent leurs intérêts financiers et leurs autres sources de revenu.

3) Le contrôle des incompatibilités

Le Parlement européen procède à la vérification des pouvoirs et statue sur la validité du mandat de chacun de ses membres. À cet effet, il prend acte des résultats proclamés officiellement par les États membres.

4) Les privilèges et les immunités

Aucune restriction d'ordre administratif ou autre n'est apportée au libre déplacement des députés européens se rendant au lieu de réunion du Parlement européen ou en revenant.

Les membres du Parlement européen se voient accorder en matière de douane et de contrôle des changes :

– par leur propre gouvernement, les mêmes facilités que celles reconnues aux hauts fonctionnaires se rendant à l'étranger en mission officielle temporaire ;
– par les gouvernements des autres États membres, les mêmes facilités que celles reconnues aux représentants de gouvernements étrangers en mission officielle temporaire.

Les laissez-passer assurant aux députés européens la libre circulation dans les États membres leur sont délivrés par le président du Parlement dès qu'il a reçu notification de leur élection.

Les membres du Parlement européen ne peuvent être recherchés, détenus ou poursuivis en raison des opinions ou votes émis par eux dans l'exercice de leurs fonctions.

Pendant la durée des sessions du Parlement européen, les députés européens bénéficient :

– sur leur territoire national, des immunités reconnues aux membres du parlement de leur pays ;
– sur le territoire de tout autre État membre, de l'exemption de toute mesure de détention et de toute poursuite judiciaire.

L'immunité les couvre également lorsqu'ils se rendent au lieu de réunion du Parlement européen ou en reviennent.

Les députés européens sont protégés contre les poursuites judiciaires pendant la durée des sessions. La Cour de justice, considèrant que le Parlement est en session même lorsqu'il n'est pas en séance, l'immunité des députés européens est donc permanente. Elle ne peut cependant être invoquée dans le cas de flagrant délit.

L'immunité peut être levée par le Parlement européen à la demande de l'autorité compétente d'un État membre. Cette mesure ne peut toutefois concerner que les poursuites : les mesures privatives de liberté à l'encontre du parlementaire restent interdites.

C – L'indemnité parlementaire

Les députés européens perçoivent ***une indemnité parlementaire appropriée*** qui assure leur indépendance et leur protection sociale. L'indemnité est égale à 38,5 % du traitement de base d'un juge de la Cour de justice des Communautés européennes. L'indemnité qu'un député perçoit au titre de l'exercice d'un mandat dans un autre parlement est défalquée de l'indemnité.

À l'issue de leur mandat, ils ont droit à :

– ***à une indemnité transitoire*** : elle est équivalente à l'indemnité parlementaire. Ce droit correspond à un mois par année d'exercice du mandat, avec cependant un minimum de 6 mois et un maximum de 24 mois. Ce droit n'existe pas dans le cas où le député est investi d'un mandat dans un autre parlement ou s'il exerce une fonction publique ;
– ***à une pension d'ancienneté*** : les anciens députés, ont droit, à l'âge de 63 ans révolus, à une pension d'ancienneté. Elle s'élève pour chaque année complète d'exercice du mandat à 3,5 % de l'indemnité parlementaire et pour chaque mois complet supplémentaire à un 1/12e, sans toutefois dépasser au total 70 %. Le droit à la pension d'ancienneté existe indépendamment de toute autre pension.

D – La discipline parlementaire

Les députés européens peuvent faire l'objet de sanctions pour manquement aux règles de délibération et de vote. L'échelle des sanctions varie selon la nature du manquement :

- ***le rappel à l'ordre*** : le président du Parlement rappelle à l'ordre tout député qui trouble la séance. En cas de récidive, il le rappelle de nouveau à l'ordre avec inscription au procès-verbal. En cas de nouvelle récidive, il peut l'exclure de la salle pour le reste de la séance ;
- ***l'exclusion de députés*** : dans les cas où un député trouble très gravement la séance ou perturbe les travaux du Parlement, le président du Parlement peut, après une mise en demeure solennelle, proposer au Parlement de prononcer à son encontre la censure qui comporte, de droit, l'exclusion immédiate de la salle et l'interdiction d'y reparaître pendant un délai de 2 à 5 jours. Le vote sur la mesure disciplinaire demandée se fait par le système électronique et sans débat.

Lorsqu'il se produit dans le Parlement une agitation qui compromet la poursuite des débats, le président du Parlement, pour rétablir l'ordre, suspend la séance pour une durée déterminée ou la lève. S'il ne peut se faire entendre, il quitte le fauteuil présidentiel, ce qui entraîne suspension de la séance. Elle est reprise sur convocation du président.

4 L'organisation du Parlement européen

A – Le règlement intérieur du Parlement européen

Le Parlement européen arrête son règlement intérieur à la majorité des membres qui le composent. Le règlement intérieur fixe l'organisation et le fonctionnement de l'assemblée, la procédure législative (examen et adoption des lois) et les formes du contrôle parlementaire sur l'exécutif.

Dans l'élaboration de son règlement intérieur, le Parlement doit respecter les compétences des autres institutions et des États membres. Il ne peut pas s'attribuer des pouvoirs qui lui sont refusés par les traités.

B – Le bureau du Parlement européen

Le bureau se compose du président du Parlement, de 14 vice-présidents et de 6 questeurs avec voix consultative. Dans les délibérations du bureau, en cas d'égalité des voix, la voix du président est prépondérante.

1) L'élection du bureau

Le président du Parlement, les vice-présidents et les questeurs sont élus au scrutin secret. Les candidatures sont présentées par un groupe politique ou par 40 députés au moins :

- ***l'élection du président du Parlement*** : est élu le candidat qui obtient la majorité absolue des suffrages exprimés. Si après 3 tours de scrutin, aucun candidat ne recueille cette majorité, peuvent être seuls candidats, au 4e tour, les 2 députés qui ont obtenu, au 3e tour, le plus grand nombre de voix ; en cas d'égalité des voix, le candidat le plus âgé est proclamé élu ;

– *l'élection des vice-présidents* : le vote a lieu sur un même bulletin. Sont élus au 1er tour, dans la limite des 14 sièges à pourvoir et dans l'ordre des suffrages obtenus, les candidats qui obtiennent la majorité absolue des suffrages exprimés. Si des sièges restent à pourvoir, il est procédé à un 2e tour, dans les mêmes conditions, afin de les pourvoir. Si un 3e tour est nécessaire, l'élection est acquise à la majorité relative pour les sièges restants. En cas d'égalité des voix, les candidats les plus âgés sont proclamés élus. L'ordre de préséance des vice-présidents est déterminé par l'ordre suivant lequel ils ont été élus et, en cas d'égalité des voix, par l'âge ;
– *l'élection des questeurs* : l'élection des 6 questeurs se déroule selon les mêmes règles que celles applicables à l'élection des vice-présidents.

La durée du mandat du président, des vice-présidents et des questeurs est fixée à 2,5 ans renouvelables. Lors de l'élection du président, des vice-présidents et des questeurs, il est tenu compte de façon globale d'une représentation équitable des États membres et des tendances politiques.

2) Les attributions individuelles

Le président dirige l'ensemble des activités du Parlement et de ses organes. Il dispose de tous les pouvoirs pour présider aux délibérations du Parlement et pour en assurer le bon déroulement. En principe, il ne participe pas au débat. S'il souhaite y participer, il doit quitter son fauteuil pour ne le reprendre qu'après que la discussion sur la question soit terminée. Il représente le Parlement européen dans les relations internationales, les cérémonies, les actes administratifs, judiciaires ou financiers.

Les vice-présidents peuvent être amenés à remplacer le président du Parlement, conformément à l'ordre de préséance, en cas d'absence, d'empêchement ou si ce dernier veut participer au débat.

Les questeurs sont chargés des tâches administratives et financières concernant directement les députés, selon des directives arrêtées par le Bureau.

3) Les attributions collectives

Le bureau du Parlement européen :

– règle les questions financières, d'organisation et administratives concernant les députés, l'organisation interne du Parlement, son secrétariat et ses organes ;
– règle les questions relatives à la conduite des séances ;
– établit l'organigramme du Secrétariat général et les règlements relatifs à la situation administrative et pécuniaire des fonctionnaires et autres agents ;
– adopte les directives pour les questeurs ;
– autorise les réunions de commissions en dehors des lieux habituels de travail, les auditions ainsi que les voyages d'étude et d'information effectués par les rapporteurs ;
– nomme le secrétaire général ;
– fixe les modalités d'application du règlement du Parlement européen et du Conseil relatif au statut et au financement des partis politiques au niveau européen.

Le président du Parlement et/ou le Bureau peuvent confier à un ou plusieurs membres du Bureau des tâches générales ou particulières relevant de la compétence du président et/ou du Bureau. En même temps, sont fixées les modalités d'exécution de ces tâches.

4) Le secrétariat général

Le Parlement est assisté d'un secrétaire général nommé par le bureau. Le secrétaire général prend l'engagement solennel devant le bureau du Parlement d'exercer ses fonctions en pleine impartialité et en toute conscience.

Le secrétaire général du Parlement dirige un secrétariat dont la composition et l'organisation sont arrêtées par le bureau.

C – La Conférence des présidents

La Conférence des présidents est composée du président du Parlement et des présidents des groupes politiques. Les non-inscrits délèguent un des leurs aux réunions de la Conférence des présidents, auxquelles il participe sans droit de vote.

La Conférence des présidents statue sur l'organisation des travaux du Parlement et sur les questions afférentes à la programmation législative. Elle établit le projet d'ordre du jour des périodes de session du Parlement. Elle adopte ses décisions par consensus ou à défaut par a un vote pondéré en fonction des effectifs de chaque groupe politique.

Elle est compétente pour la composition et les compétences des commissions permanentes ou temporaires, des commissions d'enquête, des commissions parlementaires mixtes ainsi que des délégations interparlementaires.

Elle est l'organe compétent pour les questions afférentes aux relations avec les autres organes et institutions de l'Union européenne, avec les parlements nationaux des États membres, avec les pays tiers et avec les institutions ou les organisations extracommunautaires.

À côté de la Conférence des présidents existe :

- ***la Conférence des présidents des commissions*** : elle est composée des présidents de toutes les commissions permanentes ou temporaires. Elle fait des recommandations à la Conférence des présidents au sujet des travaux des commissions et de l'établissement de l'ordre du jour des périodes de session ;
- ***la Conférence des présidents des délégations*** : elle est composée des présidents de toutes les délégations interparlementaires permanentes ; elle fait des recommandations à la Conférence des présidents au sujet des travaux des délégations.

D – Les groupes politiques

Les députés européens siègent non pas en fonction de leur appartenance nationale, mais en fonction de leurs affinités politiques au sein de groupes politiques supranationaux. Tout député européen peut soit appartenir à un seul groupe politique et un seul, soit être non inscrit.

Tout groupe politique est composé de députés élus dans au moins un 1/5e des États membres. Le nombre minimum de députés pour constituer un groupe politique est fixé à 20. La constitution d'un groupe politique est déclarée au président. Cette déclaration indique la dénomination du groupe, le nom de ses membres et la composition de son bureau. Actuellement le Parlement européen compte 7 groupes politiques, ainsi que des députés non inscrits.

Les groupes politiques exercent leurs fonctions dans le cadre des activités de l'Union. Ils disposent d'un secrétariat, de facilités administratives et de crédits prévus au budget du Parlement.

Les partis politiques au niveau européen sont importants en tant que facteur d'intégration au sein de l'Union européenne. Ils contribuent à la formation d'une conscience européenne et à l'expression de la volonté politique des citoyens de l'Union.

E – Les commissions parlementaires

Les commissions constituent les formations de travail du Parlement européen. Tout texte qui lui est soumis est toujours examiné par une ou plusieurs commissions, avant d'être discuté en scéance plénière. Les députés sont répartis au sein de commissions permanentes, chacune spécialisée dans des domaines particuliers. Le Parlement peut aussi constituer des commissions temporaires traitant de problèmes spécifiques ou des commissions d'enquêtes dans le cadre de ses compétences de contrôle.

L'élection des membres des commissions a lieu après désignation des candidats par les groupes politiques et les députés non inscrits. La Conférence des présidents soumet des propositions au Parlement qui se prononce à la majorité des voix exprimées. La composition des commissions reflète autant que possible la composition du Parlement européen.

Chaque commission élit, sur la base d'un accord entre les groupes politiques, un président et des vice-présidents. Elle peut également, avec l'autorisation de la Conférence des présidents, nommer en son sein des sous-commissions dont elle détermine la composition et les attributions.

Les commissions se réunissent sur convocation de leur président ou sur l'initiative du président du Parlement. Elles se réunissent à Bruxelles. Leurs réunions sont publiques, sauf décision contraire. La Commission européenne et le Conseil peuvent participer aux réunions des commissions, sur invitation du président de la commission.

Les commissions élaborent et adoptent des rapports sur les propositions législatives et des rapports d'initiative. Elles préparent aussi des avis à l'intention d'autres commissions parlementaires.

Le Parlement européen peut constituer :

- ***des commissions parlementaires mixtes*** avec les parlements d'États associés à la Communauté ou d'États avec lesquels des négociations ont été engagées en vue d'une adhésion ;
- ***des délégations interparlementaires*** aussi, afin d'assurer les contacts avec les États tiers et avec des organisations internationales.

1) Les commissions permanentes

Les commissions permanentes sont au nombre de 20. Elles sont composées de 28 à 86 députés.

L'élection des membres de ces commissions a lieu au cours de la première période de session du Parlement nouvellement élu et de nouveau à l'issue d'une période de 2,5 ans.

Elles ont pour mission d'examiner les questions dont elles ont été saisies par le Parlement ou, pendant une interruption de la session, par le président du Parlement, au nom de la Conférence des présidents. Au cas où plusieurs commissions permanentes sont compétentes pour une question, il est désigné une commission compétente au fond et des commissions saisies pour avis.

Les commissions permanentes	
• Commission des affaires étrangères. • Commission du développement. • Commission du commerce international. • Commission des budgets. • Commission du contrôle budgétaire. • Commission des affaires économiques et monétaires. • Commission de l'emploi et des affaires sociales. • Commission de l'environnement, de la santé publique et de la sécurité alimentaire. • Commission de l'industrie, de la recherche et de l'énergie. • Commission du marché intérieur et de la protection des consommateurs.	• Commission du transport et du tourisme. • Commission du développement régional. • Commission de l'agriculture et du développement rural. • Commission de la pêche. • Commission de la culture et de l'éducation. • Commission des affaires juridiques. • Commission des libertés civiles, de la justice et des affaires intérieures. • Commission des affaires constitutionnelles. • Commission des droits de la femme et de l'égalité des genres. • Commission des pétitions.

2) Les commissions temporaires

Les attributions, la composition et le mandat des commissions temporaires sont fixés en même temps que la décision de leur constitution.

Le mandat des commissions temporaires est de 12 mois au maximum, à moins qu'à l'issue de cette période, le Parlement ne le prolonge.

3) Les commissions d'enquête

Le Parlement européen peut constituer, à la demande d'un quart de ses membres, une commission d'enquête pour examiner les allégations d'infraction au droit communautaire ou de mauvaise administration dans l'application de celui-ci qui seraient le fait soit d'une institution ou d'un organe des Communautés européennes, soit d'une administration publique d'un État membre, soit de personnes mandatées par le droit communautaire pour appliquer celui-ci.

Les attributions, la composition et le mandat des commissions d'enquête sont fixés en même temps que la décision de leur constitution.

La commission d'enquête conclut ses travaux par le dépôt d'un rapport dans un délai de 12 mois au maximum. Le Parlement peut, à 2 reprises, décider de proroger ce délai d'une période de 3 mois.

5 L'organisation du temps parlementaire

Le calendrier annuel des travaux du Parlement européen est fixé chaque année par le Parlement sur proposition de la Conférence des présidents. Il est divisé en sessions et en réunions.

Le temps de travail du député européen est ainsi réparti :

– 1 semaine par mois consacrée aux séances du Parlement européen ;

– 2 semaines par mois consacrées aux réunions des commissions parlementaires ;

– 1 semaine par mois consacrée aux réunions des groupes politiques ;

– 4 semaines par an consacrées au travail et à la présence du député dans sa circonscription.

A – Les sessions parlementaires

La durée de la législature du Parlement européen est de 5 ans. La législature coïncide avec la durée du mandat des députés.

La législature se divise en sessions annuelles. Les sessions annuelles débutent le 2e mardi du mois de mars de chaque année. Chaque session annuelle se divise en périodes de session. La période de session est la réunion que tient en règle générale le Parlement chaque mois. Elle se décompose en séances. Les séances plénières du Parlement qui se tiennent le même jour sont considérées comme une seule séance.

1) Les sessions de plein droit

Le Parlement se réunit de plein droit le 2e mardi de mars de chaque année et décide souverainement de la durée des interruptions de la session. La Conférence des présidents peut modifier la durée des interruptions par décision motivée prise 15 jours au moins avant la date précédemment arrêtée par le Parlement pour la reprise de la session, sans que cette date puisse être reculée de plus de 15 jours.

La session annuelle comprend, en principe, 12 périodes de session plénière de 4 jours. Les séances se tiennent à Strasbourg. Le Parlement européen peut prévoir des périodes de session supplémentaire de 2 jours maximum. Ces séances additionnelles se tiennent à Bruxelles.

Le Parlement européen se réunit en outre de plein droit le 1er mardi qui suit l'expiration d'un délai d'un mois à compter de la fin de la période pour les élections du Parlement européen.

2) Les sessions extraordinaires

Le Parlement européen peut se réunir en session extraordinaire. Le président du Parlement, après avoir consulté la Conférence des présidents, convoque à titre exceptionnel le Parlement :

– à la demande de la majorité de ses membres ;

– à la demande de la Commission européenne ou du Conseil ;

– en cas d'urgence.

Ces séances additionnelles se tiennent à Bruxelles.

B – La séance plénière

Le Parlement européen siège en séances plénières :

- ***pendant les périodes de session*** : le lundi après-midi et les mardi, mercredi et jeudi toute la journée ;
- ***pendant les périodes de session supplémentaire*** : le mercredi après-midi et le jeudi matin.

Le Parlement européen peut prévoir d'autres séances, si nécessaire.

Les débats du Parlement européen sont publics, sauf s'il en décide autrement à la majorité des 2/3.

Le président du Parlement ouvre la séance en donnant lecture des communications qui le concernent et de l'ordre du jour. Le débat se déroule sous la direction du président du Parlement et selon des règles définies par le règlement intérieur. Avant de lever la séance, le président fait part au Parlement européen de la date, de l'heure et de l'ordre du jour de la séance suivante.

Le citoyen dispose de plusieurs moyens d'information sur les travaux du Parlement européen :

- le procès-verbal de chaque séance est publié au *Journal Officiel* de l'Union européenne et le compte rendu *in extenso* des débats y est publié en tant qu'annexe ;
- les différents moyens d'information rendent compte des débats (TV, radio, Internet, journaux...) ;
- dans chaque État membre, le Parlement européen dispose d'un bureau d'information ;
- un registre des documents est mis à la disposition du citoyen par le Parlement. Ce registre lui donne accès aux différents documents de l'institution ;
- le public est admis aux séances plénières ou aux réunions des commissions en nombre limité ou sur invitation.

C – L'ordre du jour

Avant chaque période de session, le projet d'ordre du jour est établi par la Conférence des présidents sur la base des recommandations de la Conférence des présidents des commissions et compte tenu du programme législatif annuel convenu avec la Commission européenne et le Conseil.

La Commission européenne et le Conseil peuvent assister, sur invitation du président du Parlement, aux délibérations de la Conférence des présidents concernant le projet d'ordre du jour.

Le Parlement européen se prononce, au début de chaque période de session, sur le projet d'ordre du jour définitif. Des propositions de modification peuvent être présentées par une commission, un groupe politique ou 37 députés au moins.

Une fois adopté, l'ordre du jour ne peut être modifié que sur proposition du président du Parlement ou en cas d'urgence, de question préalable, de renvoi en commission, d'ajournement ou de clôture du débat.

D – Le vote parlementaire

Le droit de vote est un droit personnel. Les députés votent individuellement et personnellement.

Le vote se fait :

– ***à main levée*** : le vote à main levée est le vote normalement utilisé par le Parlement. Si le président décide que le résultat est douteux, le Parlement est consulté par vote électronique. En cas de panne de ce dernier, le Parlement est consulté par assis et levé ;

– ***par appel nominal*** : le vote par appel nominal est utilisé pour l'élection de la Commission européenne ou le vote sur la motion de censure la concernant, à la demande écrite dans la soirée précédant le vote d'un groupe politique ou de 37 députés au moins ou si la majorité des députés présents le demande. Il se fait par ordre alphabétique et commence par le nom du député désigné par le sort. Le président est appelé à voter le dernier. Le vote a lieu à haute voix et s'énonce par « *oui* », « *non* » ou « *abstention* ». Pour l'adoption ou le rejet, seules les voix « *pour* » et « *contre* » entrent dans le calcul des suffrages exprimés ;

– ***au scrutin secret*** : le vote au scrutin secret est utilisé pour les nominations (élections du bureau, des membres des commisssions...) ou à la demande d'au moins un 1/5e des membres du Parlement. Le dépouillement est effectué par 2 à 6 scrutateurs tirés au sort parmi les députés. Une demande de vote au scrutin secret a priorité sur une demande de vote par appel nominal ;

– ***électroniquement*** : le président peut décider, à tout instant, que soit utilisé un système électronique de vote pour les votes à main levée, par appel nominal ou au scrutin secret.

Lorsque la discussion générale est achevée, tout député peut émettre, sur le vote final, une déclaration orale qui ne peut excéder une minute, ou une déclaration écrite de 200 mots maximum, laquelle est reprise dans le compte rendu *in extenso* des séances. Un groupe politique peut donner une explication de vote d'une durée maximale de 2 minutes.

Le Parlement européen est toujours en nombre pour délibérer, pour régler son ordre du jour et pour adopter le procès-verbal. Dans les autres cas, le quorum est atteint lorsque le tiers des membres qui composent le Parlement se trouve réuni dans la salle des séances. En l'absence de quorum, le vote est reporté à la séance suivante.

Tout vote est valable, quel que soit le nombre des votants, si, à l'occasion du vote, le président ne constate pas, sur demande préalable d'au moins 37 députés, que le quorum n'est pas atteint.

Si moins de 37 députés sont présents, le président peut constater que le quorum n'est pas atteint.

6 Les compétences du Parlement européen

Les Traités de l'Union européenne confèrent au Parlement européen des compétences législatives, budgétaires, d'initiative et de contrôle de l'exécutif.

A – Les compétences législatives

Le Parlement européen participe à l'élaboration des actes législatifs communautaires à des degrés divers au travers de différentes procédures :

– ***la procédure de codécision*** : elle constitue la procédure législative centrale du système décisionnel communautaire. Cette procédure place le Parlement européen sur un pied d'égalité avec le Conseil. En cas d'accord entre les 2 institutions, l'acte est adopté ; en cas de désaccord, seule la recherche d'un accord entre les 2 institutions peut permettre au processus législatif d'aboutir.

Cette procédure s'applique à la plupart des domaines législatifs ;

– ***la procédure de consultation*** ; elle est :
  • soit obligatoire car les traités communautaires l'imposent, et la proposition législative ne peut acquérir force de loi que si le Parlement a rendu un avis,
  • soit facultative et la Commission suggère simplement que le Conseil consulte le Parlement européen.

  Cette procédure s'applique dans différents domaines comme, par exemple, l'agriculture, aux règles de concurrence, à la fiscalité..., en matière de révision des traités, ainsi qu'aux décisions-cadres arrêtées par le Conseil dans le cadre de la coopération policière et judiciaire en matière pénale (3e pilier) ;

– ***la procédure de coopération*** : elle attribue au Parlement européen un droit de veto suspensif et un pouvoir d'amendement. Le Parlement rend un avis sur une proposition d'acte de la Commission européenne transmise au Conseil et au Parlement. À partir de cet avis, le Conseil adopte une position commune que le Parlement peut soit adopter à la majorité simple, soit amender ou rejeter à la majorité absolue de ses membres. Le Conseil a le dernier mot s'il vote à l'unanimité, même si le texte a été rejeté par le Parlement.

  Cette procédure s'applique à certaines dispositions de la politique économique et monétaire ;

– ***la procédure d'avis conforme*** : elle attribue au Parlement un droit de veto mais pas un pouvoir d'amendement. Le Conseil ne peut adopter l'acte sans l'avis conforme du Parlement. Le Parlement ne peut qu'adopter ou rejeter la proposition législative à la majorité absolue de ses membres ; il ne peut l'amender.

  Cette procédure s'applique aux fonds structurels et de cohésion, à la procédure d'adhésion d'un État à l'Union européenne, à la coopération renforcée lorsqu'elle vise un domaine qui relève de la procédure de codécision, à la procédure de sanction pour violation grave et persistante des principes de l'Union par un État membre... ;

– ***le droit d'initiative*** : le Parlement européen peut, à la majorité de ses membres, demander, sur la base d'un rapport établi par sa commission compétente, à la Commission européenne de lui soumettre toute proposition législative appropriée. La Commission européenne peut soit s'engager, soit refuser de préparer une proposition législative demandée par le Parlement européen.

B – Les compétences budgétaires

Le Parlement européen dispose de compétences importantes en matière budgétaire même s'il n'est pas compétent pour voter les recettes du budget.

Le budget de l'Union européenne est voté pour un an et les prévisions de recettes doivent être en équilibre avec celles des dépenses.

Le Parlement européen établit conjointement avec le Conseil le budget de l'Union européenne. Lorsque la procédure budgétaire est achevée, le président du Parlement constate que le budget est définitivement arrêté. Le Parlement européen contrôle l'exécution du budget. Il donne, sur recommandation du Conseil, décharge à la Commission européenne sur l'exécution du budget.

On différencie dans le budget de l'Union européenne les dépenses obligatoires et les dépenses non obligatoires :

- ***les dépenses obligatoires*** : elles sont constituées par les dépenses agricoles et par celles découlant directement de l'application des traités. Le Parlement ne peut que faire des propositions de modifications sur lesquelles le Conseil a le dernier mot ;
- ***les dépenses non obligatoires*** : elles recouvrent les autres dépenses (notamment l'éducation, les programmes sociaux, les fonds régionaux, la formation...). Pour cette catégorie de dépenses, le Parlement a le dernier mot puisqu'il est seul à trancher en dernier ressort sur ses amendements. Son pouvoir est cependant limité par le taux maximal d'augmentation des dépenses non obligatoires déterminée par la Commission européenne. Un dépassement de ce taux n'est possible qu'après accord entre le Parlement et le Conseil.

Les étapes de la procédure budgétaire sont les suivantes :

- ***1re étape*** : la Commission européenne établit l'avant-projet de budget, en tenant compte des orientations fixées par le Parlement européen et le Conseil. Elle le transmet au Conseil au plus tard le 1er septembre ;
- ***2e étape*** : première lecture : le Conseil, statuant à la majorité qualifiée, adopte le projet de budget qu'il transmet au Parlement au plus tard le 5 octobre ;
- ***3e étape*** : première lecture : le Parlement dispose de 45 jours pour :
  - approuver le projet ou ne pas se prononcer ; dans ce cas, le budget est réputé définitivement arrêté,
  - adopter des propositions de modifications pour les dépenses obligatoires, à la majorité absolue des suffrages exprimés,
  - adopter des amendements pour les dépenses non obligatoires, à la majorité de ses membres.

  Le projet de budget ainsi amendé ou assorti de propositions de modification est transmis au Conseil ;
- ***4e étape*** : deuxième et dernière lecture : le Conseil dispose de 15 jours pour :
  - accepter tous les amendements et propositions de modifications du Parlement ; dans ce cas, le budget est réputé définitivement arrêté,
  - se prononcer sur les propositions de modifications :
    - si la modification proposée n'a pas pour effet d'augmenter le montant global des dépenses d'une institution, il peut la rejeter ou la modifier à la majorité qualifiée, faute de quoi elle est réputée approuvée ;
    - si la modification proposée par le Parlement européen a pour effet d'augmenter le montant global des dépenses d'une institution, il peut l'accepter à la majorité qualifiée, faute de quoi elle est réputée rejetée ;
  - modifier les amendements, qui reviennent alors au Parlement ;

– *5e étape* : deuxième et dernière lecture : le Parlement dispose de 15 jours pour :

- approuver le projet ou ne pas se prononcer ; dans ce cas, le budget est réputé arrêté avec les amendements modifiés par le Conseil,
- amender ou rejeter les modifications apportées à ses amendements, à la majorité de ses membres et des 3/5e des suffrages exprimés. Ses décisions clôturent la procédure : le président du Parlement constate que le budget est définitivement arrêté,
- rejeter globalement le budget, à la majorité de ses membres et des 2/3 des suffrages exprimés. En ce cas, la procédure doit recommencer sur la base d'un nouveau projet. Tant que ce nouveau projet n'est pas adopté, la Communauté fonctionne sur la base de crédits mensuels égaux à des douzièmes du budget précédent.

C – Les pouvoirs de contrôle

1) La motion de censure

Le Parlement européen participe à la nomination de la Commission européenne en accordant ou non son investiture. Il a aussi le pouvoir d'adopter une motion de censure à son encontre.

La procédure de la motion de censure est la suivante :

– pour être recevable, la motion de censure doit être signée par 1/10e des députés ;

– la motion de censure doit être motivée et déposée auprès du président du Parlement qui, dès sa réception, l'annonce aux députés. Il la transmet à la Commission européenne ;

– le débat sur la motion de censure a lieu 24 heures au moins après l'annonce aux députés du dépôt d'une motion de censure ;

– le vote sur la motion de censure a lieu par appel nominal, 48 heures au moins après l'ouverture du débat.

Le débat et le vote ont lieu au plus tard pendant la période de session qui suit le dépôt de la motion de censure ;

– la motion de censure est adoptée à la majorité des 2/3 des suffrages exprimées représentant au moins la majorité des membres composant le Parlement européen. La notification du résultat du vote est faite à la présidence du Conseil et au président de la Commission.

Si la motion de censure est adoptée, les membres de la Commission doivent abandonner collectivement leurs fonctions. Ils continuent à expédier les affaires courantes jusqu'à leur remplacement. Dans ce cas, le mandat des membres de la Commission nommés pour les remplacer expire à la date à laquelle aurait dû expirer le mandat des membres de la Commission obligés d'abandonner collectivement leurs fonctions.

2) Les questions au Conseil ou à la Commission européenne

Des question écrites et orales peuvent être adressées au Conseil ou à la Commission européenne. Elles constituent l'un des moyens traditionnels du contrôle politique exercé par le Parlement européen.

Il existe :

– ***les questions avec demande de réponse écrite*** : tout député peut poser des questions avec demande de réponse écrite au Conseil, à la Commission européenne ou à la Banque centrale européenne. Elles sont remises par écrit au président du Parlement qui les communique à l'institution intéressée. Il existe 2 catégories de questions :

  • *les questions prioritaires* : tout député peut poser une question prioritaire une fois par mois. Il s'agit d'une question appelant une réponse immédiate mais ne nécessitant aucune recherche approfondie. Elle doit recevoir une réponse dans un délai de 3 semaines à compter de leur transmission à l'institution concernée,

  • *les questions non prioritaires* : elles doivent recevoir une réponse dans un délai de 6 semaines à compter de leur transmission à l'institution intéressée.

  Si une question n'a pu recevoir de réponse dans le délai requis, elle est inscrite, à la demande de son auteur, à l'ordre du jour de la prochaine réunion de la commission compétente.

  Les questions sont publiées, avec leur réponse, au *Journal Officiel de l'Union européenne* ;

– ***les questions avec demande de réponse orale suivie d'un débat*** : une commission, un groupe politique ou 37 députés au moins peuvent poser des questions au Conseil ou à la Commission européenne et demander que ces questions soient inscrites à l'ordre du jour du Parlement. Elles sont remises par écrit au président du Parlement qui les soumet sans retard à la Conférence des présidents. Cette dernière décide si et dans quel ordre ces questions sont inscrites à l'ordre du jour. Les questions non inscrites à l'ordre du jour du Parlement dans un délai de 3 mois après leur dépôt deviennent caduques.

  Les questions doivent être transmises à l'institution intéressée avant la séance à l'ordre du jour de laquelle elles sont inscrites en respectant le délai suivant : au moins une semaine pour la Commission européenne et au moins 3 semaines pour le Conseil.

  Les questions se rapportant à la politique étrangère et de sécurité commune et à la coopération policière et judiciaire en matière pénale ne sont pas soumises à délai. Le Conseil est tenu d'y répondre dans un délai approprié, afin que le Parlement soit dûment informé.

  L'un des auteurs de la question dispose de 5 minutes pour la développer. Un membre de l'institution intéressée répond.

  Une commission, un groupe politique ou 37 députés au moins peuvent déposer une proposition de résolution. La proposition de résolution est mise aux voix le jour même ;

– ***l'heure des questions*** : elle a lieu à chaque période de session, à des moments fixés par le Parlement sur proposition de la Conférence des présidents. Un laps de temps peut être réservé pour des questions posées au président et à des membres de la Commission européenne.

  Au cours d'une période de session, chaque député ne peut poser qu'une seule question au Conseil et à la Commission européenne.

  Les questions doivent être déposées dans un délai d'au moins une semaine avant le début de l'heure des questions. Elles sont soumises par écrit au président du Parlement qui décide de leur recevabilité et de l'ordre dans lequel elles seront appelées.

Les questions déclarées recevables sont distribuées aux députés et transmises aux institutions intéressées.

Les questions auxquelles, faute de temps, aucune réponse n'a pu être donnée, reçoivent une réponse dans un délai de 3 semaines à compter de leur transmission à l'institution concernée, à moins que leur auteur n'ait demandé qu'elle soit inscrite à l'ordre du jour de la prochaine réunion de la commission compétente.

3) Les commissions d'enquête

Le Parlement européen peut constituer, à la demande d'un quart de ses membres, une commission d'enquête, en cas d'infractions ou de mauvaise application du droit communautaire (*cf.* p. 224).

4) La discussion des rapports des différentes institutions européennes

Le Parlement européen reçoit des différentes institutions européennes des rapports ou des informations régulières. L'examen de ces différents rapports ou informations peut donner lieu à débat qui peut se conclure ou non par une résolution. À travers l'examen de ces rapports et informations, le Parlement européen exerce un pouvoir d'information et de contrôle politique.

La Commission européenne soumet au Parlement régulièrement des rapports ; par exemple :

- le rapport général sur l'activité de la Communauté, un mois au moins avant l'ouverture de la session du Parlement européen ;
- le rapport annuel sur l'application du droit communautaire ;
- le rapport annuel de l'application du budget ;
- les rapports sur l'application des dispositions sur la citoyenneté de l'Union et sur les progrès accomplis dans la réalisation de la cohésion économique et sociale (tous les 3 ans) ;
- le rapport annuel sur les activités menées en matière de recherche et de développement technologique…

Après consultation de la Conférence des présidents, le président du Parlement peut inviter le président de la Commission européenne, le commissaire responsable pour les relations avec le Parlement européen, ou, après accord, un autre membre de la Commission, à faire une déclaration devant le Parlement après chacune des réunions de la Commission, pour exposer les principales décisions prises. La déclaration est suivie d'un débat d'une durée minimale de 30 minutes, au cours duquel les députés peuvent poser des questions brèves et précises.

Le Parlement européen est tenu régulièrement informé par la présidence du Conseil et la Commission européenne de l'évolution de la politique étrangère et de sécurité de l'Union, des travaux menés dans les domaines relevant de la coopération policière et judiciaire pénale…

Le Conseil européen présente au Parlement européen un rapport à la suite de chacune de ses réunions, ainsi qu'un rapport écrit annuel concernant les progrès réalisés par l'Union européenne.

Le président de la Banque Centrale européenne présente, devant le Parlement européen en session plénière, le compte-rendu annuel sur les activités du système européen de banques centrales (SEBC) et sur la politique monétaire de l'année précédente et de l'année en cours.

La Cour des comptes adresse au Parlement européen son rapport annuel, accompagné des réponses des institutions contrôlées à ses observations.

5) La participation à la politique étrangère et de sécurité commune et à la coopération policière et judiciaire en matière pénale

Le Parlement européen est associé à des degrés divers à la Politique étrangère et de sécurité commune (PESC) et à la coopération policière et judiciaire en matière pénale :

- ***la participation à la Politique étrangère et de sécurité commune (PESC)*** : la présidence du Conseil consulte le Parlement européen sur les principaux aspects et les choix fondamentaux de la politique étrangère et de sécurité commune et veille à ce que les vues du Parlement européen soient dûment prises en considération. Le Parlement est tenu régulièrement informé par la présidence du Conseil et la Commission européenne de l'évolution de la politique étrangère et de sécurité de l'Union.

  Le Parlement européen peut adresser des questions ou formuler des recommandations à l'intention du Conseil.

  Chaque année, le Parlement européen organise un débat sur le document consultatif établi par le Conseil présentant les principaux aspects et les choix fondamentaux de la politique étrangère et de sécurité commune, y compris leurs implications financières pour le budget de l'Union. Le Parlement européen peut décider de clore le débat par une résolution ;
- ***la participation à la coopération policière et judiciaire en matière pénale*** : la présidence du Conseil consulte le Parlement européen avant d'adopter des décisions-cadres, des décisions ou des conventions dans le domaine de la coopération policière et judiciaire en matière pénale. Le Parlement européen rend son avis dans un délai que le Conseil peut déterminer et qui ne peut être inférieur à 3 mois. À défaut d'avis rendu dans ce délai, le Conseil peut statuer. Le Parlement est tenu régulièrement informé par la présidence du Conseil et la Commission européenne des travaux menés dans le domaine de la coopération policière et judiciaire en matière pénale.

  Le Parlement européen peut adresser des questions ou formuler des recommandations à l'intention du Conseil.

  Chaque année, le Parlement européen organise un débat sur les progrès réalisés dans le domaine de la coopération policière et judiciaire en matière pénale. Le Parlement européen peut décider de clore le débat par une résolution.

6) La participation aux nominations

Le Parlement européen participe aux nominations suivantes :

- ***les membres de la Commission européenne*** : le Parlement européen donne son approbation pour la nomination du président de la Commission européenne et pour la Commission en tant que collège. Si le Parlement européen n'approuve pas le choix du Conseil, ce dernier doit présenter d'autres candidatures ;

– ***les membres de la Cour des comptes*** : le Parlement européen est consulté par le Conseil pour la nomination des membres de la Cour des comptes. Si le Parlement rend un avis négatif sur une candidature individuelle, le président du Parlement invite le Conseil à retirer la candidature et à en présenter une nouvelle au Parlement. Le conseil n'est pas tenu de suivre l'avis du Parlement ;
– ***le président, le vice-président et les membres composant le directoire de la Banque centrale européenne*** : le Parlement européen est consulté par le Conseil pour la nomination du président, du vice-président et des membres du directoire de la Banque centrale européenne. Si le Parlement rend un avis négatif sur une candidature individuelle, le président du Parlement invite le Conseil à retirer la candidature et à en présenter une nouvelle au Parlement. Le conseil n'est pas tenu de suivre l'avis du Parlement.

7) Le droit de recours devant la Cour de justice

Le Parlement européen peut, dans certaines situations, exercer son droit de recours devant la Cour de justice des Communautés européennes :
– ***le recours en annulation d'un acte législatif*** qui porterait atteinte aux prérogatives parlementaires ;
– ***le recours en carence*** à l'encontre de la Commission européenne ou du Conseil s'ils ne remplissent pas leurs obligations.

8) La réception des pétitions

Tout citoyen de l'Union, ainsi que toute personne physique ou morale résidant ou ayant son siège statutaire dans un État membre, a le droit de présenter, à titre individuel ou en association avec d'autres citoyens ou personnes, une pétition au Parlement européen sur un sujet relevant des domaines d'activité de la Communauté et qui le ou la concerne directement.

Les pétitions sont examinées par la commission compétente qui peut décider d'élaborer des rapports ou se prononcer de toute autre manière sur les pétitions qu'elle a déclaré recevables. Le cas échéant, la commission soumet au vote du Parlement des propositions de résolution concernant les pétitions qu'elle a examinées. Elle peut également demander que son avis soit transmis par le président du Parlement à la Commission européenne ou au Conseil.

Le Parlement européen nomme un médiateur européen, habilité à recevoir les plaintes émanant de tout citoyen de l'Union ou de toute personne physique ou morale résidant ou ayant son siège statutaire dans un État membre et relatives à des cas de mauvaise administration dans l'action des institutions ou organes communautaires, à l'exclusion de la Cour de justice et du Tribunal de première instance dans l'exercice de leurs fonctions juridictionnelles.

Tout citoyen de l'Union peut aussi écrire au Parlement européen, au Conseil, à la Commission européenne, à la Cour de justice et à la Cour des comptes, dans l'une des langues officielles de l'Union européenne et recevoir une réponse rédigée dans la même langue.

La procédure législative

Chapitre **20**

1 Généralités

Le système législatif de l'Union européenne repose sur le principe de l'équilibre institutionnel qui garantit que toutes les institutions communautaires appelées à exprimer la volonté de l'Union participent au processus législatif de manière équilibrée.

Toute décision prise au niveau de l'Union européenne implique la participation de plusieurs institutions, en particulier :

– ***la Commission européenne*** : pouvoir d'initiative ;

– ***le Conseil de l'Union européenne*** : pouvoir d'adoption ;

– ***le Parlement européen*** : pouvoir d'adoption.

La Commission européenne propose la nouvelle législation, mais l'adoption des actes législatifs incombe au Conseil de l'Union européenne et au Parlement européen. D'autres institutions sont aussi appelées à participer au processus législatif comme le Comité économique et social européen (CESE) ou le Comité des régions (CdR).

Les règles et les procédures de décision au sein de l'Union européenne sont définies dans les traités.

Tout acte législatif européen repose sur un article des traités, qui constitue sa base juridique.

Il existe difffférentes procédures pour adopter les textes législatifs européens :

– ***la procédure de codécision*** ;

– ***la procédure de coopération*** ;

– ***la procédure de consultation*** ;

– ***la procédure d'avis conforme***.

La Commission européenne doit choisir la procédure à suivre lorsqu'elle propose un nouvel acte. Son choix est, en principe, conditionné par la base juridique de la proposition.

2 La procédure de codécision

A – Le domaine d'application

La procédure de codécision s'applique désormais à la plupart des domaines législatifs ; y échappent encore la politique agricole commune et la politique commerciale. Elle ne s'applique pas, en revanche, à plusieurs matières importantes relevant de l'unanimité au Conseil, comme par exemple la politique fiscale.

Le domaine d'application de la procédure de codécision	
• L'interdiction des discriminations. • La libre circulation des citoyens de l'Union. • La libre circulation des travailleurs. • La procédure en matière de visa. • Les mesures d'encouragement en matière de l'emploi. • La reconnaissance de diplômes. • La formation professionnelle. • La politique sociale. • La mise en œuvre de l'égalité de rémunération pour un même travail. • L'éducation, la culture. • La politique des transports y compris le transport aérien. • Les réseaux transeuropéens. • Les mesures dans le domaine de la protection de l'environnement.	• La protection des consommateurs. • La mise en œuvre des programmes cadre de recherche. • La coopération au développement. • La mise en œuvre du Fonds social et du Fonds régional. • La coopération douanière. • La protection de la santé, les mesures dans les domaines vétérinaire et phytosanitaire. • La lutte contre la fraude. • La transparence : les principes régissant l'accès aux documents. • La statistique communautaire. • L'institution d'un organe chargé de surveiller la protection des personnes à l'égard du traitement des données. • …

B – Le déroulement de la procédure de codécision

1) L'initiative

La Commission européenne présente une proposition au Parlement européen et au Conseil.

2) La 1re lecture du Parlement européen et du Conseil

a) La 1re lecture du Parlement européen

Le président du Parlement transmet la proposition à la commission compétente pour l'examen au fond. Cette dernière peut demander à d'autres commissions de donner leur avis en la matière.

Le Parlement européen examine en séance plénière la proposition législative sur la base du rapport de la commission compétente qui comporte les éventuels projets d'amendement à la proposition, un projet de résolution législative et, le cas échéant, un exposé des motifs.

Le Parlement européen délibère sur cette proposition en première lecture. Il rend un avis à la majorité absolue des suffrages exprimés et transmet son avis au Conseil.

À ce stade, le Comité économique et social européen et le Comité des régions ont également la possibilité d'émettre un avis si la proposition concerne leur domaine de compétences.

b) La 1re lecture du Conseil

Le Conseil, statuant à la majorité qualifiée, après avis du Parlement européen peut :

– arrêter l'acte proposé, si le Parlement européen ne propose aucun amendement ;

– approuver tous les amendements figurant dans l'avis du Parlement européen, et arrêter l'acte proposé ainsi amendé ;

– arrêter une position commune et la transmettre au Parlement européen. Le Conseil informe pleinement le Parlement européen des raisons qui l'ont conduit à arrêter sa position commune. La Commission européenne informe pleinement le Parlement européen de sa position.

3) La 2e lecture du Parlement européen et du Conseil

a) La 2e lecture du Parlement européen

Le Parlement européen doit se prononcer, dans un délai de 3 mois après sa transmission, sur la position commune du Conseil.

Le Parlement européen peut :

– approuver à la majorité absolue des suffrages exprimés la position commune ou ne pas se prononcer, l'acte concerné est réputé arrêté conformément à cette position commune ;

– rejeter, à la majorité absolue de ses membres, la position commune : l'acte proposé est réputé non adopté et la procédure législative est close ;

– proposer, à la majorité absolue de ses membres, des amendements à la position commune : la proposition ainsi amendée est transmise au Conseil et à la Commission européenne ; la Commission émet un avis sur ces amendements.

b) La 2e lecture du Conseil

Le Conseil doit se prononcer, dans un délai de 3 mois après sa transmission, sur les amendements du Parlement européen à la position commune.

Le Conseil peut :

– approuver tous les amendements du Parlement européen :

  • en statuant à la majorité qualifiée pour ceux n'ayant pas fait l'objet d'un avis négatif de la Commission européenne,

  • en statuant à l'unanimité pour ceux ayant fait l'objet d'un avis négatif de la Commission européenne.

  L'acte concerné est réputé arrêté sous la forme de la position commune ainsi amendée ;

– ne pas approuver tous les amendements du Parlement européen. La présidence du Conseil, en accord avec le président du Parlement européen, convoque le comité de conciliation dans un délai de 6 semaines.

Le délai de 3 mois concernant la 2e lecture peut être prolongé d'un mois au maximum à l'initiative du Parlement européen ou du Conseil.

4) La 3e lecture du Parlement européen et du Conseil

a) La procédure de conciliation

Le comité de conciliation se compose de 2 délégations :

– ***la délégation du Conseil*** qui réunit les membres du Conseil ou leurs représentants (à l'heure actuelle 27) ;

– ***la délégation du Parlement européen*** qui comporte un nombre égal de députés européens. La composition politique de la délégation correspond à la répartition du Parlement en groupes politiques. La Conférence des présidents fixe le nombre exact de membres des différents groupes politiques qui doivent la composer. Les groupes politiques nomment, pour chaque cas de conciliation, les membres de la délégation, à l'exception des 3 vice-présidents désignés, par eux, comme membres permanents pour une période de 12 mois. La présidence du comité est exercée conjointement par un vice-président du Parlement européen et un ministre de l'État membre exerçant la présidence du Conseil.

La procédure de conciliation a pour mission d'aboutir à un accord sur un projet commun. Pour s'acquitter de sa mission, le comité de conciliation examine la position commune sur la base des amendements proposés par le Parlement européen. La Commission européenne participe aux travaux du comité de conciliation et prend toutes les initiatives nécessaires en vue de promouvoir un rapprochement des positions du Parlement européen et du Conseil.

Le comité de conciliation dispose de 6 semaines pour élaborer un projet commun. Il peut :

– approuver un projet commun : celui-ci est alors soumis au Conseil et au Parlement européen pour approbation ;

– ne pas approuver de projet commun dans le délai prévu : l'acte proposé est réputé non adopté et la procédure législative est terminée.

b) La 3e lecture du Parlement européen et du Conseil

Le Parlement européen et le Conseil disposent chacun d'un délai de 6 semaines, à compter de l'approbation d'une position commune par le comité de conciliation, pour arrêter l'acte concerné conformément au projet commun, à la majorité absolue des suffrages exprimés lorsqu'il s'agit du Parlement européen et à la majorité qualifiée lorsqu'il s'agit du Conseil.

En l'absence d'approbation par le Parlement européen ou le Conseil dans le délai visé, l'acte proposé est réputé non adopté.

Le délai de 6 semaines concernant le comité de conciliation ou la 3e lecture peut être prolongé de 2 semaines au maximum à l'initiative du Parlement européen ou du Conseil.

Schéma de la procédure de codécision

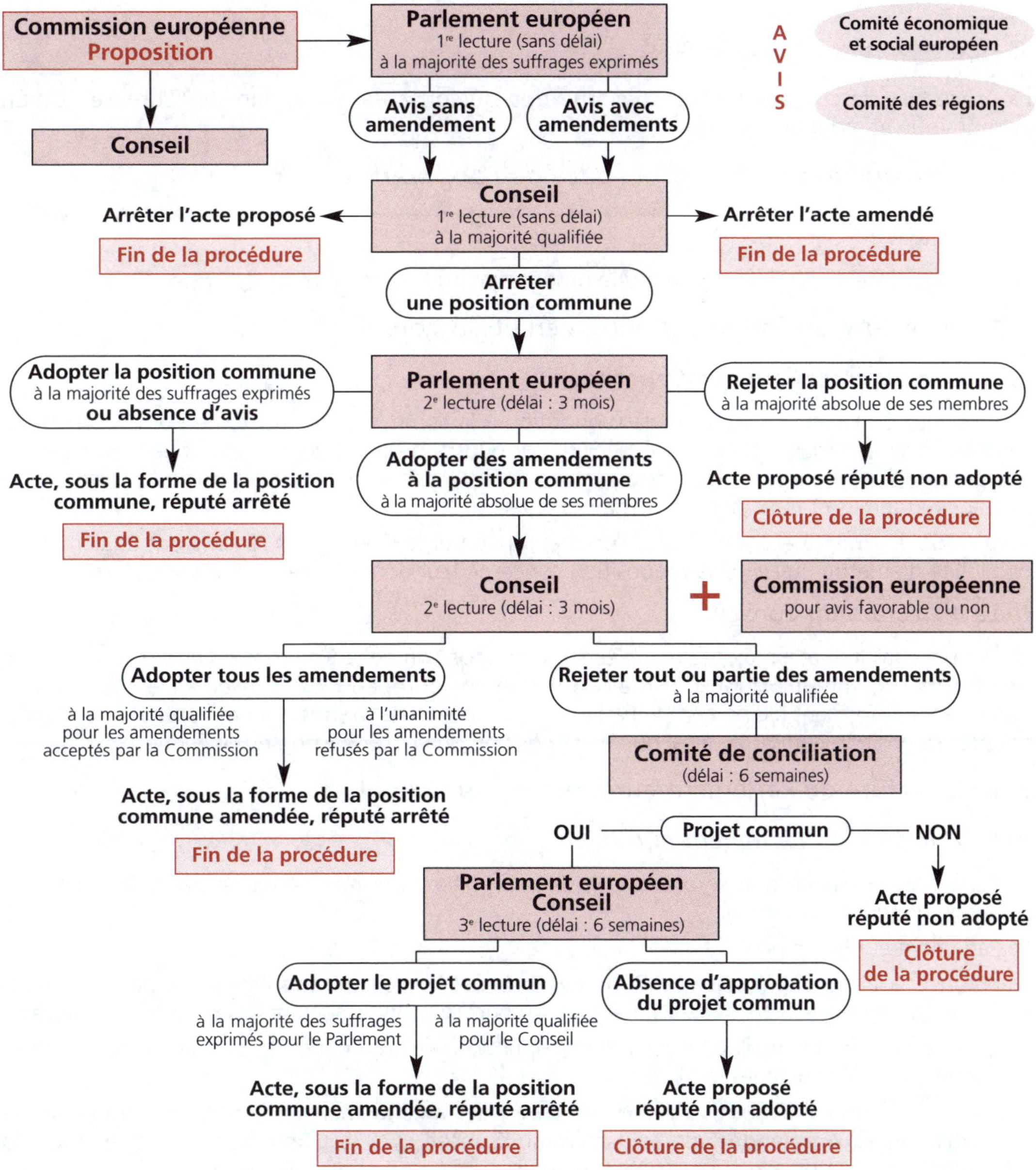

3 La procédure de coopération

A – Le domaine d'application

La procédure de coopération ne concerne que quelques décisions dans le cadre de l'Union économique et monétaire.

B – Le déroulement de la procédure de coopération

1) L'initiative

La Commission européenne présente une proposition au Parlement européen et au Conseil.

2) La 1re lecture du Parlement européen et du Conseil

a) La 1re lecture du Parlement européen

Le président du Parlement transmet la proposition à la commission compétente pour l'examen au fond. Le Parlement examine en séance plénière la proposition sur la base du rapport de la commission compétente. Il délibère sur cette proposition en 1re lecture. Il rend un avis à la majorité absolue des suffrages exprimés et transmet son avis au Conseil.

À ce stade, le Comité économique et social européen et le Comité des régions ont également la possibilité d'émettre un avis si la proposition concerne leur domaine de compétences.

b) La 1re lecture du Conseil

Le Conseil, statuant à la majorité qualifiée sur la proposition de la Commission européenne, arrête une position commune qu'il transmet au Parlement européen. Le Conseil et la Commission européenne informent pleinement le Parlement européen des raisons qui ont conduit le Conseil à adopter sa position commune ainsi que de la position de la Commission européenne.

3) La 2e lecture du Parlement européen et du Conseil

a) La 2e lecture du Parlement européen

Le Parlement européen doit se prononcer, dans un délai de 3 mois après sa transmission, sur la position commune du Conseil.

Le Parlement européen peut :

- approuver à la majorité absolue des suffrages exprimés la position commune ou ne pas se prononcer : le Conseil arrête alors définitivement l'acte concerné conformément à la position commune ;
- rejeter, à la majorité absolue de ses membres, la position commune : le Conseil ne peut statuer en 2e lecture qu'à l'unanimité ;
- proposer, à la majorité absolue de ses membres, des amendements à la position commune : la proposition ainsi amendée est transmise au Conseil et à la Commission européenne ; la Commission émet un avis sur ces amendements.

Schéma de la procédure de coopération

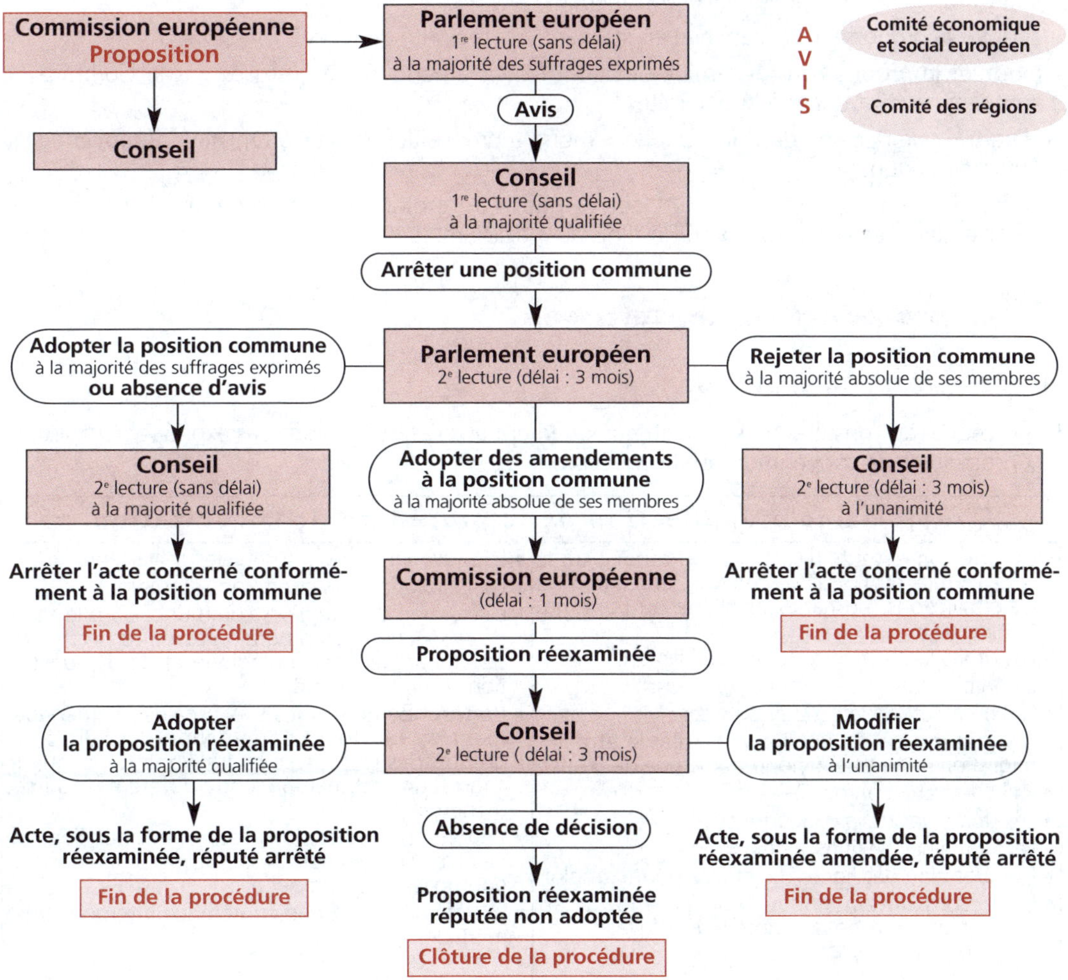

b) La 2e lecture du Conseil

La Commission européenne réexamine, dans un délai d'un mois, la proposition sur la base de laquelle le Conseil a arrêté sa position commune à partir des amendements proposés par le Parlement européen. Elle transmet au Conseil, en même temps que sa proposition réexaminée, les amendements du Parlement européen qu'elle n'a pas repris, en exprimant son avis à leur sujet.

Le Conseil est tenu de statuer dans un délai de 3 mois après réception de la proposition réexaminée par la Commission européenne. Le Conseil peut :

- adopter la proposition réexaminée en statuant à la majorité qualifiée ;
- modifier la proposition réexaminée et adopter les amendements refusés par la Commission européenne en statuant à l'unanimité.

À défaut d'une décision dans le délai de 3 mois, la proposition de la Commission européenne est réputée non adoptée.

Le délai de 3 mois concernant la 2e lecture peut être prolongé d'un commun accord entre le Conseil et le Parlement européen d'un mois au maximum.

4 La procédure de consultation

A – Le domaine d'application

La procédure de consultation s'applique uniquement aux cas qui ne sont pas expressément soumis aux procédures de coopération ou de codécision.

Le domaine d'application de la procédure de consultation	
• La lutte contre toute discrimination fondée sur le sexe, la race ou l'origine ethnique, la religion ou les convictions, un handicap, l'âge ou l'orientation sexuelle. • Les droits liés à la citoyenneté de l'Union. • La politique agricole commune. • La libéralisation de certains services. • Les mesures en matière de visas, d'asile et d'immigration (pour une période transitoire de 5 ans). • La libre circulation des personnes. • Les domaines de la concurrence. • Les domaines de la fiscalité. • L'élaboration des lignes directrices pour l'emploi. • Les accords internationaux concernant les services et les droits de propriété industrielle. • La protection sociale.	• La sauvegarde des intérêts des travailleurs. • L'amélioration des conditions d'emploi. • La création d'entreprises communes dans le cadre de l'exécution des programmes de recherche, de développement technologique et de démonstration communautaires. • L'environnement (mesures fiscales), l'aménagement du territoire, l'affectation des sols ou la gestion des ressources hydrauliques ainsi que le choix d'un État membre entre différentes sources d'énergie. • L'adoption des décisions-cadres, des décisions ou des conventions dans le domaine de la coopération policière et judiciaire. • La convocation d'une conférence intergouvernementale. • …

B – Le déroulement de la procédure de consultation

1) L'initiative

La Commission européenne élabore une proposition sur la mesure communautaire envisagée. Elle transmet la proposition au Conseil, accompagné d'un exposé des motifs détaillé.

2) La procédure de consultation

Le Conseil doit, avant de statuer, prendre connaissance de l'avis du Parlement européen. Aux fins de la consultation, le Conseil transmet officiellement la proposition de la Commission européenne au président du Parlement européen afin que le Parlement puisse rendre un avis.

Le président du Parlement transmet la proposition à la commission compétente pour l'examen au fond. Le Parlement européen examine en séance plénière la proposition sur la base du rapport de la commission compétente. Il délibère sur cette proposition. Il rend un avis à la majorité absolue des suffrages exprimés et transmet son avis au Conseil.

Le Conseil n'est pas juridiquement tenu de suivre les avis du Parlement européen. Toutefois, s'il entend modifier substantiellement la proposition de la Commission européenne sur laquelle a porté la consultation du Parlement européen, il doit à nouveau enclencher la procédure de consultation. La Commission européenne peut soumettre une nouvelle fois au Conseil sa proposition, éventuellement modifiée à la lumière des avis exprimés.

L'absence de consultation rend l'acte illégal et annulable par la Cour de Justice.

Dans certains cas, le Conseil doit consulter, pour avis, le Comité économique et social européen et le Comité des régions. Leurs avis sont transmis au Conseil et à la Commission européenne. Ils mettent un terme à leur participation et le Conseil n'est pas tenu de suivre leurs avis.

Schéma de la procédure de consultation

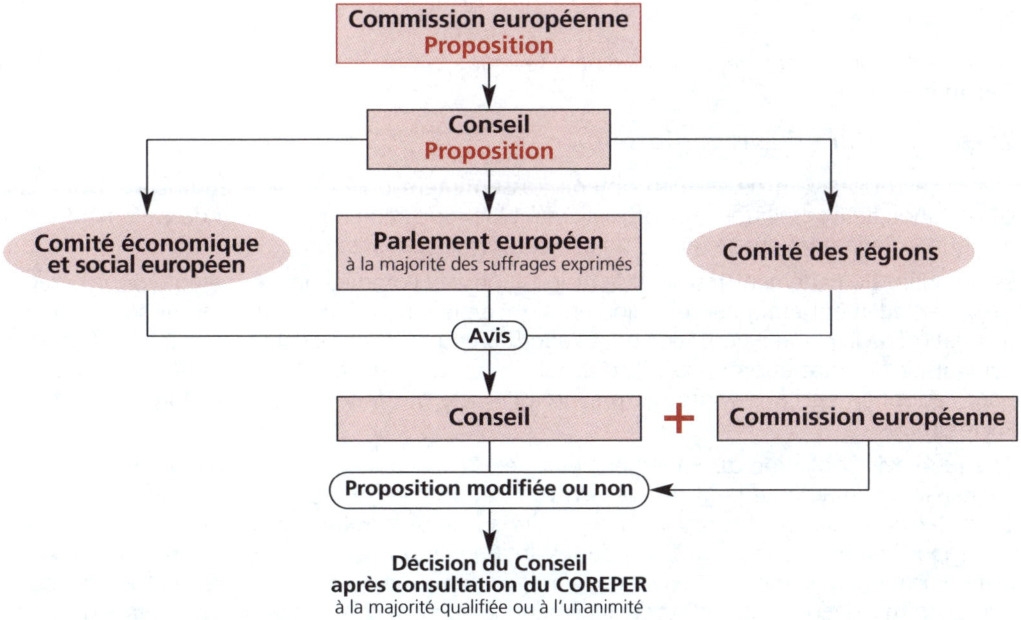

5 La procédure d'avis conforme

A – Le domaine d'application

La procédure d'avis conforme s'applique à certains domaines.

Le domaine d'application de la procédure d'avis conforme	
• L'adhésion de nouveaux États membres. • Les sanctions applicables en cas de violation grave et persistante des droits fondamentaux par un État membre. • Les accords d'association et aux autres accords fondamentaux avec des pays tiers. • Les missions, les objectifs prioritaires et l'organisation des fonds à finalité structurelle. • L'élaboration d'une procédure uniforme d'élection des députés européens.	• La désignation du président de la Commission européenne et des autres membres en tant que collège. • L'attribution à la Banque centrale européenne (BCE) de missions spécifiques ayant trait aux politiques en matière de contrôle prudentiel des établissements de crédit et autres établissements financiers. • La modification de certains articles des statuts du Système européen de banques centrales (SEBC).

B – Le déroulement de la procédure d'avis conforme

1) L'initiative

Selon le domaine concerné, l'initiative peut revenir à la Commission européenne, au Conseil ou au Parlement européen.

2) La procédure d'avis conforme

Le Conseil doit, avant de statuer, obtenir l'assentiment du Parlement européen. Aux fins de la consultation, le Conseil transmet officiellement la proposition au président du Parlement européen afin que le Parlement puisse rendre un avis conforme sur l'acte proposé.

Le président du Parlement transmet la proposition à la commission compétente pour l'examen au fond. Le Parlement européen examine en séance plénière la proposition sur la base de la recommandation de la commission, tendant à l'adoption ou au rejet de l'acte en question. Aucun amendement ne pouvant être déposé, il se prononce en un seul vote, sur l'acte, à la majorité requise pour l'adoption de l'avis conforme prévue à l'article du traité qui constitue la base juridique de l'acte proposé.

Lorsque l'avis conforme du Parlement européen est requis pour une proposition législative, la commission compétente peut décider, en vue de favoriser une issue positive de la procédure, de présenter au Parlement un rapport intérimaire sur la proposition de la Commission européenne. Ce rapport contient une proposition de résolution comprenant des recommandations concernant la modification ou la mise en œuvre de la proposition considérée. Si le Parlement adopte au moins une recommandation, le président du Parlement demande à la commission compétente de poursuivre l'examen de la proposition législative avec le Conseil. La commission compétente élabore, à la lumière des résultats de l'examen avec le Conseil, sa recommandation finale concernant l'avis conforme du Parlement.

Le défaut d'avis conforme du Parlement européen interdit l'adoption de l'acte par le Conseil.

Dans certains cas, le Conseil doit consulter, pour avis, le Comité économique et social européen et le Comité des régions. Leurs avis sur la proposition de la Commission sont transmis au Conseil. Le Conseil n'est pas tenu de suivre leurs avis.

Schéma de la procédure de codécision

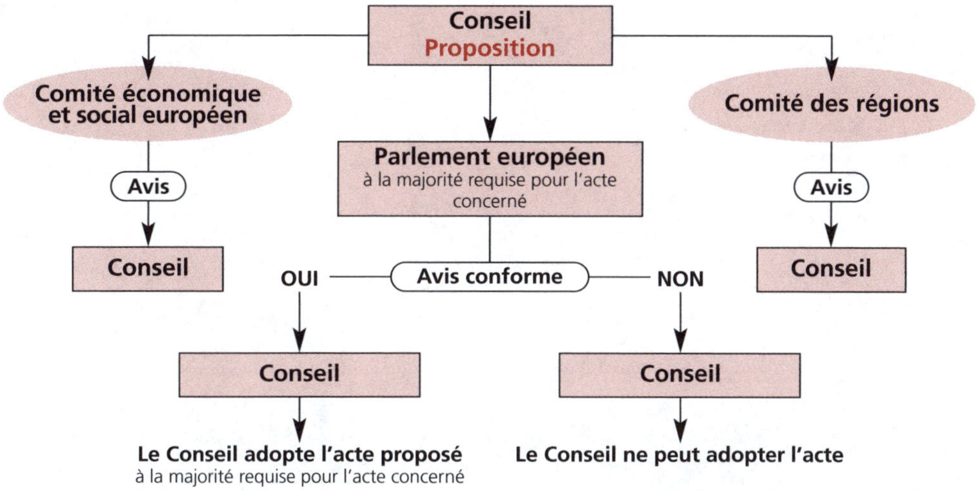

Le Comité économique et social européen (CESE)

Chapitre **21**

1 Généralités

Le Comité économique et social européen (CESE) est un organe institutionnel consultatif de l'Union européenne. Il assure la ***représentation des différentes composantes à caractère économique et social de la société civile organisée***.

Les membres du CESE portent le titre de conseillers du Comité économique et social européen.

Le Comité économique et social européen a pour mission fondamentale d'assurer une fonction consultative auprès des 3 grandes institutions : la Commission européenne, le Conseil de l'Union européenne et le Parlement européen.

Il fait partie intégrante du système décisionnel européen. Il doit être consulté préalablement à toute décision en matière de politique économique et sociale. Il peut également donner des avis de sa propre initiative sur d'autres thèmes qu'il juge importants.

Le siège du Comité économique et social européen se trouve à Bruxelles (Belgique).

2 La composition, la nomination et l'organisation du CESE

A – La composition du CESE

Le Comité économique et social européen est composé de représentants des différentes composantes à caractère économique et social de la société civile organisée, notamment des producteurs, des agriculteurs, des transporteurs, des travailleurs, des négociants et artisans, des professions libérales, des consommateurs et de l'intérêt général.

Les membres du Comité économique et social sont répartis en 3 groupes :

- ***le Groupe I : le Groupe des employeurs*** : il est composé de membres issus des secteurs publics et privés de l'industrie, des petites et moyennes entreprises, des chambres de commerce, du commerce de gros et de détail, des services financiers, du transports et de l'agriculture ;
- ***le Groupe II : le Groupe des salariés*** : il est composé de membres issus des organisations syndicales nationales des travailleurs, tant au niveau des confédérations que des fédérations sectorielles ;

– ***le Groupe III : le Groupe des activités diverses*** : il est composé de membres issus des organisations d'agriculteurs, de petites et moyennes entreprises et de l'artisanat, de professions libérales, de coopératives et de mutuelles, des associations de défense des consommateurs, des associations pour la protection de l'environnement, des associations familiales et de lutte contre les handicaps et l'exclusion, des membres de la communauté scientifique et du corps enseignant...

Les Groupes élisent leurs présidents et vice-présidents. Ils se réunissent régulièrement dans le cadre des sessions plénières.

La composition du CESE n'est pas statique ; elle évolue à chaque renouvellement afin de refléter au mieux l'évolution de la société civile organisée dans chacun des États membres.

B – La nomination des membres du CESE

Le nombre des membres du Comité économique et social européen ne dépasse pas 350.

La répartition des sièges de conseillers entre les États membres se fonde, pour l'essentiel, sur le poids démographique des États membres ; cependant, le nombre de sièges attribué à chaque État membre n'est pas strictement proportionnel à sa population.

Le nombre de sièges de conseillers du CESE par État membre est le suivant :

État membre	Conseillers	État membre	Conseillers	État membre	Conseillers
Allemagne	24	Bulgarie	12	Irlande	9
France	24	Grèce	12	Lituanie	9
Italie	24	Hongrie	12	Slovaquie	9
Royaume-Uni	24	Pays-Bas	12	Estonie	7
Espagne	21	Portugal	12	Lettonie	7
Pologne	21	République tchèque	12	Slovénie	7
Roumanie	15	Suède	12	Chypre	6
Autriche	12	Danemark	9	Luxembourg	6
Belgique	12	Finlande	9	Malte	5
Total : 344 conseillers du CESE					

Les membres du CESE sont nommés, sur proposition des États membres, ***pour 4 ans***. Le Conseil, statuant à la majorité qualifiée, adopte la liste des membres établie conformément aux propositions faites par chaque État membre. Le mandat des membres du CESE est renouvelable.

Le Conseil consulte la Commission européenne. Il peut recueillir l'opinion des organisations européennes représentatives des différents secteurs économiques et sociaux intéressés à l'activité de la Communauté.

Le renouvellement du Comité économique et social européen a eu lieu en octobre 2006. Le prochain renouvellement aura lieu en octobre 2010.

C – Le statut des membres du CESE

Les membres du CESE ne doivent être liés par aucun mandat impératif. Ils exercent leurs fonctions en pleine indépendance, dans l'intérêt général de la Communauté.

Les fonctions de conseiller sont incompatibles avec celles de membre d'un gouvernement ou d'un parlement, d'une institution des Communautés ainsi que du Comité des régions et du Conseil d'administration de la Banque européenne d'investissement et avec celles de fonctionnaire ou d'agent en activité des Communautés.

Les membres du CESE jouissent, pendant l'exercice de leurs fonctions et au cours de leurs voyages à destination ou en provenance du lieu de la réunion, des privilèges, immunités ou facilités d'usage.

Les conseillers ont le droit et le devoir de participer aux sessions plénières ainsi qu'aux réunions des organes et des groupes de travail du CESE auxquels ils appartiennent. Ils ont le droit de prendre la parole et de voter chaque fois qu'il y a lieu.

En cas d'absentéisme continu et non motivé, le président du CESE, après consultation du bureau, et après avoir invité l'intéressé à fournir les raisons de son absence, peut demander au Conseil de de mettre fin au mandat du conseiller concerné.

Les conseillers continuent généralement d'exercer leur activité professionnelle dans leur pays d'origine et ne se rendent à Bruxelles que pour exercer leur mandat. Ils ne sont pas rémunérés pour leur activité, mais perçoivent des indemnités de déplacement et de réunion, dont le montant est fixé par le Conseil, statuant à la majorité qualifiée.

D – L'organisation du CESE

Le Comité économique et social européen est composé des organes suivants : l'Assemblée plénière, le président du CESE, le bureau et les sections spécialisées.

1) L'Assemblée plénière

L'Assemblée plénière est composée de l'ensemble des membres du CESE. Elle se réunit sur convocation du président du CESE en 9 ou 10 sessions plénières par an. Une session plénière peut être répartie sur une ou plusieurs journées de séance. Les sessions sont publiques.

2) Le président du CESE et le bureau

Le CESE élit en son sein, pour une durée de 2 ans, un bureau composé de 37 membres en garantissant que chaque État membre y soit représenté. Le bureau comprend :

– le président, les 2 vice-présidents et 25 membres élus directement par l'Assemblée.

Les 28 membres du bureau sont élus à la majorité simple par l'Assemblée. Le président et les 2 vice-présidents sont ensuite élus à la majorité simple par l'Assemblée parmi les membres du bureau élus.

Le président est alternativement choisi parmi les membres d'un des trois Groupes. Les 2 vice-présidents sont choisis parmi les membres des Groupes auxquels n'appartient pas le président.

Le président et les 2 vice-présidents ne peuvent être reconduits dans leurs fonctions respectives pour la période de 2 ans qui suit l'échéance d'un premier mandat biennal ;

– les 3 présidents de Groupe élus directement par les membres de chaque Groupe ;
– les 6 présidents de section spécialisée élus directement par l'Assemblée à la majorité simple.

Le président est responsable de la bonne marche des travaux du CESE. Dans l'exercice de ses fonctions, il est assisté par les 2 vice-présidents qui le suppléent en cas d'absence. Il a qualité pour représenter le CESE dans ses rapports extérieurs.

Le bureau a pour tâche essentielle d'organiser et de coordonner les travaux des différents organes du CESE et d'en fixer les orientations politiques.

Le CESE est assisté d'un secrétariat général placé sous la direction d'un secrétaire général qui exerce ses fonctions sous l'autorité du président du CESE.

3) Les sections spécialisées

Le CESE compte 6 sections qui ont pour tâche de préparer les sessions plénières :

– la section Agriculture, développement rural, environnement (NAT) ;
– la section Union économique et monétaire, cohésion économique et sociale (ECO) ;
– la section Emploi, affaires sociales, citoyenneté (SOC) ;
– la section Relations extérieures (REX) ;
– la section Marché unique, production et consommation (INT) ;
– la section Transports, énergie, infrastructures, société de l'information (TEN).

Les sections spécialisées sont constituées, après chaque renouvellement quadriennal, au cours de la session constitutive. Le CESE fixe le nombre des conseillers par sections sur proposition du bureau.

Les membres des sections spécialisées sont désignés par le CESE pour une période de 2 ans renouvelable. À l'exception du président du CESE, tout conseiller doit être membre au moins d'une section spécialisée. Nul ne peut appartenir à plus de 2 sections spécialisées, sauf dérogation justifiée par la nécessité d'assurer une représentation équitable entre États membres.

Les sections spécialisées ont pour tâche d'élaborer un avis ou un rapport d'information sur les problèmes dont elles sont saisies. Les réunions des sections sont publiques. Pour traiter les questions dont elles sont saisies, les sections peuvent constituer en leur sein des groupes d'étude.

Le CESE peut à titre exceptionnel créer, en son sein, des sous-comités appelés à élaborer, sur des questions ayant un caractère général, un projet d'avis ou un rapport d'information à soumettre aux délibérations du CESE.

Le CESE peut aussi instituer :

– ***des commissions consultatives*** composées de conseillers du CESE et de délégués provenant des domaines de la société civile organisée que le CESE souhaite associer, comme la Commission consultative des mutations industrielles (CCMI) chargée d'examiner les questions relatives aux mutations industrielles tant des points de vue économiques et sociaux que sous l'aspect de la protection de l'environnement ou du développement durable ;

– ***des observatoires*** comme l'Observatoire du Marché unique (OMU) chargé d'évaluer régulièrement et concrètement l'état d'avancement du Marché unique sur le terrain et, le cas échéant, de proposer des améliorations.

3 Les attributions du CESE

A – Les attributions consultatives du CESE

Le Comité économique et social européen peut être consulté par le Conseil, par la Commission européenne ou par le Parlement européen avant l'adoption d'un acte communautaire. Selon les cas, la consultation du CESE est :

– ***soit obligatoire*** : il est obligatoirement consulté par la Commission européenne ou par le Conseil sur un certain nombre de domaines :
- la politique agricole,
- la libre circulation des personnes et des services,
- la politique des transports,
- l'harmonisation de la fiscalité indirecte,
- le rapprochement des législations dans le domaine du marché intérieur,
- la politique de l'emploi,
- la politique sociale, éducation, formation professionnelle et jeunesse,
- la santé publique,
- la protection des consommateurs,
- les réseaux transeuropéens,
- la politique industrielle,
- la cohésion économique et sociale,
- la recherche et développement technologique,
- l'environnement… ;

– ***soit facultative*** : il peut être consulté en toutes matières par le Conseil, par la Commission européenne ou par le Parlement européen, si ces institutions le jugent opportun.

Le CESE peut prendre l'initiative d'émettre des avis dans les cas où il le juge opportun.

B – La procédure de consultation du CESE

Le Comité économique et social européen est convoqué par son président en vue de l'élaboration des avis demandés soit par le Conseil, soit par la Commission européenne, soit par le Parlement européen. Il peut être convoqué par son président, sur proposition de son bureau et avec l'accord de la majorité de ses membres, pour émettre, de sa propre initiative, des avis sur toutes questions relatives aux tâches confiées à l'Union européenne.

La demande d'avis est adressée au président du CESE. Le président, en liaison avec le bureau, organise les travaux du CESE compte tenu, autant que possible, du délai fixé dans la demande d'avis. Le Conseil, la Commission européenne ou le Parlement européen peut fixer un délai au CESE pour présenter son avis. Ce délai ne peut être inférieur à un mois à compter de la communication adressée à cet effet au président. À l'expiration du délai imparti, il peut être passé outre à l'absence d'avis.

Pour élaborer un avis ou un rapport d'information, le bureau désigne la section spécialisée compétente pour préparer les travaux correspondants. Si le sujet relève de manière non équivoque de la compétence d'une section spécialisée, cette désignation incombe au président qui en informe le bureau.

L'Assemblée plénière délibère sur la base des travaux de la section spécialisée compétente. Elle peut adopter des amendements au projet d'avis présenté par la section compétente. Le scrutin a lieu soit par un vote public, soit par un vote nominal, soit par un vote secret. Les votes sont valablement exprimés par : « *pour* », « *contre* », ou « *abstention* ». L'avis est adopté à la majorité des suffrages exprimés. Seules les voix « *pour* » et « *contre* » entrent dans le calcul des suffrages exprimés. En cas d'égalité des voix, le président de séance dispose d'une voix prépondérante.

L'avis du CESE comporte, outre l'énoncé des bases juridiques, un exposé des motifs et l'opinion du CESE sur l'ensemble du problème.

L'avis du CESE et le projet d'avis de la section spécialisée compétente, ainsi qu'un compte rendu des délibérations, sont transmis au Conseil, à la Commission européenne et au Parlement européen.

Les avis du CESE sont publiés au *Journal Officiel* des Communautés européennes.

C – Les moyens d'expression du CESE

Pour mener à bien ses missions, le CESE dispose des moyens d'expression suivants :

- ***des avis sur saisine*** par la Commission européenne, le Conseil ou le Parlement européen ;
- ***des avis d'initiative*** permettant au CESE de s'exprimer dans tous les cas où il le juge opportun ;
- ***des avis exploratoires*** où, à la demande d'une institution européenne, il est chargé de réfléchir et de faire des suggestions sur un sujet déterminé pouvant conduire ultérieurement à une proposition de la part de la Commission européenne ;
- ***des suppléments d'avis*** permettant au CESE de compléter ou d'actualiser un avis antérieur ;
- ***des rapports d'information*** pour examiner toute question relative au processus d'intégration et aux politiques de l'Union ;
- ***des résolutions*** sur toute question relevant de la compétence du CESE.

Le Comité des régions (CdR)

Chapitre **22**

1 Généralités

Le Comité des régions (CdR) est un organe institutionnel consultatif de l'Union européenne. Il assure la ***représentation des collectivités régionales et locales dans l'Union***. Il garantit que ces autorités soient entendues dans le processus politique de l'Union européenne et que les identités et prérogatives régionales et locales soient respectées.

Le Comité des régions a pour mission fondamentale d'assurer une fonction consultative auprès des 3 grandes institutions : la Commission européenne, le Conseil de l'Union européenne et le Parlement européen.

Il fait partie intégrante du système décisionnel européen. Il doit être consulté préalablement sur les questions intéressant les pouvoirs locaux et régionaux. Il peut également donner des avis de sa propre initiative sur d'autres thèmes qu'il juge importants.

Le siège du Comité des régions se trouve à Bruxelles (Belgique). Certaines réunions du CdR sont organisées en dehors de Bruxelles, dans les régions des 27 États membres.

2 La composition, la nomination et l'organisation du CdR

A – La composition du CdR

Chaque État membre choisit ses membres et ses suppléants selon une procédure qui lui est propre, mais les délégations doivent refléter l'ensemble des équilibres politiques, géographiques et régionaux/locaux de leur État membre. Les membres du CdR ainsi que les suppléants sont soit titulaires d'un mandat électoral au sein d'une collectivité régionale ou locale, soit politiquement responsables devant une assemblée élue.

Les membres et les suppléants d'un État membre constituent une délégation nationale. Chaque délégation nationale établit son organisation interne et élit un président. Ils peuvent constituer des groupes inter-régionaux.

Les membres et les suppléants peuvent aussi constituer des groupes reflétant leurs affinités politiques. Il existe, au sein du CdR, 4 groupes politiques représentant les principales familles politiques européennes. Un minimum de 20 membres ou suppléants représentant au moins 3 États membres, de 18 membres ou suppléants représentant au moins 4 États membres, ou de 16 membres ou suppléants représentant au moins 5 États membres – dont la moitié au moins, dans chaque cas, doivent être des membres – est requis pour constituer un groupe politique. Un membre ou un suppléant ne peuvent appartenir qu'à un seul groupe politique.

B – La nomination des membres du CdR

Le nombre des membres du Comité des régions ne dépasse pas 350.

La répartition des sièges de conseillers entre les États membres se base, pour l'essentiel, sur le poids démographique des États membres ; cependant, le nombre de sièges attribué à chaque État membre n'est pas strictement proportionnel à sa population.

Le nombre de sièges de conseillers du Comité des régions par État membre est le suivant :

État membre	Conseillers	État membre	Conseillers	État membre	Conseillers
Allemagne	24	Bulgarie	12	Irlande	9
France	24	Grèce	12	Lituanie	9
Italie	24	Hongrie	12	Slovaquie	9
Royaume-Uni	24	Pays-Bas	12	Estonie	7
Espagne	21	Portugal	12	Lettonie	7
Pologne	21	République tchèque	12	Slovénie	7
Roumanie	15	Suède	12	Chypre	6
Autriche	12	Danemark	9	Luxembourg	6
Belgique	12	Finlande	9	Malte	5
Total : 344 conseillers du CESE					

Les membres du Comité des régions ainsi qu'un nombre égal de suppléants sont nommés, sur proposition des États membres, ***pour 4 ans***. Le Conseil, statuant à la majorité qualifiée, adopte la liste des membres et des suppléants établie conformément aux propositions faites par chaque État membre. Le mandat des membres du CdR est renouvelable.

Le mandat de membre ou de suppléant du CdR prend fin d'office à l'échéance du mandat électoral, dans le pays d'origine, en vertu duquel il a été proposé. Il est remplacé pour la durée du mandat restant à courir par un nouveau membre ou suppléant nommé par le Conseil selon la même procédure.

Le renouvellement du Comité économique et social européen a eu lieu en février 2006. Le prochain renouvellement aura lieu en février 2010.

C – Le statut des membres du CdR

Les membres du Comité des régions ne doivent être liés par aucun mandat impératif. Ils exercent leurs fonctions en pleine indépendance, dans l'intérêt général de la Communauté.

Ils ne peuvent pas être simultanément membres du Parlement européen.

Ils jouissent, pendant l'exercice de leurs fonctions et au cours de leurs voyages à destination ou en provenance du lieu de la réunion, des privilèges, immunités ou facilités d'usage.

Tout membre du Comité des régions empêché d'assister à une session plénière peut se faire représenter par un suppléant de sa délégation nationale. S'il est empêché d'assister à une réunion de commission, à une réunion de groupe de travail ou à toute autre réunion, il peut se faire représenter par un autre membre ou par un suppléant, dans le cadre de sa délégation nationale. Ce dernier dispose de tous les droits et attributions du membre qu'il remplace lors de la réunion concernée.

Les membres du Comité des régions continuent généralement d'exercer leur activité professionnelle et d'assumer leurs responsabilités au sein des collectivités locales et régionales dans leur pays d'origine. Ils ne se rendent à Bruxelles que pour exercer leur mandat. Ils ne sont pas rémunérés pour leur activité, mais perçoivent des indemnités de déplacement et de réunion.

D – L'organisation du CdR

Le Comité des régions est composé des organes suivants : l'Assemblée plénière, le président du CdR, le bureau et les commissions spécialisées.

1) L'Assemblée plénière

L'Assemblée plénière est composée de l'ensemble des membres du Comité des régions. Elle se réunit, sur convocation du président du CdR, au moins une fois par trimestre. Une session plénière peut être répartie sur une ou plusieurs journées de séance.

Lorsqu'au moins 1/4 des membres le demandent par écrit, le président du CdR est tenu de convoquer une session plénière extraordinaire qui doit se dérouler au plus tôt une semaine et au plus tard un mois à compter de la présentation de cette demande. Celle-ci doit préciser la question à examiner lors de la session plénière extraordinaire.

2) Le président du CdR et le bureau

Le Comité des régions élit en son sein, pour une durée de 2 ans, un bureau dont la composition s'établit de la façon suivante :

- le président ;
- le premier vice-président ;
- 27 autres vice-présidents (un par État membre) ;
- 27 autres membres ;
- les présidents des groupes politiques.

Hormis la fonction de président et de premier vice-président et les sièges des présidents des groupes politiques, les sièges du bureau sont répartis comme suit entre les délégations nationales :

- ***3 sièges*** : Allemagne, Espagne, France, Italie, Pologne, Royaume-Uni ;
- ***2 sièges*** : Autriche, Belgique, Bulgarie, Danemark, Finlande, Grèce, Hongrie, Irlande, Lituanie, Pays-Bas, Portugal, République tchèque, Roumanie, Slovaquie et Suède ;
- ***1 siège*** : Chypre, Estonie, Lettonie, Luxembourg, Malte et Slovénie.

L'élection du président et celle du premier vice-président s'effectuent séparément. Ils sont élus à bulletins secrets, à la majorité des suffrages exprimés. L'élection des vice-présidents et des autres membres du bureau se déroule sous forme de scrutin de liste ou au scrutin séparé à la majorité des suffrages exprimés. Pour l'élection des présidents de groupe politique membres du bureau, une liste nominale est présentée à l'Assemblée plénière qui doit statuer globalement à la majorité des suffrages exprimés.

Le président est responsable de la bonne marche des travaux du CdR. Dans l'exercice de ses fonctions, il est assisté par le premier vice-président qui le supplée en cas d'absence. Il a qualité pour représenter le Comité des régions dans ses rapports extérieurs.

Le bureau a pour tâche essentielle d'organiser et de coordonner les travaux des différents organes du Comité des régions et d'en fixer les orientations politiques.

Le Comité des régions est assisté d'un secrétariat général placé sous la direction d'un secrétaire général qui exerce ses fonctions sous l'autorité du président du CdR.

3) Les commissions

Le Comité des régions compte 6 commissions qui ont pour tâche de préparer les sessions plénières :

- la commission de la politique de cohésion territoriale (COTER) ;
- la commission de la politique économique et sociale (ECOS) ;
- la commission du développement durable (DEVE) ;
- la commission de la culture et de l'éducation (EDUC) ;
- la commission des affaires constitutionnelles et de la gouvernance européenne (CONST) ;
- la commission des relations extérieures (RELEX).

Les commissions sont constituées, après chaque renouvellement quadriennal, au cours de la session constitutive. L'Assemblée plénière décide de leur composition et de leurs attributions, sur proposition du bureau.

La composition des commissions doit refléter la représentation des États membres au sein du Comité des régions.

Les membres du Comité des régions doivent faire partie d'une commission au moins et de deux au plus. Des exceptions peuvent être prévues par le bureau pour les membres appartenant à des délégations nationales qui comptent moins de membres qu'il n'existe de commissions.

Les commissions ont en particulier pour mission d'élaborer des projets d'avis, de rapport et de résolution qui sont ensuite soumis pour adoption à l'Assemblée plénière. Les réunions des commissions sont ouvertes au public.

Pour traiter les questions dont elles sont saisies, les sections peuvent constituer en leur sein des groupes d'étude. Ceux-ci peuvent comprendre des membres d'une autre commission.

3 Les attributions du CdR

A – Les attributions consultatives du CdR

Le Comité des régions peut être consulté par le Conseil, par la Commission européenne ou par le Parlement européen avant l'adoption d'un acte communautaire. Selon les cas, la consultation du Comité des régions est :

– ***soit obligatoire*** : il est obligatoirement consulté par la Commission européenne ou par le Conseil pour toute proposition formulée dans un domaine ayant des répercussions au niveau local ou régional :

- la politique sociale,
- l'éducation, la formation professionnelle et la jeunesse,
- la culture,
- la santé publique,
- la politique des transports,
- les réseaux transeuropéens, les télécommunications et l'énergie,
- la cohésion économique et sociale,
- la politique de l'emploi,
- la définition des missions, des objectifs et de l'organisation des fonds structurels,
- les décisions d'application relatives au Fonds européen de développement régional et au Fonds social européen,
- les actions spécifiques de la politique structurelle en dehors des fonds à finalité structurelle,
- l'environnement… ;

– ***soit facultative*** : il peut être consulté en toutes matières, en particulier lorsqu'elles ont trait à la coopération transfrontière, par le Conseil, par la Commission européenne ou par le Parlement européen, si ces institutions le jugent opportun.

Lorsque le Comité économique et social européen est consulté par le Conseil ou par la Commission européenne, le Comité des régions en est informé et peut, s'il l'estime opportun pour les intérêts régionaux, émettre lui-même un avis sur le sujet traité.

Le Comité des régions peut prendre l'initiative d'émettre des avis dans les cas où il le juge opportun.

B – La procédure de consultation du CdR

Le Comité des régions est convoqué par son président en vue de l'élaboration des avis demandés soit par le Conseil, soit par la Commission européenne, soit par le Parlement européen.

La demande d'avis est adressée au président du CdR. Le président, en liaison avec le bureau, organise les travaux du CdR compte tenu, autant que possible, du délai fixé dans la demande d'avis. Le Conseil, la Commission européenne ou le Parlement européen peut fixer un délai au Comité des régions pour présenter son avis. Ce délai ne peut être inférieur à un mois à compter de la communication adressée à cet effet au président. À l'expiration du délai imparti, il peut être passé outre à l'absence d'avis.

Pour élaborer un avis ou un rapport d'information, le président du CdR désigne la commission compétente pour préparer les travaux correspondants et fixe un délai pour la présentation du projet d'avis ou de rapport.

L'Assemblée plénière délibère sur la base des travaux de la section spécialisée compétente. Elle peut adopter des amendements au projet d'avis présenté par la section compétente. Le scrutin a lieu soit par un vote public, soit par un vote nominal, soit par un vote secret. Les votes sont valablement exprimés par : « *pour* », « *contre* », ou « *abstention* ». L'avis est adopté à la majorité des suffrages exprimés. Seules les voix « *pour* » et « *contre* » entrent dans le calcul des suffrages exprimés. En cas d'égalité des voix, il est considéré que le texte mis aux voix est rejeté.

L'avis du Comité des régions comporte, outre l'énoncé des bases juridiques, un exposé des motifs et l'opinion du CdR sur l'ensemble du problème.

L'avis du Comité des régions est transmis au Conseil, à la Commission européenne et au Parlement européen.

Les avis du Comité des régions sont publiés au *Journal Officiel* des Communautés européennes.

C – Les moyens d'expression du CdR

Pour mener à bien ses missions, le Comité des régions dispose des moyens d'expression suivants :

- ***des avis sur saisine*** par la Commission européenne, le Conseil ou le Parlement européen ;
- ***des avis d'initiative*** permettant au Comité des régions de s'exprimer dans tous les cas où il le juge opportun ;
- ***des avis*** lorsqu'en cas de consultation du Comité économique et social européen, le Comité des régions estime que des intérêts régionaux spécifiques sont en jeu ;
- ***des rapports d'initiative*** permettant au Comité des régions de s'exprimer dans tous les cas où il le juge opportun ;
- ***des résolutions*** sur toute question relevant de la compétence du Comité des régions.

La Cour des comptes européenne

Chapitre **23**

1 Généralités

La Cour des comptes européenne est une des institutions de l'Union européenne. Elle a pour mission de ***contrôler de manière indépendante la perception et l'utilisation des fonds de l'Union européenne*** et, ce faisant, d'apprécier la façon dont les institutions européennes s'acquittent de ces fonctions.

Le siège de la Cour des comptes européenne se trouve à Luxembourg.

2 La composition de la Cour des comptes européenne

La Cour des comptes européenne est composée d'un national de chaque État membre.

A – La nomination des membres de la Cour des comptes

Les membres de la Cour des comptes européenne sont choisis parmi des personnalités appartenant ou ayant appartenu, dans leur pays respectif, aux institutions de contrôle externe ou possédant une qualification particulière pour cette fonction. Ils doivent offrir toutes garanties en matière d'indépendance.

Les membres de la Cour des comptes européenne sont nommés pour 6 ans. Le Conseil, statuant à la majorité qualifiée après consultation du Parlement européen, adopte la liste des membres établie conformément aux propositions faites par chaque État membre. Le mandat des membres de la Cour des comptes européenne est renouvelable.

B – Le statut des membres de la Cour des comptes

Les membres de la Cour des comptes :

- exercent leurs fonctions en pleine indépendance, dans l'intérêt général de la Communauté ;
- ne sollicitent ni n'acceptent d'instructions d'aucun gouvernement ni d'aucun organisme dans l'accomplissement de leurs devoirs ;
- s'abstiennent de tout acte incompatible avec le caractère de leurs fonctions ;

- n'exercent aucune activité professionnelle, rémunérée ou non, pendant la durée de leurs fonctions ;
- prennent, lors de leur installation, l'engagement solennel devant la Cour de justice de respecter, pendant la durée de leurs fonctions et après la cessation de celles-ci, les obligations découlant de leur charge, notamment les devoirs d'honnêteté et de délicatesse quant à l'acceptation, après cette cessation, de certaines fonctions ou de certains avantages.

Le Conseil, statuant à la majorité qualifiée, fixe les conditions d'emploi, et notamment les traitements, indemnités et pensions, du Président et des membres de la Cour des comptes. Il fixe également, statuant à la même majorité, toutes indemnités tenant lieu de rémunération.

Les membres de la Cour des comptes jouissent, pendant l'exercice de leurs fonctions et au cours de leurs voyages à destination ou en provenance du lieu de la réunion, des privilèges, immunités ou facilités d'usage. Ils jouissent de l'immunité de juridiction. En ce qui concerne les actes accomplis par eux, y compris leurs paroles et écrits, en leur qualité officielle, ils continuent à bénéficier de l'immunité après la cessation de leurs fonctions.

C – La cessation des fonctions de membre de la Cour des comptes

En dehors des renouvellements réguliers ou des décès, les fonctions de membre de la Cour des comptes prennent fin individuellement par démission volontaire ou d'office.

Tout membre de la Cour des comptes, s'il cesse de répondre aux conditions requises ou de satisfaire aux obligations découlant de sa charge, peut être relevé de ses fonctions et déclaré déchu de son droit à pension ou d'autres avantages en tenant lieu par la Cour de justice à la demande de la Cour des comptes.

Le membre démissionnaire ou décédé est remplacé pour la durée du mandat restant à courir par un nouveau membre nommé par le Conseil, statuant à la majorité qualifiée.

Sauf en cas de démission d'office, le membre de la Cour des comptes reste en fonctions jusqu'à ce qu'il soit pourvu à son remplacement.

3 L'organisation de la Cour des comptes européenne

A – Le principe de la collégialité

La Cour des comptes est organisée et agit en collège. Le respect du principe de collégialité implique que tous les actes, déclarations ou prises de positions de chacun de ses membres soient l'expression de la volonté d'un collège et engagent la responsabilité de la Cour toute entière.

La Cour des comptes se réunit en séance. Elle adopte la plupart de ses décisions à la majorité de ses membres. Lorsque la majorité des voix des membres présents à la séance de la Cour est requise pour prendre une décision, la voix du Président est prépondérante en cas d'égalité des voix. Le quorum des membres présents nécessaire pour délibérer est fixé à 2/3 des membres.

Les séances de la Cour des comptes ne sont pas publiques, sauf si elle en décide autrement.

La Cour des comptes établit le calendrier prévisionnel de ses séances une fois par an, avant la fin de l'année précédente. Des séances supplémentaires peuvent être organisées à l'initiative du Président ou à la demande d'au moins 1/4 de ses membres.

B – Le Président de la Cour des comptes

Les membres de la Cour des comptes désignent parmi eux, pour 3 ans, le Président de la Cour des comptes. Le mandat de celui-ci est renouvelable.

Le Président de la Cour des comptes a notamment pour mission :

- de convoquer et présider les réunions du collège et d'assurer le bon déroulement des débats ;
- de veiller à l'exécution des décisions de la Cour des comptes ;
- de s'assurer de la bonne marche des services ainsi que de la bonne gestion des différentes activités de la Cour des comptes ;
- de désigner l'agent chargé de représenter la Cour des comptes dans toutes les procédures contentieuses où celle-ci est impliquée ;
- de représenter la Cour des comptes dans ses relations avec l'extérieur.

Le Président peut déléguer une partie de ses tâches à un ou plusieurs membres.

C – Les groupes d'audit

Bien qu'étant un organe collégial, la Cour des comptes procède en pratique à une répartition fonctionnelle des compétences entre ses membres.

Les groupes d'audit sont créés par la Cour des comptes qui définit leur compétence respective. Ils ont pour vocation de préparer l'adoption par la Cour des comptes de documents en matière d'audit. Sur proposition de son Président, elle affecte chacun de ses membres, à l'exception de son Président, à un groupe d'audit.

Il est institué 5 groupes d'audit au sein de la Cour des comptes :

- ***4 groupes d'audit à caractère vertical***, intitulés :
  - *Groupe I : Politiques agricoles* : il comprend 6 membres,
  - *Groupe II : Politiques structurelles et internes* : il comprend 6 membres,
  - *Groupe III : Actions extérieures* : il comprend 5 membres,
  - *Groupe IV : Ressources propres, activités bancaires, dépenses de fonctionnement, institutions et organismes de l'Union* : il comprend 6 membres.

  Chaque groupe répartit entre ses membres les tâches qui relèvent de leur compétence. Les décisions relatives à l'attribution des compétences aux membres sont prises à la majorité des membres du groupe ;
- ***un groupe d'audit à caractère horizontal***, intitulé ***groupe CEAD (Coordination, Évaluation, Assurance, Développement)*** : il est composé de 3 membres titulaires auxquels la Cour des comptes a confié la responsabilité d'une tâche à caractère horizontal et d'un membre désigné par chacun des 4 groupes d'audit à caractère vertical.

Chaque groupe est présidé par un doyen élu par et parmi les membres du groupe pour un mandat de 2 ans renouvelable. Le doyen assure le bon fonctionnement du groupe et des divisions qui en dépendent, en concertation avec les autres membres du groupe.

Un comité administratif, composé de membres représentant tous les groupes d'audit, est en outre chargé de traiter des questions administratives qui nécessitent une décision formelle de la Cour des comptes.

Des comités sont créés et composés par la Cour des comptes. Ils ont vocation à traiter des matières non couvertes par les groupes d'audit.

La Cour des comptes adopte ses décisions en collège après examen préalable en groupe d'audit ou en comité.

D – Le secrétariat général

La Cour des comptes est assisté d'un secrétariat général placé sous la direction d'un secrétaire général qui exerce ses fonctions sous son autorité. Le secrétaire général est nommé par la Cour des comptes, pour une durée de 6 ans, à la majorité absolue de ses membres. L'engagement du secrétaire général peut être renouvelé pour une période maximum de 6 ans.

4 Les compétences de la Cour des comptes européenne

A – Les compétences de contrôle

La Cour des comptes européenne :

- ***examine les comptes de la totalité des recettes et des dépenses de la Communauté***. Elle examine également les comptes de la totalité des recettes et des dépenses de tout organisme créé par la Communauté dans la mesure où l'acte de fondation n'exclut pas cet examen ;
- ***examine la légalité et la régularité des recettes et des dépenses de l'Union européenne et s'assure de la bonne gestion financière*** :
  - la Cour des comptes, qui n'est pas dotée de pouvoir juridictionnel ni de sanction, est tenue de signaler toute irrégularité ou fraude présumée détectées dans le cadre de ses travaux d'audit,
  - la Cour des comptes vérifie l'adéquation entre les objectifs des opérations et les moyens mis en œuvre pour les atteindre. Pour ce faire, elle examine si les principes du droit budgétaire tels que les principes d'économie, d'efficacité et d'efficience ont été respectés ;
- ***assiste le Parlement européen et le Conseil dans l'exercice de leur fonction de contrôle de l'exécution du budget*** :
  - la Cour des comptes établit un rapport annuel comportant ses observations sur l'exécution du budget de l'Union européenne pour chaque exercice. Ce rapport est transmis aux autres institutions de la Communauté et publié au *Journal Officiel* de l'Union européenne, accompagné des réponses desdites institutions aux observations de la Cour des comptes,

- la Cour des comptes fournit au Parlement européen et au Conseil une déclaration d'assurance (DAS) concernant la fiabilité des comptes ainsi que la légalité et la régularité des opérations sous-jacentes, qui est publiée au *Journal Officiel* de l'Union européenne. La décharge sur l'exécution du budget est ensuite accordée par le Parlement européen sur recommandation du Conseil ;

– ***présente à tout moment ses observations sur des questions particulières***, notamment sous forme de rapports spéciaux.

Le contrôle exercé par la Cour des comptes a lieu sur pièces et, au besoin, sur place auprès des autres institutions de la Communauté, dans les locaux de tout organisme gérant des recettes ou des dépenses au nom de la Communauté et dans les États membres, y compris dans les locaux de toute personne physique ou morale bénéficiaire de versements provenant du budget.

Le contrôle dans les États membres s'effectue en liaison avec les institutions de contrôle nationales ou, si celles-ci ne disposent pas des compétences nécessaires, avec les services nationaux compétents. La Cour des comptes et les institutions de contrôle nationales des États membres pratiquent une coopération empreinte de confiance et respectueuse de leur indépendance. Ces institutions ou services font connaître à la Cour des comptes s'ils entendent participer au contrôle.

Tout document ou toute information nécessaire à l'accomplissement de sa mission lui est communiqué, sur sa demande, par les autres institutions de la Communauté, par les organismes gérant des recettes ou des dépenses au nom de la Communauté, par les personnes physiques ou morales bénéficiaires de versements provenant du budget et par les institutions de contrôle nationales ou, si celles-ci ne disposent pas des compétences nécessaires, par les services nationaux compétents.

B – Les compétences consultatives

La consultation de la Cour des comptes européenne est :

– ***soit obligatoire*** : l'avis de la Cour des comptes doit être sollicité par le Conseil lorsqu'il :

- arrête des règlements financiers spécifiant notamment les modalités relatives à l'établissement et à l'exécution du budget ainsi qu'à la reddition et à la vérification des comptes,
- fixe les modalités et la procédure selon lesquelles les recettes budgétaires prévues dans le régime des ressources propres de la Communauté sont mises à la disposition de la Commission et définit les mesures à appliquer pour faire face, le cas échéant, aux besoins de trésorerie,
- détermine les règles et organise le contrôle de la responsabilité des contrôleurs financiers, ordonnateurs et comptables,
- adopte des mesures dans le domaine de la prévention de la fraude de la lutte et de la lutte contre cette fraude.

L'avis de la Cour des comptes n'est pas un avis conforme ;

– ***soit facultative*** : la Cour des comptes peut rendre des avis à la demande d'une des autres institutions de la Communauté. Seule l'institution qui a sollicité l'avis en reçoit communication.

Le médiateur européen

Chapitre
24

1 Généralités

Le médiateur européen protège les citoyens et les entreprises de l'Union européenne contre les risques de mauvaise administration.

Le médiateur européen sert d'intermédiaire entre les citoyens et les autorités européennes. Il est habilité à recevoir les plaintes de tout citoyen de l'Union ou de toute personne physique ou morale résidant ou ayant son siège statutaire dans un État membre de l'Union, ainsi qu'à mener une enquête au sujet de ces plaintes.

Le médiateur contribue ainsi à déceler les cas de mauvaise administration dans l'action des institutions ou organes communautaires, à l'exclusion de la Cour de justice et du Tribunal de première instance dans l'exercice de leurs fonctions juridictionnelles.

Le siège du médiateur est situé à Strasbourg (France) au sein du Parlement européen.

2 La nomination et le statut du médiateur européen

A – La nomination du médiateur européen

Le médiateur européen est nommé par le Parlement européen au début de chaque législature et pour la durée de celle-ci. Le mandat du médiateur est donc de ***5 ans***, renouvelable.

Le Président du Parlement lance un appel aux candidatures en vue de la nomination du médiateur et fixe le délai de présentation de celles-ci. Les candidatures doivent être soutenues par 40 députés au moins, ressortissants de 2 États membres au minimum. Chaque député ne peut soutenir qu'une candidature.

Chaque candidat doit remplir les conditions requises par le statut du médiateur :

- être citoyen de l'Union européenne et jouir pleinement de ses droits civils et politiques ;
- offrir toute garantie d'indépendance et réunir les conditions requises dans son pays pour l'exercice des plus hautes fonctions juridictionnelles ou posséder une expérience et une compétence notoires pour l'accomplissement des fonctions de médiateur.

Le médiateur européen est élu, au scrutin secret, à la majorité des suffrages exprimés. Avant l'ouverture du vote, le Président du Parlement s'assure de la présence de la moitié au moins des députés européens.

Si aucun candidat n'est élu au terme des 2 premiers tours, seuls peuvent se maintenir les 2 candidats ayant obtenu le plus grand nombre de suffrages au 2e tour. Dans tous les cas d'égalité des voix, le candidat le plus âgé l'emporte.

B – La cessation des fonctions du médiateur européen

Les fonctions de médiateur européen prennent fin à l'échéance du mandat ou par démission volontaire ou d'office.

Le médiateur peut être déclaré démissionnaire par la Cour de justice, à la requête du Parlement européen, s'il ne remplit plus les conditions nécessaires à l'exercice de ses fonctions ou s'il a commis une faute grave. La procédure de destitution du médiateur est enclenchée par une demande présentée par 1/10e des députés au Parlement européen. La saisine de la Cour de Justice requiert un vote du Parlement européen favorable à la destitution du médiateur, acquis, au scrutin secret, à la majorité des suffrages exprimés. Avant l'ouverture du vote, le Président du Parlement s'assure de la présence de la moitié au moins des députés européens. La démission volontaire du médiateur interrompt la procédure.

Sauf les cas de décès ou de destitution, le médiateur demeure en charge jusqu'à la prise de fonctions de son successeur.

En cas de cessation anticipée des fonctions du médiateur, son successeur est nommé dans un délai de 3 mois à compter du début de la vacance et pour la période restant à courir jusqu'au terme de la législature.

C – Le statut du médiateur européen

Le médiateur européen :

- exerce ses fonctions en pleine indépendance, dans l'intérêt général des Communautés et des citoyens de l'Union ;
- ne sollicite ni n'accepte d'instructions d'aucun gouvernement ni d'aucun organisme dans l'accomplissement de ses fonctions ;
- s'abstient de tout acte incompatible avec le caractère de ses fonctions ;
- n'exerce aucune autre fonction politique ou administrative ou activité professionnelle, rémunérée ou non, pendant la durée de ses fonctions ;
- prend, au moment d'entrer en fonction, l'engagement solennel devant la Cour de justice de respecter, pendant toute la durée de ses fonctions et après la cessation de celles-ci, les obligations découlant de sa charge, notamment les devoirs d'honnêteté et de délicatesse quant à l'acceptation, après cette cessation, de certaines fonctions ou de certains avantages.

Pour ce qui concerne sa rémunération, ses indemnités et sa pension d'ancienneté, le médiateur européen est assimilé à un juge de la Cour de justice des Communautés européennes.

Le médiateur européen jouit, pendant l'exercice de ses fonctions et au cours de ses voyages à destination ou en provenance du lieu de la réunion, des privilèges, immunités ou facilités d'usage. Ils jouit de l'immunité de juridiction. En ce qui concerne les actes accomplis par lui, y compris ses paroles et écrits, en sa qualité officielle, il continue à bénéficier de l'immunité après la cessation de ses fonctions.

Le médiateur est assisté par un secrétariat, dont il nomme le principal responsable.

3 Les attributions du médiateur européen

A – Le droit de recours au médiateur européen

1) Le recours au médiateur européen

Le droit de recours au médiateur européen est ouvert à tout citoyen de l'Union européenne ou à toute personne physique ou morale résidant ou ayant son siège statutaire dans un État membre.

Le requérant peut saisir le médiateur européen, directement ou par le biais d'un membre du Parlement européen. La plainte peut être rédigée dans l'une des langues officielles de l'Union européenne. La réponse du médiateur est rédigée dans la même langue.

Le Parlement européen peut, avec l'accord du pétitionnaire, envoyer la pétiton au médiateur pour qu'elle soit traitée comme une plainte. À l'inverse, le médiateur peut, avec l'accord du plaignant, envoyer la plainte au Parlement européen pour qu'elle y soit traitée comme une pétition.

2) Les conditions de recevabilité de la plainte

Les conditions de recevabilité de la plainte sont les suivantes :

- ***la plainte ne peut concerner qu'un cas de mauvaise administration*** dans l'action des institutions ou organes communautaires, à l'exclusion de la Cour de justice et du Tribunal de première instance dans l'exercice de leurs fonctions juridictionnelles.

  Il y a mauvaise administration lorsqu'une institution n'agit pas en conformité avec la loi, ne respecte pas les principes de bonne administration ou les droits fondamentaux (exemples : irrégularités administratives, inéquité, discrimination, abus de pouvoir, absence de réponse, refus d'information, retards abusifs...).

  Le médiateur ne peut être saisi d'une plainte ayant trait aux rapports de travail entre les institutions et les organes communautaires et leurs fonctionnaires ou autres agents que si les possibilités de demandes ou de réclamations administratives internes ont été épuisées par l'intéressé et après que les délais de réponse de la part de l'autorité ainsi saisie aient expiré.

  Le médiateur ne peut intervenir dans une procédure engagée devant une juridiction, ni remettre en cause le bien-fondé d'une décision juridictionnelle ;

- ***la plainte doit faire apparaître son objet ainsi que l'identité du plaignant***. Elle peut être classée confidentielle à la demande du plaignant ou à l'initiative du médiateur, s'il l'estime nécessaire pour protéger les intérêts du plaignant ou d'une tierce partie ;
- ***la plainte doit être introduite dans un délai de 2 ans à compter de la date à laquelle les faits qui la justifient sont portés à la connaissance du plaignant***.

  Elle doit avoir été précédée de démarches administratives appropriées auprès des institutions et des organes concernés.

3) Les suites données à la plainte par le médiateur européen

Le médiateur peut décider :

- ***si la plainte est irrecevable*** ou si elle ne relève pas de son mandat, ***de clôre le dossier*** relatif à la plainte. Il informe le plaignant de sa décision en la motivant ;
- ***si la plainte est recevable*** :
  - *de clôre le dossier* relatif à la plainte s'il ne trouve pas d'éléments suffisants pour justifier l'ouverture d'une enquête. Il informe le plaignant de sa décision en la motivant,
  - *d'ouvrir une enquête* s'il trouve des éléments suffisants pour justifier cette ouverture. Il en informe le plaignant et l'institution concernée.

    Le médiateur transmet à l'institution concernée une copie de la plainte et lui demande de rendre un avis dans un délai donné, qui normalement n'excède pas 3 mois. La demande adressée à l'institution concernée peut spécifier certains aspects de la plainte, ou des points particuliers, qui devront être traités dans l'avis. Le médiateur dispose de pouvoirs d'investigation.

    Le médiateur envoie l'avis de l'institution concernée au plaignant. Le plaignant a la possibilité de présenter des observations au médiateur dans un délai donné, qui normalement n'excède pas un mois.

    Après examen de l'avis et des observations éventuelles faites par le plaignant, le médiateur peut décider soit de classer l'affaire par une décision motivée, soit de poursuivre son enquête. Il informe le plaignant et l'institution concernée.

Le médiateur peut décider de procéder à des enquêtes de sa propre initiative.

4) Les réponses apportées à la plainte par le médiateur européen

L'enquête du médiateur peut se concrétiser de différentes manières :

- ***la solution à l'amiable*** : le médiateur se concerte avec l'institution concernée afin d'éliminer le cas de mauvaise administration et de donner satisfaction au plaignant. Si l'institution résoud le différend, le médiateur classe l'affaire par une décision motivée. Il informe de sa décision le plaignant et l'institution concernée ;
- ***le commentaire critique*** : en cas d'échec de la tentative de conciliation, le médiateur classe l'affaire en formulant un commentaire critique s'il estime qu'il n'est plus possible à l'institution concernée d'éliminer le cas de mauvaise administration et que le cas de mauvaise administration n'a pas d'implications générales. Il informe de sa décision le plaignant et l'institution concernée ;

– ***le rapport avec recommandations*** : en cas d'échec de la tentative de conciliation, le médiateur établit un rapport contenant des projets de recommandations à l'intention de l'institution concernée s'il estime qu'il est possible à l'institution concernée d'éliminer le cas de mauvaise administration, ou que le cas de mauvaise administration a des implications générales.

Le médiateur envoie un exemplaire de son rapport et des projets de recommandations à l'institution concernée et au plaignant.

L'institution concernée fait tenir un avis circonstancié au médiateur dans un délai de 3 mois. L'avis circonstancié peut porter acceptation de la décision du médiateur et détailler les mesures prises en vue de la mise en œuvre des projets de recommandations ;

– ***le rapport spécial*** : si le médiateur considère l'avis circonstancié de l'institution comme insatisfaisant, il peut établir et adresser au Parlement européen un rapport spécial sur le cas de mauvaise administration. Ce rapport peut contenir des recommandations. Le médiateur envoie un exemplaire du rapport à l'institution concernée et au plaignant.

B – Le rapport annuel

Chaque année, le médiateur présente un rapport au Parlement européen sur l'ensemble de ses activités, et, notamment, sur les résultats de ses enquêtes. La commission des pétitions établit un rapport qui est présenté au Parlement aux fins de délibération. Le Parlement européen prend position sur le rapport annuel du médiateur par l'adoption d'une résolution.

L'institution judiciaire européenne

Chapitre
25

1 Généralités

Le système juridictionnel de l'Union européenne repose non seulement ***sur les juridictions communautaires***, juges spécialisés, ***mais aussi sur les instances juridictionnelles des États membres*** investies d'une mission de juge communautaire de droit commun du fait des conséquences des principes d'applicabilité immédiate, d'effet direct et de primauté.

Le système juridictionnel de l'Union européenne assure le respect du droit dans l'interprétation et l'application des traités. Il est composé par :

- ***la Cour de justice des Communautés européennes (CJCE)*** : elle est l'institution juridictionnelle de l'Union européenne. Elle est compétente pour les recours initiés par les États ou les institutions communautaires ;
- ***le Tribunal de première instance (TPI)*** : il est une juridiction autonome rattachée à la Cour de justice. Il est chargé en première instance de tous les recours intentés par des personnes physiques ou morales.

Le siège de la Cour de justice et du Tribunal de première instance est à Luxembourg.

2 La Cour de justice des Communautés européennes (CJCE)

A – La composition de la Cour de justice

La Cour de justice est formée de 27 juges, un juge par État membre. Elle est ***assistée de 8 avocats généraux***. Si la Cour de justice le demande, le Conseil, statuant à l'unanimité, peut augmenter le nombre des avocats généraux.

Les avocats généraux assistent la Cour de justice et l'aident à accomplir sa mission. Ils ont pour rôle – sauf décision contraire de la Cour de justice lorsque l'affaire ne soulève aucune question de droit nouvelle – de présenter publiquement, en toute impartialité et en toute indépendance, des conclusions motivées sur les affaires qui requièrent leur intervention.

La Cour de justice nomme, pour 6 ans, son greffier qui est aussi le secrétaire général de l'institution. Le greffier est assisté par des adjoints.

1) La nomination des membres de la Cour de justice

Les juges et les avocats généraux de la Cour de justice sont choisis parmi des personnalités offrant toutes garanties d'indépendance et qui réunissent les conditions requises pour l'exercice, dans leurs pays respectifs, des plus hautes fonctions juridictionnelles, ou qui sont des jurisconsultes possédant des compétences notoires.

Les juges et les avocats généraux sont nommés, d'un commun accord, ***pour 6 ans*** par les gouvernements des États membres. Leur mandat est renouvelable.

Un renouvellement partiel des juges et des avocats généraux a lieu tous les 3 ans :

- le renouvellement partiel des juges porte alternativement sur 14 et 13 juges ;
- le renouvellement partiel des avocats généraux porte chaque fois sur 4 avocats généraux.

2) Le statut des membres de la Cour de justice

Les juges et les avocats généraux de la Cour de justice :

- ne peuvent exercer aucune fonction politique ou administrative ;
- ne peuvent, sauf dérogation accordée à titre exceptionnel par le Conseil, exercer aucune activité professionnelle, rémunérée ou non ;
- doivent avant d'entrer en fonctions, en séance publique de la Cour de justice, prêter serment d'exercer leurs fonctions en pleine impartialité et en toute conscience et de ne rien divulguer du secret des délibérations ;
- prennent, lors de leur installation, l'engagement solennel de respecter, pendant la durée de leurs fonctions et après la cessation de celles-ci, les obligations découlant de leur charge, notamment les devoirs d'honnêteté et de délicatesse quant à l'acceptation, après cette cessation, de certaines fonctions ou de certains avantages ;
- ne peuvent participer au règlement d'aucune affaire dans laquelle ils sont antérieurement intervenus comme agent, conseil ou avocat de l'une des parties, ou sur laquelle ils ont été appelés à se prononcer comme membre d'un tribunal, d'une commission d'enquête ou à tout autre titre ;
- peuvent ne pas participer, pour une raison spéciale, au jugement ou à l'examen d'une affaire déterminée à leur initiative ou à celle du président de la Cour de justice.

Les membres de la Cour de justice jouissent, pendant l'exercice de leurs fonctions et au cours de leurs voyages à destination ou en provenance du lieu de la réunion, des privilèges, immunités ou facilités d'usage. Ils jouissent de l'immunité de juridiction. En ce qui concerne les actes accomplis par eux, y compris leurs paroles et leurs écrits, en leur qualité officielle, ils continuent à bénéficier de l'immunité après la cessation de leurs fonctions.

La Cour de justice, siégeant en assemblée plénière, peut lever l'immunité.

3) La cessation des fonctions de membre de la Cour de justice

En dehors des renouvellements réguliers et des décès, les fonctions de juge ou d'avocat général prennent fin individuellement par démission volontaire ou d'office.

Tout membre de la Cour de justice, s'il cesse de répondre aux conditions requises ou de satisfaire aux obligations découlant de sa charge, peut être relevé de ses fonctions et déclaré déchu de son droit à pension ou d'autres avantages en tenant lieu par la Cour de justice statuant à l'unanimité de ses membres (juges et avocats généraux). L'intéressé ne participe pas à ces délibérations. Le greffier porte la décision de la Cour de justice à la connaissance des présidents du Parlement européen et de la Commission européenne, et la notifie à la présidence du Conseil.

Sauf en cas de démission d'office, le membre de la Cour de justice reste en fonctions jusqu'à ce qu'il soit pourvu à son remplacement. Les membres de la Cour de justice, dont les fonctions prennent fin avant l'expiration de leur mandat, sont remplacés pour la durée du mandat restant à courir.

B – L'organisation de la Cour de justice

1) Le président de la Cour de justice

Les juges désignent parmi eux, pour 3 ans, le président de la Cour de justice après chaque renouvellement partiel. Son mandat est renouvelable.

Les attributions du président de la Cour de justice sont notamment les suivantes :

– diriger les travaux et les services de la Cour ; il en préside les audiences ainsi que les délibérations en chambre du conseil ;

– attribuer les affaires, dès le dépôt de la requête, à une chambre à 3 ou 5 juges en vue des mesures d'instruction éventuelles et désigner en son sein le juge rapporteur ;

– arrêter le rôle des audiences ; etc.

Les juges désignent pour une année un premier avocat général. Ce dernier décide de l'attribution des affaires aux avocats généraux.

2) Les formations de jugement de la Cour de justice

La Cour de justice siège dans les formations de jugement suivantes :

– ***les chambres*** composées de 3 ou de 5 juges ;

– ***la grande chambre*** composée de 13 juges ;

– ***l'assemblée plénière*** composée de l'ensemble des juges.

a) Les chambres

La Cour de justice constitue en son sein des chambres de 3 et de 5 juges.

Les juges élisent parmi eux les présidents des chambres :

– les présidents des chambres à 5 juges sont élus pour 3 ans, renouvelables une fois ;

– les présidents des chambres à 3 juges sont élus pour un an.

Les chambres à 3 et à 5 juges sont, pour chaque affaire, composées du président de la chambre, du juge rapporteur et du nombre de juges nécessaires pour atteindre respectivement 3 et 5 juges.

Les délibérations des chambres ne sont valables que si elles sont prises par 3 juges.

b) La grande chambre

La grande chambre comprend 13 juges. Elle est composée pour chaque affaire du président de la Cour de justice, des présidents des chambres à 5 juges, du juge rapporteur et du nombre de juges nécessaire pour atteindre 13. Elle est présidée par le président de la Cour de justice.

La Cour de justice siège en grande chambre lorsqu'un État membre, ou une institution des Communautés qui est partie à l'instance, le demande.

Les délibérations de la grande chambre ne sont valables que si 9 juges sont présents.

c) L'assemblée plénière

L'assemblée plénière est composée de l'ensemble des juges. La Cour de justice se réunit en assemblée plénière lorsqu'elle est saisie d'une requête tendant à déclarer démissionnaire le médiateur, un membre de la Commission européenne ou un membre de la Cour des comptes.

Les délibérations de l'assemblée plénière ne sont valables que si 15 juges sont présents.

C – Les compétences de la Cour de justice

La Cour de justice a pour mission d'***assurer le respect du droit dans l'interprétation et l'application des traités constitutifs des Communautés européennes*** ainsi que des dispositions arrêtées par les institutions communautaires compétentes. Dans le cadre de sa mission, la Cour de justice dispose de compétences juridictionnelles et consultatives.

1) Les compétences juridictionnelles

Afin d'assurer le respect du droit dans l'interprétation et l'application des traités, la Cour de justice est compétente pour connaître :

- ***le recours en manquement*** : il vise à faire constater par la Cour de justice qu'un État membre n'a pas respecté ses obligations communautaires. La saisine de la Cour de justice est précédée d'une procédure préalable engagée par la Commission européenne destinée à permettre à l'État membre concerné par ce manquement d'y mettre fin. Si cette procédure n'aboutit pas, un recours pour violation du droit communautaire peut être introduit auprès de la Cour de justice soit par la Commission européenne, soit par un autre État membre. Si la Cour de justice constate le manquement, l'État membre est tenu d'y mettre fin sans délai. Si, après une nouvelle saisine par la Commission européenne, la Cour de justice reconnaît que l'État membre concerné ne s'est pas conformé à son arrêt, elle peut, à la demande de la Commission européenne, lui infliger le paiement d'une somme forfaitaire ou d'une astreinte ;
- ***le recours en annulation*** : il vise à obtenir de la Cour de justice l'annulation d'un acte d'une institution communautaire (règlements, directives, décisions). Le recours peut être introduit auprès de la Cour de justice par un État membre, par une institution communautaire (Parlement européen, Conseil, Commission européenne) ou par toute personne physique ou morale lorsque celle-ci est destinataire d'un acte ou qu'elle est directement et individuellement concernée par celui-ci.

  Dans le cadre de la coopération dans le domaine pénal, le recours portant sur la légalité d'une décision cadre ou d'une décision est formé par la Commission européenne ou par un État membre ;

– ***le recours en carence*** : il vise à obtenir de la Cour de justice qu'elle contrôle la légalité de l'inaction des institutions communautaires. Le recours peut être introduit auprès de la Cour de justice par un État membre, par une institution communautaire (Parlement européen, Conseil, Commission européenne, Banque centrale européenne) ou par toute personne physique ou morale lorsque celle-ci est directement et individuellement concernée par l'inaction de l'institution communautaire. Le recours ne peut être introduit qu'après que l'institution communautaire ait été invitée à agir. Lorsque l'illégalité de l'omission est constatée, il appartient à l'institution communautaire concernée de mettre fin à la carence par des mesures appropriées ;
– ***l'action en réparation*** : elle vise à obtenir de la Cour de justice qu'elle détermine la responsabilité de la Communauté pour les dommages causés à toute personne physique ou morale par les institutions communautaires ou leurs agents dans l'exercice de leurs fonctions ;
– ***le pourvoi contre un arrêt du Tribunal de première instance*** : la Cour de justice peut être saisie d'un pourvoi contre un arrêt prononcé par le Tribunal de première instance uniquement si ce dernier est lié à une question de droit (atteinte à l'unité ou à la cohérence du droit communautaire) ;
– ***le renvoi préjudiciel*** : si la Cour de justice est, par sa nature, la gardienne suprême de la légalité communautaire, elle n'est pas pour autant la seule juridiction à appliquer le droit communautaire. En effet, l'exécution administrative du droit communautaire est confiée, pour l'essentiel, aux organes de l'administration des États membres. Les juridictions des États membres sont donc normalement amenées à appliquer le droit communautaire lui-même lorsqu'une affaire comporte l'application de ce droit.

  Afin d'assurer une application effective et homogène du droit communautaire, une juridiction nationale peut, lorsqu'une question d'interprétation de ce droit est soulevée devant elle, demander à la Cour de justice de statuer, à titre préjudiciel, sur cette question. L'arrêt de la Cour de justice lie la juridiction nationale destinataire de l'interprétation donnée ainsi que les autres juridictions nationales qui seraient saisies d'un problème identique.

  La saisine de la Cour est obligatoire si la juridiction nationale concernée par une question d'interprétation du droit communautaire est une juridiction de dernier ressort.

  Le Tribunal de première instance peut, lorsqu'il estime que l'affaire dont il est saisi appelle une décision de principe susceptible d'affecter l'unité ou la cohérence du droit communautaire, renvoyer l'affaire devant la Cour de justice afin qu'elle statue.

2) Les compétences consultatives

Le Parlement européen, le Conseil, la Commission européenne ou un État membre peut recueillir l'avis de la Cour de justice sur la compatibilité d'un accord international envisagé avec les dispositions du traité instaurant la Communauté européenne (TCE). L'accord qui a fait l'objet d'un avis négatif de la Cour de justice ne peut entrer en vigueur qu'après révision de ce traité.

La Cour de justice doit être consultée pour certaines révisions des traités, notamment celles concernant son statut.

3 Le Tribunal de première instance des Communautés européennes (TPI)

A – La composition du Tribunal de première instance

Le Tribunal de première instance compte au moins un juge par État membre. Le nombre des juges est fixé à 27 par le statut de la Cour de justice.

Les membres du Tribunal de première instance, à l'exception du président du TPI, peuvent être appelés à exercer les fonctions d'avocat général. Le membre du TPI appelé à exercer la fonction d'avocat général dans une affaire ne peut pas prendre part au jugement de cette affaire.

Les membres du Tribunal de première instance sont nommés, d'un commun accord, ***pour 6 ans*** par les gouvernements des États membres. Les conditions de leur nomination, de leur renouvellement partiel tous les 3 ans et de leur cessation de fonctions sont les mêmes que celles des membres de la Cour de justice. Il en est de même pour leur statut.

Le Tribunal de première instance nomme, pour 6 ans, son greffier qui est assisté par des adjoints.

B – L'organisation du Tribunal de première instance

1) Le président du Tribunal de première instance

Les juges désignent parmi eux, pour 3 ans, le président du Tribunal de première instance après chaque renouvellement partiel. Son mandat est renouvelable.

Les attributions du président du Tribunal de première instance sont identiques à celle du président de la Cour de justice.

2) Les formations de jugement du Tribunal de première instance

Le Tribunal de première instance siège en ***chambres composées de 3 ou 5 juges***. Les conditions de fonctionnement de ces chambres répondent aux mêmes conditions que celles de la Cour de justice.

Toute affaire doit être jugée par une chambre à 5 juges si un État membre ou une institution communautaire partie à l'instance le demande.

Dans certains cas, une affaire attribuée à une chambre à 3 juges peut être jugée par le juge rapporteur statuant en tant que ***juge unique*** lorsqu'elle s'y prête compte tenu de l'absence de difficulté des questions de droit ou de fait soulevées, de l'importance limitée de l'affaire et de l'absence d'autres circonstances particulières, sauf si un État membre ou une institution communautaire partie à l'instance s'y oppose.

Le Tribunal de première instance peut également statuer en ***grande chambre*** ou en ***formation plénière*** lorsque la difficulté en droit ou l'importance de l'affaire ou des circonstances particulières le justifient. Les conditions de fonctionnement de la grande chambre et de la formation plénière répondent aux mêmes conditions que celles de la Cour de justice.

C – Les compétences du Tribunal de première instance

Le Tribunal de première instance, tout comme la Cour de justice, a pour mission d'***assurer le respect du droit dans l'interprétation et l'application des traités constitutifs des Communautés européennes*** ainsi que des dispositions arrêtées par les institutions communautaires compétentes.

Le Tribunal de première instance est compétent pour connaître, en première instance, tous les recours directs formés par toute personne physique ou morale, à l'exception de ceux qui seront attribués à une chambre juridictionnelle et de ceux réservés à la Cour de justice. Les recours émanant des États membres, des institutions communautaires ou de la Banque centrale européenne, sont de la compétence exclusive de la Cour de justice.

Le Tribunal de première instance est compétent pour :

- ***le recours en annulation*** : il vise à obtenir du TPI l'annulation d'un acte d'une institution communautaire (règlements, directives, décisions) ;
- ***le recours en carence*** : il vise à obtenir du TPI qu'il contrôle la légalité de l'inaction des institutions communautaires ;
- ***le recours en indemnité*** : il vise à obtenir du TPI la réparation des dommages causés par un comportement illégal d'une institution communautaire ;
- ***le recours fondé sur une clause compromissoire*** : il vise à obtenir du TPI qu'il statue sur les litiges concernant les contrats de droit public ou de droit privé passé par la Communauté ou pour son compte, contenant une clause compromissoire ;
- ***le renvoi préjudiciel*** : le TPI peut connaître des questions préjudicielles dans les matières déterminées par le statut de la Cour de justice. Si le TPI estime que l'affaire appelle une décision de principe susceptible d'affecter l'unité ou la cohérence du droit communautaire, il peut renvoyer l'affaire devant la Cour de justice afin qu'elle statue.

  La décision rendue par le TPI sur une question préjudicielle peut exceptionnellement faire l'objet d'un réexamen par la Cour de justice, en cas de risque sérieux d'atteinte à l'unité ou à la cohérence du droit communautaire. La proposition de réexaminer la décision est faite par le premier avocat général dans un délai d'un mois à compter du prononcé de la décision du TPI. La Cour de justice décide, dans un délai d'un mois à compter de la proposition qui lui a été faite par le premier avocat général, s'il y a lieu de réexaminer ou non la décision ;
- ***le pourvoi contre une décision rendu par le Tribunal de la fonction publique de l'Union européenne*** : le TPI peut être saisi d'un pourvoi contre une décision prononcée par le Tribunal de la fonction publique de l'Union européenne. Si le Conseil décide de créer d'autres chambres juridictionnelles chargées de connaître, en première instance, certaines catégories de recours, les décisions de ces chambres peuvent être déférées au TPI en appel.

Lorsque le Tribunal de première instance constate qu'il n'est pas compétent pour connaître d'un recours qui relève de la compétence de la Cour de justice, il le renvoie à celle-ci. De même, lorsque la Cour de justice constate qu'un recours relève de la compétence du Tribunal de première instance, elle le renvoie à ce dernier, qui ne peut alors décliner sa compétence.

Un pourvoi peut être formé devant la Cour de justice, dans un délai de 2 mois à compter de la notification de la décision attaquée, contre les décisions du TPI mettant fin à l'instance, ainsi que contre ses décisions qui tranchent partiellement le litige au fond ou qui mettent fin à un incident de procédure portant sur une exception d'incompétence ou d'irrecevabilité.

Un pourvoi peut être formé devant la Cour de justice contre les décisions du TPI rejetant une demande d'intervention, dans un délai de 2 semaines à compter de la notification de la décision de rejet, par toute personne dont la demande a été rejetée.

Le pourvoi devant la Cour de justice est limité aux questions de droit. Il peut être fondé sur des moyens tirés de l'incompétence du TPI, d'irrégularités de procédure devant le TPI portant atteinte aux intérêts de la partie requérante ainsi que de la violation du droit communautaire par le TPI. Il ne peut porter uniquement sur la charge et le montant des dépens.

Lorsque le pourvoi est fondé, la Cour de justice annule la décision du Tribunal de première instance. Elle peut alors soit statuer elle-même définitivement sur le litige, lorsque celui-ci est en état d'être jugé, soit renvoyer l'affaire devant le Tribunal de première instance pour qu'il statue. En cas de renvoi, le Tribunal de première instance est lié par les points de droit tranchés par la décision de la Cour de justice.

4 Le Tribunal de la fonction publique de l'Union européenne

Le Conseil, statuant à l'unanimité sur proposition de la Commission et après consultation du Parlement européen et de la Cour de justice, ou sur demande de la Cour de justice et après consultation du Parlement européen et de la Commission, ***peut créer des chambres juridictionnelles chargées de connaître en première instance certaines catégories de recours formés dans des matières spécifiques***.

Il est adjoint au Tribunal de première instance une chambre juridictionnelle pour statuer sur le contentieux de la fonction publique de l'Union européenne. ***Le Tribunal de la fonction publique de l'Union européenne est la première chambre juridictionnelle instaurée par le Conseil***. Il est, sur le plan institutionnel et organisationnel, une partie intégrante de l'institution Cour de justice. Il est entré en fonction fin 2005.

Le Tribunal de la fonction publique a son siège auprès du Tribunal de première instance.

A – La composition du Tribunal de la fonction publique

Le Tribunal de la fonction publique est composé de 7 juges. Si la Cour de justice le demande, le Conseil, statuant à la majorité qualifiée, peut augmenter le nombre de juges.

Le Conseil, statuant à la majorité qualifiée sur recommandation de la Cour de justice, fixe les conditions et les modalités régissant la présentation et le traitement des candidatures :

– toute personne possédant la citoyenneté de l'Union et offrant toutes les garanties d'indépendance et possédant la capacité requise pour l'exercice de fonctions juridictionnelles peut présenter sa candidature ;

– un comité chargé de donner un avis sur l'adéquation des candidats à l'exercice des fonctions de juge du Tribunal de la fonction publique est institué. Ce comité est composé de 7 personnalités parmi d'anciens membres de la Cour de justice et du Tribunal de première instance et de juristes possédant des compétences notoires. La désignation des membres du comité et ses règles de fonctionnement sont décidées par le Conseil statuant à la majorité qualifiée sur recommandation du président de la Cour de justice. Le comité assortit son avis d'une liste de candidats possédant l'expérience de haut niveau la plus appropriée composée d'un nombre de candidats correspondant au moins au double du nombre des juges à nommer par le Conseil.

Les juges sont nommés par le Conseil, statuant à l'unanimité, après consultation du comité. Lors de la nomination des juges, le Conseil veille à une composition équilibrée du Tribunal de la fonction publique sur une base géographique aussi large que possible parmi les ressortissants des États membres et en ce qui concerne les systèmes juridiques nationaux représentés.

Les juges sont nommés pour un mandat de 6 ans, renouvelable. Afin d'assurer un renouvellement partiel de ce tribunal, 3 des 7 juges, désignés par tirage au sort, verront leurs fonctions prendre fin à l'issue des 3 premières années de mandat.

Les conditions de la cessation de leurs fonctions sont les mêmes que celles des membres de la Cour de justice. Il en est de même pour leur statut.

Il est pourvu à toute vacance par la nomination d'un nouveau juge pour une période de 6 ans.

Le Tribunal de la fonction publique nomme, pour 6 ans, son greffier. Il s'appuie sur les services de la Cour de justice et du Tribunal de première instance.

B – L'organisation du Tribunal de la fonction publique

1) Le président du Tribunal de la fonction publique

Les juges désignent parmi eux, pour 3 ans, le président du Tribunal de la fonction publique. Son mandat est renouvelable.

Le président du Tribunal de la fonction publique préside l'assemblée plénière et la chambre à 5 juges.

2) Les formations de jugement du Tribunal de la fonction publique

Le Tribunal de la fonction publique siège en chambre à 3 juges. Il peut, dans certains cas déterminés par son règlement de procédure, statuer en assemblée plénière, en chambre à 5 juges ou à juge unique.

C – Les compétences du Tribunal de la fonction publique

Le Tribunal de la fonction publique exerce, en première instance, les compétences pour ***statuer sur les litiges entre les Communautés et ses agents***, y compris les litiges entre tout organe ou organisme et son personnel, pour lesquels la compétence est attribuée à la Cour de justice.

Lorsque le Tribunal de la fonction publique constate qu'il n'est pas compétent pour connaître d'un recours qui relève de la compétence de la Cour de justice ou du Tribunal de première instance, il le renvoie à la Cour de justice ou au Tribunal de première instance. De même, lorsque la Cour de justice ou le Tribunal de première instance constate qu'un recours relève de la compétence du Tribunal de la fonction publique, la juridiction saisie le renvoie à ce dernier qui ne peut alors décliner sa compétence.

Un pourvoi peut être formé devant le Tribunal de première instance, dans un délai de 2 mois à compter de la notification de la décision attaquée, contre les décisions du Tribunal de la fonction publique mettant fin à l'instance, ainsi que contre ses décisions qui tranchent partiellement le litige au fond ou qui mettent fin à un incident de procédure portant sur une exception d'incompétence ou d'irrecevabilité.

Un pourvoi peut être formé devant le Tribunal de première instance contre les décisions du Tribunal de la fonction publique rejetant une demande d'intervention, dans un délai de 2 semaines à compter de la notification de la décision de rejet, par toute personne dont la demande a été rejetée.

Le pourvoi devant le Tribunal de première instance est limité aux questions de droit. Il peut être fondé sur des moyens tirés de l'incompétence du Tribunal de la fonction publique, d'irrégularités de procédure devant ledit Tribunal portant atteinte aux intérêts de la partie concernée, ainsi que de la violation du droit communautaire par le Tribunal de la fonction publique.

Un pourvoi ne peut porter uniquement sur la charge et le montant des dépens.

Lorsque le pourvoi est fondé, le Tribunal de première instance annule la décision du Tribunal de la fonction publique et statue lui-même sur le litige. Il renvoie l'affaire devant le Tribunal de la fonction publique pour qu'il statue, lorsque le litige n'est pas en état d'être jugé. En cas de renvoi, le Tribunal de la fonction publique est lié par les points de droit tranchés par la décision du Tribunal de première instance.

Les institutions financières européennes

Chapitre **26**

1 Généralités

Les traités communautaires ont créé différentes institutions ou structures destinées à assurer la mise en œuvre de certaines politiques et actions de l'Union européenne :

– ***la Banque européenne d'investissement (BEI)*** : elle a pour mission de contribuer à l'intégration, au développement équilibré et à la cohésion économique et sociale des États membres de l'UE.

  La Banque européenne d'investissement a son siège à Luxembourg ;

– ***les organes de l'Union monétaire*** :
  - *le système européen des banques centrales (SEBC)* : son objectif principal est de maintenir la stabilité des prix et d'apporter son soutien aux politiques économiques générales de la Communauté ;
  - *la Banque centrale européenne (BCE)* : elle est responsable de la mise en œuvre de la politique monétaire dans la zone euro.

  La Banque centrale européenne et le système européen des banques centrales ont leur siège à Francfort (Allemagne).

2 La Banque européenne d'investissement (BEI)

A – La composition de la Banque européenne d'investissement

La Banque européenne d'investissement, créée par le Traité de Rome, ***est une Institution financière de l'Union européenne***. Bien que dotée de la personnalité juridique et de l'autonomie financière, elle n'a pas le statut d'institution communautaire.

Les membres de la Banque européenne d'investissement sont les États membres. Ils en sont aussi les actionnaires. La participation des États membres au capital de la BEI est calculée selon le poids économique de chaque État dans l'Union européenne (exprimé par le PIB) lors de leur accession à l'Union. Au total, le capital souscrit de la BEI s'élève à plus de 164,8 milliards d'euros. Outre son capital, les ressources propres de la BEI sont constituées par l'émission d'emprunts sur les places financières.

L'admission d'un nouveau membre entraîne une augmentation du capital souscrit correspondant à l'apport du nouveau membre.

B – L'organisation de la Banque européenne d'investissement

La Banque européenne d'investissement est administrée par :

– ***le Conseil des gouverneurs*** : il réunit les ministres désignés par chacun des 27 États membres, généralement les ministres des Finances. Les décisions du Conseil des gouverneurs sont prises à la majorité qualifiée des membres qui le composent, selon les dispositions régissant le vote à la majorité qualifiée au Conseil. Cette majorité doit représenter au moins 50 % du capital souscrit. Dans certains cas, il statue à l'unanimité, à la majorité qualifiée ou à la majorité simple (40 % du capital souscrit).

  Il appartient au Conseil des gouverneurs :

  • de définir les orientations de la politique de crédit,
  • d'approuver les comptes et le bilan annuels,
  • de décider de la participation de la BEI à des opérations de financement à l'extérieur de l'Union,
  • de décider des augmentations de capital,
  • de nommer les membres du Conseil d'administration, du Comité de direction et du Comité de vérification ;

– ***le Conseil d'administration*** : il est composé de 28 administrateurs (un par État membre et un pour la Commission européenne). Ils sont nommés par le Conseil des gouverneurs pour une période de 5 ans, renouvelable, sur désignation des États membres. Ils sont responsables uniquement envers la Banque. Le Conseil d'administration a compétence exclusive pour décider des prêts, des garanties et des emprunts. Les décisions sont prises à une majorité constituée d'au moins 1/3 des membres ayant droit de vote et représentant au moins 50 % du capital souscrit ;

– ***le Conseil de direction*** : il se compose d'un président et de 8 vice-présidents nommés pour une période de 6 ans par le Conseil des gouverneurs sur proposition du Conseil d'administration. Leur mandat est renouvelable. Ils sont responsables uniquement envers la Banque. Le Conseil de direction est l'organe exécutif collégial et permanent de la BEI. Il assure la gestion courante de la BEI et prépare les décisions du Conseil d'administration dont il assure ensuite l'exécution. Il formule, à la majorité, ses avis sur les projets de prêts et de garanties et sur les projets d'emprunts, à condition qu'au moins 5 de ses membres soient présents ;

– ***le Comité de vérification*** : il est composé de 3 membres ainsi que de 3 observateurs, tous nommés par le Conseil des gouverneurs pour un mandat de 3 ans. Le renouvellement d'un des membres du Comité et d'un des observateurs a lieu chaque année. Le Comité de vérification est un organe indépendant, directement responsable devant le Conseil des gouverneurs, chargé de s'assurer de la régularité des opérations et des livres de la Banque.

C – Les missions de la Banque européenne d'investissement

La Banque européenne d'investissement a pour mission de contribuer, en faisant appel aux marchés des capitaux et à ses ressources propres, au développement équilibré et sans heurt du marché commun dans l'intérêt de la Communauté. À cette fin, elle facilite, par l'octroi de prêts et de garanties, sans poursuivre de but lucratif, le financement de projets, dans tous les secteurs de l'économie. Elle contribue au financement :

- de ***projets envisageant la mise en valeur des régions moins développées*** ;
- de ***projets visant la modernisation ou la conversion d'entreprises ou la création d'activités nouvelles appelées par l'établissement progressif du marché commun***, qui, par leur ampleur ou par leur nature, ne peuvent être entièrement couverts par les divers moyens de financement existant dans chacun des États membres ;
- de ***projets d'intérêt commun pour plusieurs États membres*** qui, par leur ampleur ou par leur nature, ne peuvent être entièrement couverts par les divers moyens de financement existant dans chacun des États membres.

La Banque européenne d'investissement finance aussi bien les projets de développement des États membres que ceux des États candidats à l'adhésion ou de ceux des pays tiers au titre de l'aide et de la coopération au développement.

Dans l'accomplissement de sa mission, la BEI facilite le financement de programmes d'investissement en liaison avec les interventions des fonds structurels et des autres instruments financiers de la Communauté.

3 Les organes de l'Union monétaire

Les organes de l'Union monétaire sont constitués par :

- la Banque centrale européenne (BCE) ;
- le système européen des banques centrales (SEBC) ;
- l'Eurosystème.

L'Eurosystème et le SEBC sont des structures indépendantes.

Dans l'exercice des pouvoirs et dans l'accomplissement des missions et des devoirs qui lui ont été conférés, ni la Banque centrale européenne, ni une banque centrale nationale, ni un membre quelconque de leurs organes de décision ne peuvent solliciter ni accepter des instructions des institutions ou organes communautaires, des gouvernements des États membres ou de tout autre organisme. Les institutions et organes communautaires, ainsi que les gouvernements des États membres, s'engagent à respecter ce principe et à ne pas chercher à influencer les membres des organes de décision de la Banque centrale européenne ou des banques centrales nationales dans l'accomplissement de leurs missions.

A – La Banque centrale européenne (BCE)

La Banque centrale européenne est dotée de la personnalité juridique et est investie d'un pouvoir de réglementation et de décision. Elle est la gardienne de la stabilité des prix dans la zone euro. La BCE a un devoir d'indépendance tant à l'égard des institutions communautaires que des autorités nationales.

Le capital de la BCE est souscrit par les banques centrales nationales selon un système de pondération. La clé de répartition pour la souscription est déterminée selon une pondération révisée tous les 5 ans prenant en compte la part de la population et du PIB de chaque État membre de l'Union européenne. Les souscriptions au capital sont entièrement libérées par les banques centrales nationales de la zone euro et, pour celles hors zone euro, par des contributions équivalentes à 7 % du montant qui aurait été exigible si elles avaient participé à l'Union monétaire.

La Banque centrale européenne est dirigée par 3 organes indépendants :

- ***le Conseil des gouverneurs*** : il se compose des membres du Directoire de la BCE et des gouverneurs des banques centrales nationales des États membres ayant adopté l'euro. Il est l'organe supérieur de décision de la BCE. Il se réunit au moins 10 fois par an.

  Les responsabilités du Conseil des gouverneurs sont :

  - d'arrêter les orientations et de prendre les décisions nécessaires à l'accomplissement des missions confiées à l'Eurosystème ou au SEBC,
  - de définir la politique monétaire de la zone euro ;

- ***le Directoire*** : il est composé du Président de la BCE, du vice-président et de 4 autres membres. Ils sont nommés d'un commun accord par les chefs d'État ou de gouvernement de la zone euro, pour une période de 8 ans non renouvelable, sur recommandation du Conseil et après consultation du Parlement européen et du Conseil des gouverneurs, parmi des personnes dont l'autorité et l'expérience professionnelle dans le domaine monétaire ou bancaire sont reconnues. Les membres assurent leurs fonctions à temps plein. Aucun membre ne peut exercer une profession, rémunérée ou non.

  Les décisions du directoire sont prises à la majorité simple des suffrages exprimés. En cas de partage des voix, celle du Président est prépondérante. Le président du Conseil et un membre de la Commission peuvent participer sans voix délibérative aux réunions du conseil des gouverneurs de la BCE.

  Le Directoire est chargé :

  - de préparer les réunions du Conseil des gouverneurs,
  - de mettre en œuvre la politique monétaire de la zone euro conformément aux orientations et aux décisions arrêtées par le Conseil des gouverneurs. Dans ce cadre, le Directoire donne les instructions nécessaires aux banques centrales nationales de la zone euro,
  - de la gestion courante de la BCE,
  - d'exercer certains pouvoirs, y compris de nature réglementaire, qui lui sont délégués par le Conseil des gouverneurs ;

– ***le Conseil général*** : il se compose du Président et du vice-président de la BCE ainsi que des gouverneurs des banques centrales nationales des 27 États membres de l'Union européenne. Il réunit donc les représentants des banques centrales des 16 États membres participant à la zone euro ainsi que ceux des 11 États membres n'en faisant pas partie.

  Le Conseil général contribue aux fonctions consultatives et de coordination de la BCE. Il participe aux préparatifs en vue d'un éventuel élargissement de la zone euro.

  Le Conseil général sera dissous lorsque tous les États membres de l'Union européenne auront introduit la monnaie unique.

La Banque centrale européenne :

– est seule habilitée à autoriser l'émission de billets de banque dans la zone euro ;

– prend les décisions nécessaires à l'accomplissement des missions confiées au SEBC ;

– arrête, pour l'accomplissement des missions qui sont confiées à l'Eurosystème, des règlements de portée générale, obligatoires dans tous leurs éléments et directement applicables dans tous les États membres ayant adopté l'euro ;

– émet des recommandations et des avis ;

– est habilitée à infliger aux entreprises des amendes et des astreintes en cas de non-respect de ses règlements et de ses décisions.

La Banque centrale européenne est consultée :

– par le Conseil, sur tout acte communautaire proposé dans les domaines relevant de sa compétence ;

– par les autorités nationales, sur tout projet de réglementation dans les domaines relevant de sa compétence.

La Banque centrale européenne peut, dans les domaines relevant de sa compétence, soumettre des avis aux institutions ou organes communautaires appropriés ou aux autorités nationales.

B – Le système européen des banques centrales (SEBC)

Le système européen des banques centrales est composé de la Banque centrale européenne et des banques centrales nationales (BCN) de tous les États membres de l'Union européenne, qu'ils aient ou non adopté l'euro.

Le SEBC n'est pas une institution ; il est dépourvu de la personnalité juridique. Il est dirigé par les organes de décision de la Banque centrale européenne.

L'objectif principal du SEBC est de maintenir la stabilité des prix. Sans préjudice de l'objectif de stabilité des prix, le SEBC apporte son soutien aux politiques économiques générales dans la Communauté, en vue de contribuer à la réalisation des objectifs de la Communauté.

Les missions fondamentales relevant du SEBC consistent à :

– définir et mettre en œuvre la politique monétaire de la Communauté;

– conduire les opérations de change ;

– détenir et gérer les réserves officielles de change des États membres ;

– promouvoir le bon fonctionnement des systèmes de paiement.

Pour l'accomplissement des missions qui sont confiées au SEBC, la BCE arrête des règlements, prend des décisions et émet des recommandations et des avis.

Le président de la BCE est invité à participer aux réunions du Conseil lorsque celui-ci délibère sur des questions relatives aux objectifs et aux missions du SEBC.

C – L'Eurosystème

L'Eurosystème regroupe la Banque centrale européenne et les banques centrales nationales des États membres de l'Union européenne qui ont adopté l'euro. Il est l'autorité monétaire de la zone euro.

L'Eurosystème n'est pas une institution – il est dépourvu de la personnalité juridique – mais une structure devant permettre l'intégration des banques centrales nationales des États membres qui participent à l'euro dans le système communautaire. Il coexistera avec le SEBC tant que l'ensemble des États membres de l'Union européenne ne feront pas partie de la zone euro.

L'Eurosystème est dirigé par les organes de décision de la Banque centrale européenne.

Au 1er janvier 2009, ***la zone euro regroupe 16 États membres*** : l'Allemagne, l'Autriche, la Belgique, Chypre, l'Espagne, la Finlande, la France, la Grèce, l'Irlande, l'Italie, le Luxembourg, Malte, les Pays-Bas, le Portugal, la Slovaquie et la Slovénie.

Les États membres qui n'ont pas adopté l'euro gardent leurs compétences dans le domaine monétaire.

L'objectif principal de l'Eurosystème est de maintenir la stabilité des prix. Ses missions fondamentales consistent à :

– définir et mettre en œuvre la politique monétaire de la zone euro ;

– conduire les opérations de change des États membres de la zone euro ;

– détenir et gérer les réserves officielles de change des États membres de la zone euro ;

– promouvoir le bon fonctionnement des systèmes de paiement.

L'Eurogroupe réunit, de façon informelle, les ministres des Finances des États membres dont la monnaie est l'euro pour discuter de questions liées aux responsabilités spécifiques qu'ils partagent en matière de monnaie unique.

Le Traité de Lisbonne

Chapitre
27

1 Généralités

Les chefs d'État ou de gouvernement des 27 États membres ont signé officiellement le 12 décembre 2007, à Lisbonne, le ***Traité modificatif européen*** (ou Traité simplifié), dit ***Traité de Lisbonne***.

Ce nouveau traité européen a pour but d'opérer une mise à niveau institutionnelle des structures européennes, que l'échec de la Constitution européenne n'a pas permis d'effectuer.

Pour entrer en application, le Traité de Lisbonne doit être ratifié par chaque État membre. La voie parlementaire a été privilégiée, seule l'Irlande a choisi la voie du référendum. L'entrée en vigueur du Traité de Lisbonne était théoriquement prévue pour le 1er janvier 2009.

À ce jour, sur les 27 États membres, 24 États l'ont déjà ratifié par la voie parlementaire (la France a été le 5e État membre à le faire). La procédure de ratification est en cours pour la République tchèque (voie parlementaire). La Suède, qui a aussi recourt à la voie parlementaire, ne s'est pas encore prononcée. Seule l'Irlande l'a rejeté par référendum le 12 juin 2008. Une solution au ***Non*** irlandais doit être trouvée afin de permettre au Traité de Lisbonne d'entrer en vigueur.

Le Traité de Lisbonne ne se substitue pas aux traités existants ; il les complète et les améliore par une série d'amendements apportés :

- au ***Traité sur l'Union européenne (TUE)*** : c'est le cadre général de l'Union européenne et les principes essentiels qui la structurent ;
- au ***Traité sur le Fonctionnement de l'Union européenne (TFUE)*** qui se substitue au Traité instituant la Communauté européenne (TCE) : il s'agit des modalités pratiques de la mise en œuvre des principes posés par le Traité sur l'Union européenne ; c'est le fonctionnement quotidien de l'Union européenne.

Le Traité de Lisbonne introduit de nombreux changements dans le fonctionnement institutionnel de l'Union européenne afin de l'améliorer et de le démocratiser. Les principaux changements sont détaillés dans les pages suivantes.

2 Le Conseil européen

Le Conseil européen devient une institution à part entière de l'Union européenne. Il ***donne à l'Union les impulsions nécessaires à son développement et en définit les orientations et les priorités politiques générales***. Il n'exerce pas de fonction législative.

Il se réunit 2 fois par semestre sur convocation de son président.

Il est composé :

– des chefs d'État ou de Gouvernement des États membres ;

– de son président ;

– du président de la Commission européenne.

Le Haut représentant de l'Union pour les affaires étrangères et la politique de sécurité participe à ses travaux.

Le président du Conseil européen est élu, à la majorité qualifiée, ***pour une durée de 2,5 ans, renouvelable une fois***. Il ne peut pas exercer de mandat national.

Le président du Conseil européen préside, anime les travaux du Conseil européen et en assure la continuité. Il représente l'Union pour les matières relevant de la politique étrangère et de sécurité commune, sans préjudice des attributions du Haut représentant de l'Union pour les affaires étrangères et la politique de sécurité.

3 Le Haut représentant de l'Union pour les affaires étrangères et la politique de sécurité

Le Haut représentant de l'Union pour les affaires étrangères et la politique de sécurité est chargé de ***conduire la politique étrangère et de sécurité commune de l'Union*** et de ***contribuer par ses propositions à l'élaboration de cette politique***.

Il est ***nommé pour une durée de 5 ans*** par le Conseil européen, statuant à la majorité qualifiée, avec l'accord du président de la Commission européenne.

Il veille à la cohérence de l'action extérieure de l'Union. Il est chargé, au sein de la Commission européenne, des responsabilités qui incombent à cette dernière dans le domaine des relations extérieures et de la coordination des autres aspects de l'action extérieure de l'Union. Il participe aux travaux du Conseil européen.

4 Le Conseil

Le Conseil ***exerce, conjointement avec le Parlement européen, les fonctions législative et budgétaire***. Il ***exerce des fonctions de définition des politiques et de coordination***.

Il est composé d'***un représentant de chaque État membre au niveau ministériel***, habilité à engager le gouvernement de l'État membre qu'il représente et à exercer le droit de vote.

Il siège en différentes formations. Deux formations figurent dans le Traité :

– ***le Conseil des affaires générales*** qui assure la cohérence des travaux des différentes formations, prépare les réunions du Conseil européen et en assure le suivi en liaison avec le président du Conseil européen et la Commission européenne ;
– ***le Conseil des affaires étrangères*** qui élabore l'action extérieure de l'Union selon les lignes stratégiques fixées par le Conseil européen et assure la cohérence de l'action de l'Union. Il est présidé par le Haut représentant de l'Union pour les affaires étrangères et la politique de sécurité.

Un comité des représentants permanents des gouvernements des États membres est responsable de la préparation des travaux du Conseil.

Le Conseil siège en public lorsqu'il délibère et vote sur un projet d'acte législatif. À cet effet, chaque session du Conseil est divisée en deux parties, consacrées respectivement aux délibérations sur les actes législatifs de l'Union et aux activités non législatives.

La présidence de ses formations, à l'exception de celle des affaires étrangères, est assurée par groupes de 3 États – en tenant compte de leur diversité et des équilibres géographiques au sein de l'Union – à raison de 6 mois par État sur la base d'un programme commun.

Le champ des décisions prises à la majorité qualifiée est étendu à une quarantaine de nouveaux domaines et un nouveau système de vote est mis en place à compter du 1er novembre 2014 (la majorité qualifiée requiert 2 conditions : au moins 55 % des membres du Conseil représentant au moins 65 % de la population de l'Union).

5 La Commission européenne

La Commission européenne ***promeut l'intérêt général de l'Union et prend les initiatives appropriées à cette fin***.

La Commission européenne :

– veille à l'application des traités ainsi que des mesures adoptées par les institutions en vertu de ceux-ci ;
– surveille l'application du droit de l'Union sous le contrôle de la Cour de justice de l'Union européenne ;
– exécute le budget et gère les programmes ;
– exerce des fonctions de coordination, d'exécution et de gestion conformément aux conditions prévues par les traités ;
– assure la représentation extérieure de l'Union, à l'exception de la politique étrangère et de sécurité commune et des autres cas prévus par les traités ;
– prend les initiatives de la programmation annuelle et pluriannuelle de l'Union pour parvenir à des accords interinstitutionnels.

Un acte législatif de l'Union européenne ne peut être adopté que sur proposition de la Commission européenne, sauf dans les cas où les traités en disposent autrement. Les autres actes sont adoptés sur proposition de la Commission européenne lorsque les traités le prévoient.

La Commission européenne nommée entre la date d'entrée en vigueur du traité de Lisbonne et le 31 octobre 2014, est composée d'un ressortissant de chaque État membre, y compris son président et le Haut représentant de l'Union pour les affaires étrangères et la politique de sécurité, qui en est l'un des vice-présidents.

Elle sera composée, à partir du 1er novembre 2014, d'un nombre de membres, y compris son président et le Haut représentant, correspondant aux 2/3 du nombre d'États membres (soit 18 dans une Union à 27). Le Conseil européen, statuant à l'unanimité, peut modifier ce nombre.

Les membres de la Commission sont choisis parmi les ressortissants des États membres selon un système de rotation strictement égale entre les États membres permettant de refléter l'éventail démographique et géographique de l'ensemble des États membres. Ce système est établi à l'unanimité par le Conseil européen

Le président et les membres de la Commission dont le Haut représentant sont élus, pour 5 ans, par le Parlement européen à la majorité des membres qui le composent ***sur proposition du Conseil européen*** qui statue à la majorité qualifiée ***en tenant compte du résultat des élections au Parlement européen***.

Le Parlement européen peut seul provoquer la démission des membres de la Commission européenne par le vote d'une motion de censure.

6 Le Parlement européen

Le Parlement européen ***exerce, conjointement avec le Conseil, les fonctions législative et budgétaire. Il exerce des fonctions de contrôle politique et consultatives***.

Le nombre maximum de députés européens est fixé à ***750, plus le président, soit 751 sièges***, à répartir entre les États membres.

La représentation des citoyens suit le principe de proportionnalité dégressive avec :

– ***un seuil minimum*** : un État membre se voit attribuer au moins ***6 sièges*** ;

– ***un seuil maximum*** : un État membre ne peut se voir attribuer plus de ***96 sièges***.

Le Conseil européen adopte à l'unanimité, sur initiative du Parlement européen et avec son approbation, une décision fixant la composition du Parlement européen. Les membres du Parlement européen sont ***élus au suffrage universel direct, libre et secret, pour un mandat de 5 ans***.

Les actes juridiques adoptés par procédure législative constituent des actes législatifs. Ils sont adoptés par :

– ***la procédure législative ordinaire*** : le Parlement européen et le Conseil adoptent conjointement un règlement, une directive ou une décision, sur proposition de la Commission ;

– ***la procédure législative spéciale*** : le Parlement européen avec la participation du Conseil ou celui-ci avec la participation du Parlement européen adopte, dans les cas spécifiques prévus par les traités, un règlement, une directive ou une décision.

Les traités prévoient 2 autres procédures :

– ***la procédure d'approbation*** : elle implique pour le Conseil européen ou le Conseil d'obtenir, dans les domaines définis par les traités, l'accord du Parlement européen avant de procéder à l'adoption d'une décision. Le Parlement européen se prononce à la majorité des membres qui le composent. Si la majorité requise n'est pas atteinte, le Conseil européen ou le Conseil ne peuvent adopter la décision ;

– ***la procédure de consultation*** : dans certains cas, les traités imposent au Conseil de n'adopter une décision proposée par la Commission européenne qu'après consultation du Parlement européen qui se prononce à la majorité des suffrages exprimés. Le Conseil n'est pas tenu de suivre son avis.

7 Les parlements nationaux

Les parlements nationaux ***contribuent au bon fonctionnement de l'Union européenne***, notamment :

– en étant informés par les institutions de l'Union et en recevant notification des projets d'actes législatifs européens : un délai de 8 semaines est observé entre le moment où un projet d'acte législatif est mis à la disposition des parlements nationaux dans les langues officielles de l'Union et la date à laquelle il est inscrit à l'ordre du jour provisoire du Conseil en vue de son adoption ou de l'adoption d'une position dans le cadre d'une procédure législative ;

– en veillant au respect du principe de subsidiarité : ils peuvent adresser aux présidents du Parlement européen, du Conseil et de la Commission européenne, un avis motivé concernant la conformité d'un projet d'acte législatif avec le principe de subsidiarité ;

– en étant informés par le Conseil européen de son intention de réviser les traités ;

– en étant informés, conjointement avec le Parlement européen, des demandes d'adhésion à l'Union ;

– en participant à la coopération interparlementaire entre parlements nationaux et avec le Parlement européen.

Une conférence des organes parlementaires spécialisés dans les affaires de l'Union peut soumettre toute contribution qu'elle juge appropriée à l'attention du Parlement européen, du Conseil et de la Commission européenne.

Le fonctionnement institutionnel de l'Union européenne dans le cadre du Traité de Lisbonne

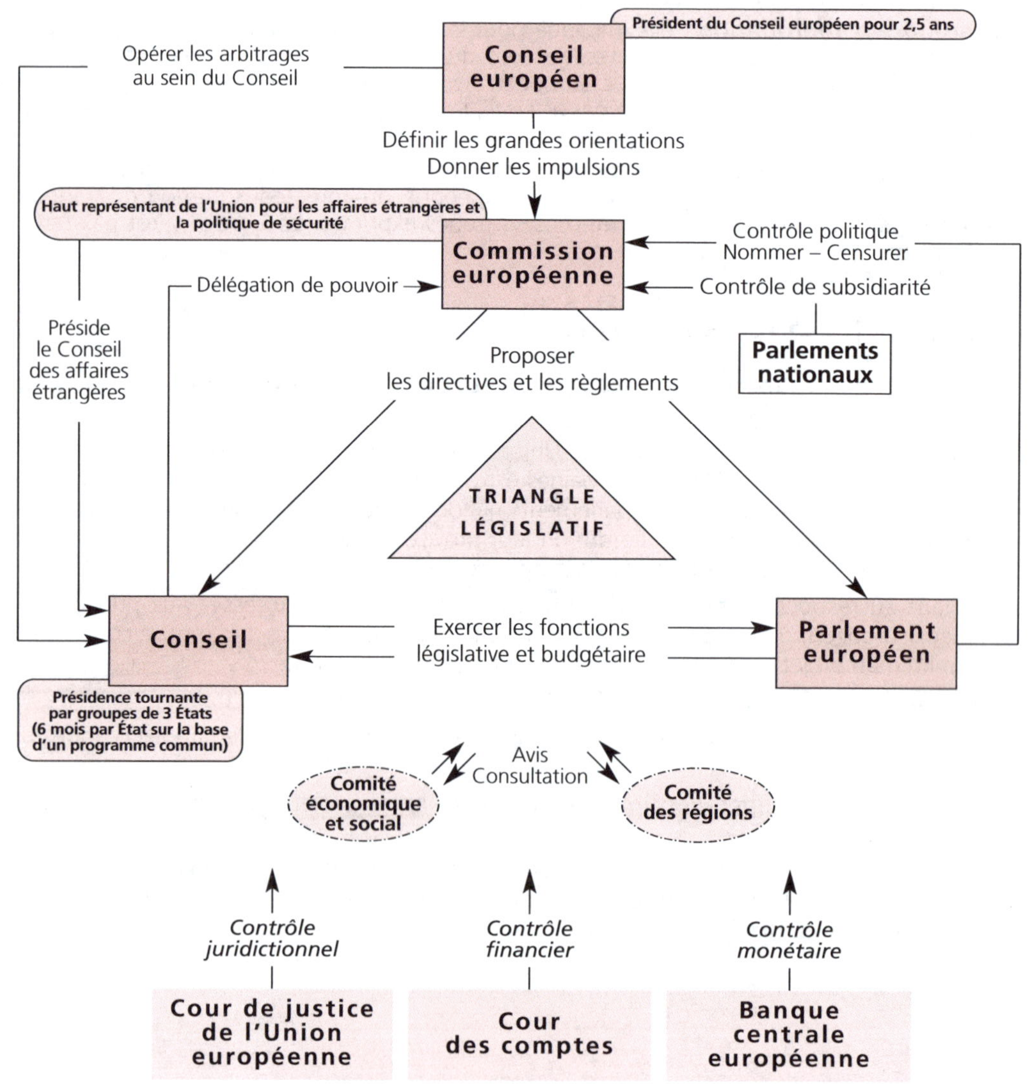

Bibliographie

1 Les ouvrages de référence

ÉDITIONS GUALINO

ACQUAVIVA (J.-C.), *Mémento - Droit constitutionnel et institutions politiques*, Coll. « Mémentos LMD », 11e éd., 2008.

CHAMPAGNE (G.), *L'essentiel du droit constitutionnel - tome 1 Théorie générale du droit constitutionnel*, Coll. « Carrés Rouge », 7e éd., 2008.

CHAMPAGNE (G.), *L'essentiel du droit constitutionnel - tome 2 Les institutions de la Ve République*, Coll. « Carrés Rouge », 8e éd., 2008.

GRANDGUILLOT (D.), *Mémento - Institutions politiques et administratives (France, Union européenne, ONU)*, Coll. « Mémentos LMD », 4e éd., 2008.

GRANDGUILLOT (D.), *L'essentiel des institutions politiques et administratives de la France*, Coll. « Carrés Rouge », 6e éd., 2008.

GRANDGUILLOT (D.), *Les institutions de la Ve République après la réforme constitutionnelle du 23 juillet 2008*, Coll. « En poche », 2008.

GRANDGUILLOT (D.), *L'Union européenne après le Traité de Lisbonne*, Coll. « En poche », 2008.

LECLERC (S.), *Mémento – Les institutions de l'Union européenne*, Coll. « Mémentos LMD », 2e éd., 2007.

LECLERC (S.), *L'essentiel du droit des institutions européennes*, Coll. « Carrés Rouge », 2007.

SERVICE ÉDITORIAL GUALINO, *Texte officiel de la Constitution après la réforme du 23 juillet 2008*, Coll. « En poche », 2008.

SAURON (J.L.), *Comprendre le Traité de Lisbonne*, Hors collection, 2007.

TÜRK (P.), *Mémento – Théorie générale du droit constitutionnel*, Coll. « Mémentos LMD », 2007.

TÜRK (P.), *Mémento – Les institutions de la Ve République*, Coll. « Mémentos LMD », 2008.

ÉDITIONS MONTCHRESTIEN

GICQUEL (J.), GICQUEL (J.-E.), *Droit constitutionnel et institutions politiques*, Coll. « Précis Domat », 22e éd., 2008.

ÉDITIONS LGDJ

ARDANT (Ph.), *Institutions politiques et droit constitutionnel*, LGDJ, Coll. « Manuels », 20e éd., 2008.

2 Les revues spécialisées

Revue française de droit constitutionnel (RFDC)
Revue du droit public et de la science politique en France et à l'étranger (RDP)
Revue du droit de l'Union européenne

3 Les sites internet

Sites français

- Assemblée nationale : *http://www.assemblee-nationale.fr*
- Conseil d'État : *http://www.conseil-etat.fr*
- Conseil économique, social et environnemental : *http://www.conseil-economique-et-social.fr*
- Conseil supérieur de la magistrature : *http://www.conseil-superieur-magistrature.fr*
- Conseil constitutionnel : *http://www.conseil-constitutionnel.fr*
- Cour de cassation : *http://www.courdecassation.fr*
- Cour des comptes : *http://www.ccomptes.fr*
- Légifrance, le service public de la diffusion du droit : *http://www.legifrance.gouv.fr*
- Premier ministre : *http://www.premier-ministre.gouv.fr*
- Présidence de la République : *http://www.elysee.fr*
- Sénat : *http://www.senat.fr*
- Service-public : *http://www.service-public.fr*
- Site d'information sur l'Europe et les institutions européennes : *http://www.europe.gouv.fr*

Sites européens

- Comité des régions : *http://cor.europa.eu*
- Comité économique et social européen : *http://eesc.europa.eu*
- Commission européenne : *http://ec.europa.eu*
- Conseil de l'Union européenne : *http://consilium.europa.eu*
- Cour de justice des Communautés européennes : *http://curia.europa.eu*
- Cour des comptes européenne : *http://eca.europa.eu*
- EUROPA – Le portail de l'Union européenne : *http://europa.eu*
- Médiateur européen : *http://www.europarl.europa.eu*
- Parlement européen : *http://www.europarl.europa.eu*

Index

J

L

M

N

O

P

Q

R

S

T

U

V

Cet ouvrage a été imprimé en France par
CPI
France Quercy
à Mercuès (Lot)

N° d'éditeur : 2938
N° d'impression : 80245/
Dépôt légal : octobre 2008